中传学者文库编委会

主　任： 廖祥忠　张树庭
副主任： 蔺海波　李　众　刘守训　李新军　王　晖
　　　　　杨　懿　柴剑平

成　员（按姓氏笔画排序）：

王廷信　王栋晗　王晓红　王　雷　文春英
龙小农　付　龙　叶　龙　刘东建　刘剑波
任孟山　李怀亮　李　舒　张绍华　张　晶
张根兴　张毓强　林卫国　郑　月　金　炜
金雪涛　周建新　庞　亮　赵新利　徐红梅
贾秀清　高晓虹　隋　岩　喻　梅　熊澄宇

中传学者文库

1954-2024

主编／柴剑平　执行主编／龙小农　副主编／张毓强　周建新

以文载道 以声传情

姚喜双自选集

姚喜双 著

中国传媒大学出版社

·北京·

图书在版编目（CIP）数据

以文载道　以声传情：姚喜双自选集 / 姚喜双著 . -- 北京：中国传媒大学出版社，2024.8.

（中传学者文库 / 柴剑平主编）.

ISBN 978-7-5657-3767-1

Ⅰ. G222.2-53；H0-53

中国国家版本馆 CIP 数据核字第 2024MS5309 号

以文载道　以声传情：姚喜双自选集
YIWEN ZAIDAO　YISHENG CHUANQING: YAO XISHUANG ZIXUANJI

著　　者	姚喜双
责任编辑	赵　欣
封面设计	锋尚设计
责任印制	李志鹏

出版发行	中国传媒大学出版社			
社　　址	北京市朝阳区定福庄东街 1 号	邮　编	100024	
电　　话	86-10-65450528　65450532	传　真	65779405	
网　　址	http://cucp.cuc.edu.cn			
经　　销	全国新华书店			
印　　刷	北京中科印刷有限公司			
开　　本	710mm×1000mm　1/16			
印　　张	20			
字　　数	307 千字			
版　　次	2024 年 8 月第 1 版			
印　　次	2024 年 8 月第 1 次印刷			
书　　号	ISBN 978-7-5657-3767-1/G·3767	定　价	99.00 元	

本社法律顾问：北京嘉润律师事务所　郭建平

总　序

　　媒介是人类社会交流和传播的基本工具。从口语时代到印刷时代，再经电子时代至今天的数智时代，媒介形态加速演变、融合程度深入发展，媒介已然成为现代社会运行的基础设施和操作系统。今天，人类已经迈入媒介社会，万物皆媒、人人皆媒，无媒介不社会、无传播不治理。今天，无论我们怎么用力于信息传播的研究、怎么重视信息传播人才的培养都不为过。

　　中国传媒大学（其前身为北京广播学院）作为新中国第一所信息传播类院校，自1954年创建伊始，即与媒介形态演变合律同拍、与国家发展同频共振，努力探索中国特色信息传播人才培养模式、构建中国信息传播类学科自主知识体系，执信息传播人才培养之牛耳、发信息传播研究之先声，被誉为"中国广播电视及传媒人才摇篮""信息传播领域知名学府"。

　　追溯中传肇始发轫之起源、瞩望中传砥砺跨越之未来，可谓创业维艰而其命维新。昔日中传因广播而起，因电视而兴，因网络而盛，今天和未来必乘风破浪、蓄势而上，因人工智能而强。在这期间，每一种媒介兴起，中传均吸引一批志于学、问于道、勤于术的

学者汇聚于此,切磋学术、传道授业,立时代之潮头,回应社会需求,成为学界翘楚、行业中坚,遂有今日中传学术研究之森然气象,已历七秩而弦歌不断,将传百世亦风华正茂。

自新时代以来,中传坚守为党育人、为国育才初心,励精图治、勠力前行,秉承"系统治理、创新图强、交叉融合、特色发展"的办学理念,牢牢把握高等教育发展大势、传媒业态发展趋势,瞄准"智能传媒"和"国际一流"两大主攻方向,以世界为坐标、以未来为向度,完成了全面布局和系统升级,正在蹄疾步稳、高质量推动学校从传统高等教育向未来高等教育跨越、从传统传媒教育向智能传媒教育跨越、从国内一流向世界一流跨越,全力建设中国特色、世界一流传媒大学。

中国特色、世界一流,在于有大先生扎根中国大地,汇聚古今、融通中外;在于有大先生执教黉门,学高为师、身正为范;在于有大先生躬耕杏坛,敦品积学、启智润心。习近平总书记更强调,高校教师要立志成为大先生,在教书育人和科研创新上不断创造新业绩。中传广大教师素来以做大先生为毕生职志,努力成为新时代"经师"与"人师"的统一者,做真学问、立高品行,践履"立德树人"使命。

2024岁在甲辰,欣逢中传建校70华诞,学校特邀约部分学者钩玄勒要、增删批阅,遴选已公开刊发的论文汇编成集,出版"中传学者文库",意在呈现学校在学科建设、科学研究、服务行业实践等方面的最新成果,赓续中传文脉,谱写时代新声。

文库汇聚老中青三代学者,资深学者渊渟岳峙、阐幽抉微;中年学者沉潜蓄势、厚积薄发;青年学者踌躇满志、未来可期。文库与五十周年校庆所出版的"北广学者文库"相承接,大致可勾勒中传知识生产薪火相传、三代辉映之概貌，反映中传在构建中国特色新闻传播类、传媒艺术类、传媒技术类学科体系、学术体系和话语体系方面的耕耘与收获，窥见中国特色信息传播类学科知识体系构建的发展脉络与轨迹。

这一构建过程，虽筚路蓝缕，却步履铿锵；虽垦荒拓野，亦四方辐辏。一批肇始于中传，交叉融合、具有中国特色的学科，如播音主持艺术学、广播电视艺术学、传媒艺术学、数字媒体艺术学、政治传播学等，从涓涓细流汇入滔滔江河，从中传走向全国，展现了中传学者构建中国自主知识体系的学术想象力和创新力。文库展示的虽然是历史，实则是呈现今天；看似是总结过去，实则是召唤未来。与其说这套文库的出版，是对既有学术成果的展示，毋宁说是对未来学术创新的邀约。

回首过往，七秩芳华。我们深知，唯有将马克思主义基本原理与中华优秀传统文化相结合，才能推动中华学术创造性转化和创新性发展，推动中国自主知识体系的构建。我们深知，唯有准确把握媒介形态演变的脉动、深刻认知媒介形态变革所产生的影响，才能推动中国信息传播类学科自主知识体系的构建与时俱进。

展望未来，星辰大海。我们深知，以人工智能为代表的产业和科技革命正迅疾而来，媒介生态正在加速重构，教育形态正在全面重塑，大学之使命与价值正在被重新定义；我们深知，唯有"胸怀国之大者"、面向世界科技前沿、面向经济主战场、面向国家重大需求，才能确保中传始终屹立于中国乃至世界传媒教育发展之潮头。

如何应对人工智能带来的深刻变革，对中传而言是一场要么"冲顶"、要么"灭顶"的"兴亡之战"。我们坚信，不管前方是雄关漫道，还是荆棘满途，唯有勇敢直面"教育强国，中传何为？"这一核心命题,奋力书写"智能传媒教育,中传师生有为!"的精彩答卷,才能化危为机,奋力开创人工智能时代中传智能传媒教育新纪元。

功不唐捐,芳华七秩;风帆正举,赓续创新。

是为序。

第十四届全国政协委员,中国传媒大学党委书记、教授、博士生导师

目 录

上编　广播电视语言研究

林如播音风格浅探 …………………………………………………… 003

文章做在耳朵上
　　——听觉是确定播音停连和重音位置的重要依据 ………… 017

夏青和他的政论文播音（上）……………………………………… 024

夏青和他的政论文播音（下）……………………………………… 034

大气磅礴　一泻千里
　　——论齐越的播音整体创作观 ………………………………… 042

树立"大规范"意识
　　——播音语言规范的思考 ……………………………………… 055

新闻播音语言规范的奠基性文献
　　——析《口播经验》和《播音经验》 ………………………… 065

解放区新闻播音语言规范形成的动因 …………………………… 070

中国解放区新闻播音语言规范研究启示 ………………………… 077

未来播音主持艺术的展望 ………………………………………… 090

真情永恒
　　——读《用生命播音的人——忆齐越》有感 ………………… 098

功力·能力·亲和力：主持人成功的关键
　　——由中央电视台"荣事达"杯主持人大赛想到的 …………… 102
梅益谈播音工作 …………………………………………………… 106
解放区新闻播音语言规范的形成及特征 ………………………… 112
新媒体背景下的广播电视语言研究 ……………………………… 119
试析网络视频主持人语言规范问题 ……………………………… 126
媒体语言发展刍议 ………………………………………………… 145
新闻播音语言规范研究的奠基之作
　　——读齐越《十天播音工作个人总结》 …………………… 159
播音员、节目主持人的语言评价 ………………………………… 168
编写《百年中国播音纪事》的思考 ……………………………… 188
中国播音高等教育60年发展流变 ………………………………… 196

下编　语言文字应用研究

推普工作的重要抓手
　　——谈依法推进的普通话水平测试 ………………………… 209
《语言文字规划纲要》与国民语言能力提高 …………………… 224
加大国家通用语言文字推广力度 ………………………………… 226
诗词诵读传承中华经典　创新传播助力教育公平
　　——《课本中的苏轼》系列电视节目创作谈 ……………… 238
网络语言与语言规范 ……………………………………………… 243
语言是打开未来之门的钥匙 ……………………………………… 245
以语言文字凝聚文化自信 ………………………………………… 247
让传统文化浸润时代人心 ………………………………………… 249
在"语同音"中增强文化自信 …………………………………… 251
在诵读中感悟诗词文化 …………………………………………… 253

推广普通话任重道远 ·· 255
以语言文字助力中华文化创新发展 ······························ 257
谈阅读能力的构成 ·· 260
新时代的推普方略 ·· 264
语言文字是文化自信的源泉 ···································· 266
中国语文现代化是动态发展的过程 ······························ 269
方块字书写经典　普通话咏诵中华 ······························ 273
新时代语言文字事业发展的根本指针 ···························· 276
全面开启语言文字事业发展新征程 ······························ 285
高质量普及国家通用语言文字 ·································· 289
新时代新征程谱写新的雷锋之歌 ·································· 294
高质量推广使用汉语拼音 ······································ 298
毛泽东诗词蕴藏伟大力量 ······································ 302

后　记 ·· 307

上 编
广播电视语言研究

林如播音风格浅探[*]

人民广播 46 年的光辉实践,造就了一批独具特色的优秀播音员。他们的播音风格,有的雄浑豪放,有的严谨端庄,有的潇洒飘逸,有的庄重大方,林如则以质朴含蓄见长。林如的播音深受广大听众喜爱,也得了有关专家、编辑和同行的好评。霍松林教授听了林如播出他写的稿子后来信说:"播音员吃透文稿、精心揣摩,故播音极富感情、相当传神。"[①] 有关编辑评价她的播音说:"林如的播音深沉、有深度,我们编辑的稿子如果有八分,她能表达出十分。"[②] "林如的播音具有美学高度,含而不露,自然平易,没有雕琢的痕迹。"[③] 齐越教授对她的评价是:"林如的播音……不加雕琢而富有魅力,平淡中蕴含着丰富的内涵,自然平易中贯以诚挚的感情。"[④]

一、林如的播音风格

(一)质 朴

一九五九年,林如刚从苏联回国不久,她为芭蕾舞剧《巴黎圣母院》的解说获得成功,当时在听众、编辑和播音同行中引起很大反响。她声音中本

---

[*] 本文原载于《北京广播学院学报》1987 年第 3 期,收入本书时有改动。
[①] 陕西师范大学教授霍松林给中央人民广播电台编辑刘刘的信。
[②] 中央人民广播电台编辑汪玉芝语。
[③] 中央人民广播电台编辑孙川语。
[④] 齐越笔记。

色的魅力开始显现。在解说中,她没有渲染和夸张,也没有修饰和雕琢。剧情虽是揭露宗教的虚伪,但她没有为此而给自己甜美柔和的声音涂上一层标签式的"愤恨"色彩,而是保持了自己声音的本色。本色的魅力也来自她感情的质朴和纯真。听她的录音,我们仿佛感到她是以一颗洁白无瑕的童心来传达感情,感受到她对真善美的向往和追求。这种向往和追求,无须附加任何外力,便可以对假恶丑进行痛斥和鞭挞。例如,"爱斯梅拉达神情未定,伏在地上哭泣""温暖的阳光,爱情,空气,这一切难道对这个十六岁的姑娘来说都没有份儿了吗?"在解说这样的句子时,林如对爱斯梅拉达寄予深深的同情,没有将感情渲染于表面,而是"在心灵深处呼唤",与女主人公爱斯梅拉达的感情和谐统一。爱斯梅拉达是美的化身,她的美也正是体现在她情感的纯真,即便是在最后的时刻,她也没有放弃对美的向往和追求。林如在表达上对真善美的向往和追求也贯穿始终。"温暖的阳光,……"一句,是爱斯梅拉达即将被拉上绞架前的解说,是一个发问句,但林如在解说中并没有以质问的语气去为女主人公"鸣不平",而是以同爱斯梅拉达此时相吻合的感情来表达,语气中饱含着对人类美好生活的留恋、向往和对现实不解。这样,她便把感情淋漓尽致地传递给了听众,因而增强了听众对女主人公的同情。又如,"在不远的地方,身穿袈裟、道貌岸然的神父盯住了这个姑娘""神父把爱斯梅拉达抱起",此时,神父撕下了伪善的面目,露出了丑恶的嘴脸,对姑娘进行威逼。林如在解说这样的句子时,没有从语言表面制造紧张气氛,没有附加对恶势力"揭露""愤恨"等感情色彩的外力,而是用自然叙述的语气表达出来,从而把这愤怒的力量传导出去,激起听众对这恶势力的痛恨和鞭挞。

　　白描的手法。本色的魅力使林如的播音获得了成功。20多年过去了,林如今天的播音仍富有本色的魅力。但已经从单纯到丰厚,有了更加丰富的内涵。通讯《假如党员都像她》是林如近年来播出的较为成功的三篇反映农村妇女先进事迹的通讯中的一篇。这篇通讯歌颂了河南省襄城县十里堡乡烈属彭翠莲大娘的先进事迹。彭大娘在大儿子为救战友不幸牺牲、女婿为救落水儿童英勇献身、老伴身患重病的情况下,为国分忧,不要救济,默默地劳作、无私地奉献。这一切体现了一个普通共产党员的光辉形象，反映了一位革命烈属的博大胸怀。全篇通讯的基调是赞颂。林如在遵循赞颂这一基调的前提下，又有她独到的体验和理解。她抓住人物性格，深入体验彭大娘的内心世界，用"精诚"之情贯穿全篇，在表达中以白描的手法，即"用平凡去表达不平凡"[①]的手法来歌颂彭大娘的事迹。例如：

> 团政委褚韦新紧紧地握住彭大娘的手，含着热泪、饱含歉意地说："彭大娘，我们对不住你，你养了一个好儿子。"彭大娘说："一条命换了三条命，石奇他死得值得。"

林如在表达彭大娘这句话时，总的语气是平静的，其内在语是：石奇他死得值得，不是吗？你们不这样看吗？在具体语言的处理上，林如把语句重心放在前面，"三条命"稍加强调，后半句以"承先启后，顺理成章"的语势表达，语气处理得自然平静，语速比前半句稍快。"值得"二字显然是后半句的重音。林如对这两个字的表达，没有重音重读，而是采取轻处理的方法——她适当延长"值"字的时值，"得"字处理得轻而短。这样的表达，既体现出彭大娘诚恳的心情：打心眼里认为儿子死得值得，因为一条命换了三条命；又表现出彭大娘不认为自己的儿子做了什么惊天动地的事，毫无宣扬之意。同时，林如通过彭大娘语言的"静"，又反衬出团政委感情的"动"。本来团政委是来安慰彭大娘的，可他被于石奇烈士的事迹感动着，他是在含着眼泪、强忍悲痛的情况下来安慰彭大娘的；而林如用平静的语气表达彭大娘这句话，又像是彭大娘对团政委的安慰。同时，彭大娘的"静"传导给听众，又会引起听众感情的动。试想，假如将彭大娘的话用另一种方法处理，那就不会有上述一举三得的效果，也不能很好地再现彭大娘的性格。林如认为彭大娘并不夸耀自己，她把自己看得很平凡，她不认为自己和儿子做了什么惊天动地的事——"我"何必在语言表达上去渲染、夸张呢？那样就和彭

[①] 林如语。

大娘的思想、性格不统一了。林如体验到了彭大娘这样的思想基础：要是没有党和军队，十个彭翠莲也早就不在人世了；党和政府给了我们这么大的恩情，我们小户百姓有什么可以报答的呢。所以，在彭大娘脑海里只有两个字：奉献。基于这样的体验，林如播彭大娘的话"我不苦，不难""我没有困难，我不要救济"时，语气自然恳切，而不是用"我一定能战胜困难"的语气。林如说，如果那样表达，就不是用平凡歌颂非凡，而是用非凡表现平凡了。

林如质朴的风格还体现在她播政治评论性和文献稿件时大胆"舍弃"的功夫上。这类稿件要求播出分量，许多人在表达中往往是处处都重，以求播出气势来。林如则认为，越是这类稿件，在表达中，越不能端架子，不能追求表面的气势，不能处处都重，不能硬造声势。比如：

> 现在人们说中国发生了明显的变化。我对一些外宾说过，这只是小变化，翻两番，达到小康水平，可以说是中变化。到下世纪中叶，能够接近世界发达国家的水平，那才是大变化。到那时，社会主义中国的分量和作用就不同了，我们就可以对人类有较大的贡献了。

这是邓小平同志1985年9月23日在中国共产党全国代表会议上讲话中的一段。拿到这样的稿子，有人为播出分量往往重音过重过多。比如，"明显的变化""小变化""小康水平""中变化""下世纪中叶""发达国家""大变化"等都强调突出，最后一句更是声调扬起、音强加重，以显示我们的信心和力量。林如则有她独到的理解和表达。她首先找到了这样一个情感的立足点，即实事求是、有信心、有自豪感。在她看来，现在变化还小，在语言表达中不必夸大，但是可以达到，将来也一定能达到大的变化；一旦我们强大了，就会对人类作出较大贡献，而不是称王称霸。基于这样的理解，在表达中，她将重音融在语气里自然地显现。在一些关键性的词语"明显的变化""小变化""中变化"上，她只是稍加强调。下面一句，为了体现出我们的信心和自豪感，她在"到那时"上做一定的强调，语气稍加扬起，后面"社会主义中国的分量和作用……"等，则稳扎稳打地说，不再扬起。这说明，我们只是体现信心和力量，并不自夸和吓人。如果把"社会主义""分量""作用"等都加以突出和强调，平均用力，效果就会适得其反。林如的播读没有着意强调几个字，语意反而明确有力。林如这种"舍弃"的表达方法，既突出了语意，又播出了分量，同时也体现了政策。

林如的质朴还体现在播会见消息时对中央领导人谈话表达的传神上。比如：

> 本台消息：邓小平主席今天上午在人民大会堂会见了1986年度日本经济协会访华团。邓小平指出中日经济关系的发展，有助于推动两国的政治，促进两国人民的关系。投资必须对双方都有利，如果投资者没有赢利，或者我们吃亏太大都不行，只有对双方有利，才能使合作发展。在场的日本客人表示赞同，邓小平说，好吧，我们取得一致意见。①

这条消息基本上都是邓小平同志的话。交谈中都是短句，没有套话，在"拉家常""聊天"中谈了国家大事。高级领导人讲话的气质，往往是在质朴自然中体现出来的。林如播这条消息的传神之处就在于她把我国领导人此时所表现出的坦荡的气质和求实的态度通过质朴自然的语言恰如其分地传达出来。语气坦然自若，语言干净利落，没有拖腔拖调，拔高突出。尤其是最后一句"我们取得一致意见"，一般人播往往容易对后面四个字加重强调。林如则认为，如果这里一强调，领导人的气质就体现不出来了。她在处理时的内在语是"我们姿态很高，如果没有矛盾，那好，这件事不成为一个问题了"。所以，她播"一致意见"四个字，并没有作重音处理，而是轻松自然，语调顺势而下，结束全篇，十分传神。

---

① 选自中央人民广播电台《全国各地人民广播电台联播节目》（1986年9月24日）。

(二) 含 蓄

林如在《与基层播音员通信》一文中说:"你说,你喜欢含蓄的、分寸恰到好处的播音,我自己也有同样的追求。不过,这是很难的。前些时候看了电影《城南旧事》,影片结束后,我竟不愿离开,好像还有所期待似的。这部电影在平静、清淡的基调里,包含着浓重的感情。它所应该说的,似乎并没有说出,或者没有说尽,而留下了强烈的传导作用,使观众根据各自不同的经历,引起无边的回忆和思索。我想,这就叫含蓄吧!在播音工作中也要掌握语言的传导力量,把感情的信息传导给听众,在听众的心里逐渐丰富、升华。"所谓传导,就是把自己的感受传递给听众,让听众去丰富、去升华。这里,播音员自己要有准确的理解和丰富的感情,而这感情在表达中要有所控制。它不是"自我爆发",而是要用自己心灵之火去点燃听众情感之柴,让听众的情感之柴充分燃烧。所以,林如的传导是通过"引发"来实现的。以通讯《假如党员都像她》为例:

> 第二天下午,彭大娘如风似火地赶到了大儿子于石奇所在的解放军某部二机炮连。她从迎候在路旁的部队领导和同志们的严肃表情里意识到儿子凶多吉少,也许已经不在人世了。果然,部队领导同志沉痛地告诉她,5月23号下午,于石奇同志在一次施工的意外塌方中为救三个战友壮烈牺牲了。听了这噩耗,彭大娘顿时觉得天旋地转……

这段话,林如用彭大娘的心情去体验。彭大娘是控制着自己感情的,所以,林如在"如风似火""不在人世了""壮烈牺牲了""天旋地转"等词语的表达上,没有渲染,反而注意控制。这样处理,内在、含蓄、深沉,将彭大娘的精诚之心和对彭大娘的赞扬之情传导给听众,引发听众对彭大娘的敬佩之情。

又比如:

彭大娘迈着沉重的步子来和儿子告别。烈士的遗体是从几吨重的巨石下面撬出来的。彭大娘走上前去俯下身子仔细地端详着儿子，声音低沉地说："是我的儿子，这是我的儿子"。

林如在播彭大娘这句话时，没有采用感情浓烈的表达方法，没有给人以泣不成声之感，而是浓缩感情、控制音量，以控制后惊人的冷静说出了这句话。她以这出人预料的冷静将感情传达出去，反而进一步掀起听众感情的波澜。

在播一些"口号"式的句子时，林如采用内收的语势控制处理，给人以发自内心、真实可信之感。比如，在这篇通讯的引子部分有这样一句"让我们一道来学习先进人物的崇高革命情操，为四化的早日实现尽自己的一分力量"。在这句话的表达中，她把"一道"的"道"这一去声字用虚声延长的方法处理，给人以领起之感，即"把我感受到的东西推荐给你，我们一起来学习"，从而避免了那种号召和强加的语气。她在"为四化建设尽自己的一分力量"的表达中，"尽自己的一分力量"这几个字，她没有加重扬起，而是语速放慢，采用波谷的语势、内收的方法说出来。这样表达，显示了为四化建设脚踏实地干，而不是光喊口号，与这篇通讯中所歌颂的先进人物彭大娘的性格和事迹相吻合。彭大娘默默地劳作、无私地奉献，我们向她学习，为四化贡献力量，也应该是脚踏实地、扎扎实实地去做。这篇通讯的最后一句点出了全篇的主题思想："我们的党之所以有希望，这就是希望之所在；我们的军队之所以强大，这就是强大的源泉。"这句尽管是画龙点睛之笔，林如在处理时也没有全都加重突出，而只是在两个"这"字上稍加点缀，"希望之所在""强大的源泉"则采用虚声内收的方法，是一种发自内心的赞叹和颂扬，同时给人以希望无限、源泉无穷的感受。

林如质朴、含蓄的风格在具体体现时是相互联系、相互渗透的，只是为了表述方便才分开来谈；而它们的内核是情浓语淡。林如说"我的播音比较平淡，但是我努力做到淡中有情，感情浓缩的清淡。"感情的浓缩与表达的清淡正是形成她质朴、含蓄风格的直接原因。将丰富的感情加以浓缩，用清淡

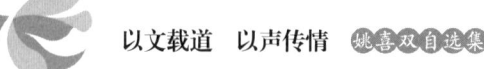

的语言传达出来,就需要"控制",所以她含蓄风格的传导力是通过自己情感表达上的控制,从而引发听众的感情来实现的。进一步研究,我们便会发现,她浓缩感情的核心是"诚",她清淡语言的实质是"朴"。这样,质朴是她诚挚感情传达的必然结果。返璞归真,是她的本色魅力。

二、林如播音风格的成因

下面探索一下林如播音风格形成的原因。

(一)学人之长,走自己的路

林如在业务成长道路上也有一个向别人学习的问题。而她之所以能形成自己独特的风格,关键是她在向别人学习时,学人之长、学人之本,不是单纯去模仿声音形式,而是结合自己的特点,大胆探索,走自己的路。

林如 1952 年从事播音工作,在进行了两年记录新闻播音实践后,被派到当时的莫斯科广播电台华语部播音。在苏联期间,她的播音受益于费寄平和托别士。

托别士是苏联播音员。他主张"播读稿件要朴实,要善于运用口语的表述方式,对所讲事物要有视像,和听众要有感情上的交流","播读稿件的语气愈朴素、愈柔和、愈像说而不像念就愈好。"当时林如学习的朴实自然的口语表达方法,为她今天风格中的淡作了铺垫。同时,林如的学习抓住了当时苏联播音经验的根本,即"交流""视像"及"和谐统一"。所谓交流,就是播音员坐在话筒前要与设想的听众进行朋友式的交谈。这种交谈不能脱离生活。这种交流,为她以后含蓄风格中的"传导"打下了基础。因为"传导"是在与听众交流中实现的;而她的"传导力"的形成又是对交流这一苏联经验的突破,因为她没有停留在把感情按生活自然的方式传达出去,而是强调交流中的"引发",传导中的"点燃"。而"视像""和谐统一"都是为交流服务的。

"费寄平的播音含蓄、深沉，感情往深里走。"[①] 林如也喜欢含蓄、深沉的表达方法，但两个人的嗓音条件不同。费寄平的声音浑厚低沉，林如则是"小嗓门儿"，声音柔润甜美。林如没有从声音形式上机械模仿费寄平，而是学习其语言表达的根本，即"感情往深里走"。在声音上，林如保持自己的嗓音本色，所以林如的含蓄风格中又具有深沉而甜美的色彩。

政论性文章的播音要求有分量、有气势，一般比较适合男声播读。林如既是女声，又是"小嗓门儿"、小音量，所以，她在播政论性稿件时曾经遇到过难题。面对这种情况，林如正确地分析了自己的条件，扬长补短、另辟蹊径，探索出了一套自己特有的方法。她认为体现政论性稿件分量的核心问题是播音员本身的政治气质、政策水平、政治修养。因此，她很注意加强政治修养，提高政策水平。在语言表达的用声上，仍保持自己的"小嗓门儿"、小音量和女性声音柔和的特点。她采取"把字的颗粒灌满，唇舌运动幅度和力度加大"的办法，利用话筒放大后，其小音量、"小嗓门儿"同样能播出政论性文章所要求的分量并具有女声表达的特点。

林如的播音得到了齐越的指导。齐越充满激情的播音使她受益很大。她说，这时我找到了播音的真谛——情。她学习齐越播音的根本，即真情及他调动感情的手段；然而她在传达感情的手段上又结合自己的特点，从而形成了她淡中有情的风格。

林如学人之长，走自己的路，在探索前进中又有了新的更高的追求。

（二）"无我"的审美追求，整体的创作观念

林如认为，"播音员追求的应该是不使听众感到你的存在。真正好的播音应该是使播送的内容自然而然地流入听众的耳朵，使听众被播送的内容所吸引，而不是被播音员的声音分散了注意力。"她这种"无我"的审美追求体现在两个方面。

（1）"融入"：即把自己融入稿件所表达的内容或人物中，也就是把自己

[①] 林如语。

的思想感情融进去。林如学习和借鉴了中国戏曲中"帮腔"的表现手法。"帮腔"的含义是为了烘托气氛,角色自己不唱,而由后台的伴唱将角色内心的思想感情表达出来。林如在日本电视连续剧《阿信》的旁白中借鉴了这一表现手法。剧中有些人物的内心独白是由她以旁白担任的。她首先把自己的感情融入人物内心的情绪之中,她不是在扮演人物、给人物配音,而是把人物的内心世界展现出来了。观众并没有感到她的存在,还以为是人物自己说的呢。这正是林如所说的:"没你不可以,有你不显眼。"例如,《阿信》第21集结尾有这样一句旁白:"……火车来了,火车来了,可是车站离得太远了,为什么离得这么远?"画面是:阿信躺在地上,脖子淌血,人在昏迷中。林如充分体验阿信当时的内心感受:是在渐渐失去知觉的时候,在恍惚中觉得自己在拼命地奔跑、在追赶火车。基于这样的体验,她说出了:"火车来了,火车来了,为什么离得这么远?"此时观众并没有感到是林如在说,还以为是阿信自己说的呢。在《假如党员都像她》这篇人物通讯的播音中,林如也采用了"融入"的手法。她使自己的诚心同彭大娘那颗精诚之心相吻合,充分体验彭大娘的性格、气质、举止、神态,并使全篇通讯的表达特色与之相和谐。所以,听完这篇通讯的播音后,我们仿佛感到林如就是彭大娘,并没有感到多出一个播音员来。

(2)"让出":这就是林如说的,在与素材的配合中,把表现力让给音乐,让给画面等。例如,电视片有这样一组画面:苹果、柿子、山楂……,解说词"丰收的秋天、金色的秋天"。在解说中,解说员完全可以利用这一句"表现"一下,在画面刚推出时,采取引领式的抒情的播法播出这一句。林如则不是这样,她让画面充分表现,使观众充分感受,而后补充地提示一下:"丰收的秋天、金色的秋天。"她说,观众已经感受得差不多了,我只是悄悄帮一下忙,提示一下就行了。她把表现力让给画面,把创造的余地留给观众,追求"无我"的审美状态。这反映了她的整体创作观念。

播音风格的含蓄,正是为了给听众留有创作的余地。所以,林如整体创作观的一个突出特点,就是和听众共同完成播音创作活动。她内心情感的"浓"、表现出来的"淡",正是为了使听众感情"浓",使听众情感之柴充分燃烧；她感情的"诚"、表达的"朴"，正是为了要和听众那颗诚心沟通。通过分析和认识林如整体创作观发生发展的过程，我们可以进一步分析她播音风格的成因。

林如的整体创作观由小到大，经历了一个发生发展的过程。最初，她整体创作观的雏形反映在两点上：一是 20 世纪 50 年代中期她在苏联播音时，懂得了与音响素材的和谐统一；二是 20 世纪 50 年代末她学到的从意群的整体去把握句子。

从对意群整体的把握，帮听众理清意思，进而了解整体的布局，让听众"参与进来"，是她整体创作观的进步。她的淡中传情，方法之一是通过全篇的布局来实现的。在全篇找出感情浓缩之点，其余部分加以淡化。淡化的地方留给听众思考；浓缩之处，是她感情的传导。林如整体创作观的进一步发展，是把一篇稿件放在整个发展变化的客观事物中去考察、放在人民群众实践活动的整体中去考察。在这样的基础上，再去把握稿件，完成稿件。

她整体创作观的雏形的另一个方面，即与音响素材的和谐统一，后来则发展为与播音创作中各个要素的和谐。这种和谐，由开始的和谐一致，发展为辩证的和谐统一。这时，她的和谐，不再是某个局部简单的"和声"，而是整体的最终效果的和谐统一。只有这样的和谐，才是她风格的成熟。比如，她用"平凡"歌颂"不平凡"，这种局部的表象的不和谐，正是高层次的整体本质和谐的反映，"不平凡"通过"平凡"表现出来，给听众的效果是"不平凡"，从听众参与播音创作这个大的系统来讲，是和谐统一的。至此，我们可以看到，林如的播音创作把听众的参与放在一个重要的位置上，无论是"传导""控制""点燃"，还是"融入""让出"，都是为了引导听众，同听众共同完成播音创作。

（三）扎实的语言功底，求实的创作态度

这两点是林如风格形成的基础和保证。林如非常重视语言基本功的训练。林如认为，播音员的语言基本功训练好比演员化妆，必须先打好底色；不打好底色，其他色彩也不会有光泽。她还进一步强调不练好基本功，播音的生

命力就不会持久，即使当时某个节目能得到听众喜欢，也只能是昙花一现。

林如刚参加播音工作时，她的先天条件并不完美。她有优越的一面：音质纯正，音色优雅甜美。但也有不利的一面："小嗓门儿"；同时，正如她自己所说，她因下齿短，形成前面上下八颗牙齿不能闭合的状态，因此，z、c、s的读音很难发正确，而每天播音又不知要碰到多少这些声母拼成的字。

面对这种情况，林如一方面寻找具体方法解决发音上的不足，如"用舌尖找准下齿背的合适的位置反复练习"，找到自己发音的途径；同时，通过练习播报记录新闻全面打好语言基本功。两年记录新闻播音的锻炼，使她在以下三个方面有所受益。

（1）通过播记录新闻，发现并纠正字音上的毛病。林如认为，记录新闻播音像放慢镜头，发音上的缺陷经放慢拉长后特别明显，所以容易发现，并得到纠正。"放慢拉长"的发音，字音的头腹尾都要发得全，这为她以后播政治性节目、练习把"字音元素灌满"等奠定了扎实的基础。

（2）通过播记录新闻，练习组织句子的功夫。记录新闻的播音要求把完整的句子准确地断为若干语节。林如总是反复推敲，找准恰当的断连之处。这为她以后处理好长句子和复杂句型的句子打好了基础。

（3）通过播记录新闻，锻炼气息控制能力。记录新闻播音员常常连续播音一小时左右。长时间的断续读稿，使播音员锻炼了正确运用气息的能力，做到了自始至终气息通畅、均匀，收控自如。这种气息的锻炼，为她体现含蓄风格"传导力"的"控制"和"语言动作感"打下了基础。

研究林如语言基本功训练的更深一层的意义在于，基本功训练对于任何一个播音员都是永无止境的。如果有人认为练好了就可以一劳永逸，那非但不能适应新的要求，过去的成果也会丢掉。林如语言基本功训练的真正意义在于她的持续性。她不断进取，训练的内容随稿件的要求不断深入、细致、具体，训练的领域不断扩展。20世纪50年代末，她针对解决政治性稿件的播音问题，探索出了"字音元素灌满法"和"唇部运动扩展法"，既保持了自己的小音量，又通过话筒音量的放大体现出政治性稿件所要求的气势。时代飞速发展，生活节奏加快，节目形式日渐增多，要求播音员具备更高的语言表达技巧和更加丰富多样的语言表达手段。林如"语言动作感"的训练，为她播音创作的成功创造了条件。她代读秦怡的"自白"，探索语境对语言表达手段的影响；她走出播音室采访并主持节目，摸索与交流对象面对面时的讲话规律。林如的语言基本功训练，为风格的形成奠定了坚实的基础。林如语言基本功训练的可贵之处是，她虽练出了技巧，但不在播音创作中去表现技巧，这也是她质朴、含蓄风格的直接成因之一。

求实的创作态度是林如风格形成的保证。

中央人民广播电台播音员虹云在谈到林如的播音时说："林如的播音创作走着一条实事求是、扎扎实实的路。她不虚浮，不乱来，不扬众出名。"林如在谈到她对自己播音创作的要求时说："老老实实，不堆砌，不造作，不弄虚作假，不打马虎眼，苍白一点就苍白一点，不做装饰，播什么都要准，不单指字面的准，而是体现出分寸和要点。"这正是林如的求实的创作态度，这为她质朴播音风格的形成提供了保障。这种求实的创作态度反映在她准备稿件一丝不苟、理解稿件扎实深入上。

新闻性稿件时间性强，林如在备稿时争分夺秒、一丝不苟。有时有的新闻发稿时间特别紧，来不及把每条稿子都看一遍，她就抓紧时间看一遍最后一两条。她认为这样能够心中有数，了解最后一条是什么，越播心里越有底。有的专题节目稿件提前两天发，林如接到稿件先看一遍；之后，稿子放下来了，她还要反复揣摩，用她自己的话就是要在脑子里"发酵"一下，播出前还要认真准备一遍。所以，有关编辑评价说："林如播任何东西都是经过认真思考的，她比我们编辑思考得还要深，还要多。"[1]"林如虽然是老播音员，但备稿仍然很认真。"[2]林如认真备稿，因而对稿件的理解也扎实深入。1984年，她承担了新中国成立三十五周年阅兵录音新闻的播出任务。她认为，越是播这样的稿件，越要"扎扎实实，不冒虚气"。林如过去曾在天安门上为领导同志代读讲话，她体会到，真正在天安门上说话是扎扎实实的。所以她在语言

---

[1] 中央人民广播电台编辑米玉芬语。
[2] 中央人民广播电台编辑刘语。

表达中言之由衷，不求表面热闹，而是把欢庆之情传导给听众。中共十一届三中全会以来的成果正是靠贯彻实事求是思想路线才取得的，这种扎扎实实的播音正是体现了新时期的时代精神。1986年9月27日，林如在中央电视台《新闻联播》节目里播出了新华社消息："玩忽职守导致进口大型设备烧毁，太原市四名国家工作人员被判刑。"林如认为这样的消息不能上来就剑拔弩张，而是要立足于吸取教训；同时在表达中也要表现出教育广大群众、端正党的形象的意思，不要遮遮掩掩。她播《阅读和欣赏》稿件，以历史唯物主义的态度对待原文，不以现代人的感情代替古人，所以人们称赞她的播音"具有各个时期的时代感。"

林如求实的创作态度还体现在她话筒前的状态上。良好的话筒前的状态，为她风格的形成助了一臂之力。她在话筒前的良好状态，主要来自两点：一个是自信心，另一个是高度的责任感。林如的自信心不是空洞的，而是建立在一定的根基之上的。这个根基是对自己业务条件的长处和短处认真清醒地分析，做到心中有数；对稿件的内容心中有数；确信有听众在听。在这样的基础上建立起来的自信心才是牢固的。此外，还有高度的责任感。在林如看来，播音室就如同战士的哨位一样，一进入播音室就会产生一种亲切感，一坐在话筒前，就会有一种责任感。亲切感使她身体放松，责任感使她精力集中。话筒前这种良好的状态，是她风格形成的保障。

林如强调在播音创作中要有这样一个根基老老实实、扎扎实实，一步一个脚印，不抱出名态度。她说："我一参加工作就播记录新闻，鲜为人知。我没有想冒火花，没有想获得什么荣誉，我觉得根基应该是这样。"正是有了这样的根基，她大小节目一样对待，尤其是别人不看在眼里的小节目，她也非常珍爱。比如，中央人民广播电台许多文艺节目的报头报尾都是她播的。尽管是节目头尾，有的只有两句话，但她也总是认真对待，尽自己最大努力去体会整个节目的情绪，把它播好。正是这种不求出名的思想基础，使她具有"无我"的审美追求和整体创作观，才使她的播音具有质朴、含蓄的风格。

文章做在耳朵上*

——听觉是确定播音停连和重音位置的重要依据

先看例句:

(1)"美帝及其走狗在越南、老挝打不赢……"(选自毛泽东1970年"五二〇"声明)

(2)"不要随地吐痰、乱扔纸屑。"(选自列车播音录音)

(3)"昌平、怀柔、密云、平谷有小雨。"(选自北京人民广播电台《天气预报》)

(4)"小马听了老牛的话,立刻跑到河边准备蹚过去。突然从树上跳下一只松鼠,拦住他大叫:'小马!别过河,别过河,河水会淹死你的!'"(选自《小马过河》)

一位播音员播(1),完全按标点符号停顿。她的录音给人的印象是:美帝及其走狗在越南、老挝打不赢。结果同文章原意相反。

有的列车播音员播(2),给人的印象是:不要随地吐痰,可以乱扔纸屑。北京人民广播电台播音员播(3),按标点符号每处一顿,"平谷"后边没有顿号,他就不停顿,这样播给人印象好像只有平谷有小雨。有的学员朗读(4),完全按标点符号停顿,给听众的感觉是:小马听了老牛的话不是立刻跑到河边,而是犹豫了一下才决定跑到河边;松鼠跳下来拦住小马的心情也不是那么急切。

---

* 本文原载于《语言文字应用》1992年第3期,收入本书时有改动。

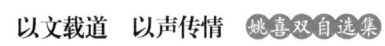

由此可见，播音的停顿，不能完全按照文字标点符号。从某种意义上说，文字标点符号更适合视觉接收信息，播音是要让听众听的，听觉同视觉不同，声音传播信息的方式同文字传播信息的方式也不同。声音具有可感性、时间性、随生随灭性，它的运行是一维的。听觉对声音有形象感知，它也依据时间性的规则进行信息接收。所以，播音必须按照听觉规律对文字进行重新组织，建立一套适合听觉规律的语言表达系统，以保证文稿原意的准确传达，这其中也就包括依据听觉要求对停连标点的重新确认。

根据听觉规律，对上述句子停连的位置重新确定如下：

句（1）在"越南、老挝"之间的顿号处不停，要连起来读，而在"老挝"后则可有一短停顿。这样播，语意就清楚了。

句（2）在"不要"后面加一顿挫，将"随地吐痰、乱扔纸屑"连起来读。

句（3）将"昌平、怀柔、密云、平谷"连起来读，在"平谷"之后加一顿挫。

句（4）只保留"蹚过去"后边这个句号，其余标点符号处一律不停。

实验表明，一般情况下，听觉接收有声语言信息大多以句群为单位，要求连多于停。一个语意未表达完不要停顿，如句子太长，可用扬停，不要用落停（扬停：为了换气的需要，停时语尾上扬，不给人以停顿感。落停：语尾降下，给人以停顿或中止感）。

例如：

句（5）中央人民广播电台！各位听众，你们好！本台现在开始播音。今天是4月10日，农历三月初八，现在预告本台今天播出的一部分节目内容：

4:00 简明新闻；

4:05 民族器乐曲：飞花点翠、杜鹃花开、红柳绿柳、丹凤朝阳、满园春色、太湖夏夜……（选自中央人民广播电台《节目预告》）

（5）的第一段有6个标点符号，播音实验表明：如按标点符号停，中间就要停6次，这样就给人以语句断碎、不流畅的感觉，给听众的语感形象是播音员心中没数，播了上句、不知下句，一句一看稿。这样也会造成听众的听觉疲劳。根据听觉要求，这段应是一气呵成，虽然中间有两个叹号和一个句号，但也不宜安排过长的停顿。如气力不够，可在"开始播音"后运用扬停给以小的顿挫。同样民族器乐曲的6个曲名中间虽有5个顿号，但也必须一气呵成。

电台播音员每天大量播出的是新闻类型的节目，多是叙述型语言样式，听觉要求叙述语言更连贯。

（6）记者张明非报道，我国今天首次公布了一个数字，根据全国残疾人抽样调查的结果推算统计，我国各类残疾人的总数约有5164万人。

这是一个值得社会关注的数字。（选自中央人民广播电台《新闻和报纸摘要》）

尽管文字书写将这条消息分为两段，但播音时，应将第二段这句归并到第一段，使其同第一段的最后一句连起来。可见，播音创作依据听觉需要组织语句，有时可突破文章自然段落的界限。

由此可见，播音语言表达中连多于停。停连位置的确定和停顿时间长短，都应纳入听觉系统统一考虑，重新认识。有些停连的位置和停顿的时间完全不同于文字标点符号，有些同文字标点符号的位置一致。但要说明的是，停连位置和停顿时间的确定是根据听觉的需要，纳入听觉系统确定的，并不是根据标点符号。尽管有的停连位置同文字标点符号位置相同，但停顿时间的长短，已不是文字标点所规定的那样了。

（7）"有些人只会空想，不会做事。他们凭空想了许多念头，滔滔不绝地说了许多空话，可是从来没有认真做过一件事。"（胡绳《想和做》）

从听觉考虑，播这段文字时，"空想"后边的逗号不停顿；"不会做事"后边的句号虽然也停顿，但只是一个小小的顿挫，已不是原来文字标点符号所规定的停顿的时间了。这段第二句话里第一个逗号不停顿；第二个逗号虽然停顿，但也不是原来文字标点所规定的时间，这儿的停顿比句号停顿的时间还要长。同样句（4）中"蹚过去"后边这个句号，也只是一个十分短暂的停顿。

听觉记忆规律要求，单位时间内听觉接受语言刺激的重点不能过多，否

 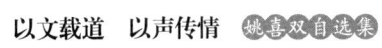

则会造成听觉疲劳,影响语言的接收;而单位时间内选择一个重点加以突出,刺激听觉,形成前摄或后摄记忆,反而让人印象深刻。

例如,"啊,花真美呀!"这句话,朗读者既想把感叹词"啊"突出出来,又想把"真美"突出出来,结果突出得太多,"啊"也没有表达好,"真美"的感情也没有表达出来,录音效果适得其反。有经验的朗读者则只把"真"字用充满赞叹的感情突出出来,"啊"和其他词都轻轻带过,结果事半功倍,听众在听觉毫不费力的情况下,充分感受到花的美丽和人们对它的赞美之情。

(8)北京是美丽的城,她也流传着许多美丽的故事,钟鼓楼的大钟,就是很感人的。(选自北京人民广播电台《金钟姑娘》)

在对新播音员进行训练时,我发现,他们播(8)时,很多人把"美丽""许多""很感人"当作重音加以突出,结果事倍功半,听众不但没有觉得"美丽",反而感觉语言生涩,听觉疲劳。经过分析,(8)只需要选择"大钟"一词为重音,运用赞美的感情加以突出,便可完全表达这段话所包含的优美、赞叹的感情色彩。前边所说的三个重音,都不必突出。因为听众的听觉记忆中早已积累了"北京是美丽的城"等信息,播音员无须再突出"美丽""许多"等词。"北京是美丽的城,她也流传着许多美丽的故事"这句,只需连在一起,轻轻带过。这样,既可以减少过多的重音对听觉的刺激,也可以使播者集中力量突出"大钟"这一重音。当把"大钟"以饱含赞叹的感情加重突出后,后边接下来"很感人"一句只需用偏虚的声音轻轻带过。"很感人"一词不用强化突出,因为播音员播"大钟"一词时,已经把"很感人"的感情信息传达出来了。对于听觉来说,越是具体,越是可感。"大钟"这一形象很具体,我们以饱满的赞叹之情加重突出,听众就会从这一声音形象中感受和猜想其中蕴含着的美妙动人的故事和传说。"很感人"一词本身是抽象和空洞的,无论你花多大力气突出它,听众也不会觉得感人。

(9)"据调查,北京市中学生过生日互赠礼品成风,有的为庆贺生日和同学一起到餐厅里点上一些昂贵的法式大菜。许多同学都在银行里有存款,有的存款高达1500元之多,真令人吃惊!"(选自北京人民广播电台《北京

新闻》）

显然，这里只要把"昂贵的法式大菜"和"1500元"用吃惊的语气突出出来，问题的严重性和让人吃惊的态度就表达出来了。"真令人吃惊！"这句话本身就可以轻轻地带过。

文章做在耳朵上，实则是做在听众心里。听众对有关信息积累的程度、听众的心理变化、听众对有关事件的感情态度、听众的期待和需求、听众对播音创作的参与感等，这些因素都是我们把握听觉规律时应该考虑到的。所以要用运动的、系统的观点来看待和把握听觉：既看到它的现状，又看到它的发展变化；既考虑听觉自身系统，又要把它当作一个开放的系统，考虑到它和其他有关系统的联系。这样才能真正做好耳朵上的这篇播音文章。

（10）"新华社消息，巴勒斯坦解放组织继续举行游行示威，抗议以色列的暴行。"（选自中央人民广播电台《全国各地人民广播电台联播节目》）

考虑到听觉已经有了"巴勒斯坦解放组织举行游行抗议以色列"的信息积累（前天已播过有关消息），所以只需将"继续"一词突出即可，"示威"后边的逗号可不做停顿，"抗议以色列的暴行"随即带过。

电台播音员每天报告的新闻事件本身都是不断地运动发展变化的。而记者根据情况和需要，对一些事件进行连续报道，就需要我们在选择重音时更多地考虑到听众在这方面的信息积累。

比如，通过对近日美国洛杉矶事件的连续报道中播音重音的选择，我们就可以看出，这里播音员一方面根据事件的发展变化，另一方面根据听众对这一信息了解和积累情况的程度来不断地选择新的重音。

（11）新华社华盛顿4月29日电：今天加利福尼亚一个地方法院宣判殴打1名黑人的4名白人警察无罪后，洛杉矶和美国其他一些城市爆发了黑人和民权组织发起的游行示威……

新华社华盛顿4月30日电：洛杉矶发生大规模骚乱……

新华社华盛顿5月1日电：美国总统布什下令派军队进驻洛杉矶……

新华社华盛顿5月2日电：洛杉矶市市长布雷德利宣布对该市实行宵禁……

 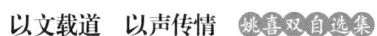

新华社北京5月3日电：印度、菲律宾等国舆论对洛杉矶事件反应强烈。

新华社北京5月3日电：又有一些国家对洛杉矶事件反应强烈。

新华社华盛顿5月4日电：经过几天的动荡，今天洛杉矶市相对趋于平静……（以上7段均选自中央电视台《新闻联播》节目中的"口播新闻"）

由于4月29日已经报道了洛杉矶发生游行，听众有了这个信息积累，所以4月30日报道的重音应放在"大规模"上，突出听众还未了解的新的信息，而不应像有人播的那样，把重音还放在"洛杉矶"上。同样以下各条均应把反映最新信息的词作为重音突出：第3条突出"军队"；第4条突出"宵禁"；第5条突出"印度和菲律宾"；第6条突出"又"，而不应像有的播音员突出"一些国家"，因为前一天听众已经有了"印度和菲律宾等一些国家反映强烈"这一信息积累，今天是又有一些国家对此事作出了反应，"又"对听众来说是一个新的信息值，应加以突出；第7条中最能告诉听众新的信息的词显然是"平静"。

听觉在播音创作中占有举足轻重的位置，从某种角度上讲，播音创作是由播音员和听众共同完成的。有经验的播音员都强调要给听众留有创作余地。齐越说："播音员有十分感情，用声音表达出八分就行了，要留给听众创作的余地。"（齐越谈话录）夏青说："播音员不能只是单方面想到自己的语言表达，还要给听众一个思考和想象的余地。"（夏青在中国广播电视学会播音学研究会举办的第五期播音员培训班上的讲话）。林如在《与基层播音员通信》一文中说："分寸恰到好处的播音，是把感情的信息传导给听众，在听众的心里逐渐丰富、升华。"实践证明，听觉对声音有形象感知。听众在收听的过程中会对他接收的信息不断地进行判定和联想，根据过去知识、信息的积累和情感体验进行再创造。所以在重音的处理等技巧的运用中应有系统观念和共同创作的意识，应给听众留有创作的天地。

（12）"节日的首都，显得更加雄伟壮丽。装饰一新的天安门城楼中央悬挂着毛泽东主席的巨幅画像，孙中山的画像摆放在广场南面，毛主席纪念堂周围，苍松吐翠，广场东西两侧彩旗招展……"（选自林如播音录音《庆祝建国35周年新闻》）

林如播这段话时，在欢乐喜庆基调的基础上，只是把"更""南""堂""东西"几个字作为重音，其他如"雄伟壮丽""巨幅画像""苍松吐翠""彩旗招展"等并未着力突出。林如说，听众（或去过天安门、或看过电影）已经有了节日中天安门广场景色的经验积累，只要播音员用欢乐喜庆的基调，把上面几个关键词突出出来，就已经达到了把感情信息传导给听众的目的了。听众在你的播音引导下，凭借想像，就完全可以感受到节日的首都的气氛了。如果把那么多热闹词都使劲强调出来，听众就会感到闹得慌。

（13）"心口呀，莫要这样厉害地跳，灰尘呀，莫要把我的眼睛挡住了，手抓黄土我不放，紧紧地贴在心窝儿上。几回回梦里回延安，双手搂定宝塔山……"（方明播贺敬之的诗《回延安》）

方明在录这段诗时，只把"定"作为重点突出。他说，要把力量积聚在这个"定"字上，前边那些留给听众想去，只要你感情基调对头，听众是会感受到诗中的情景的，你突出得太多，听众反而觉得你播音员小气，你什么都不肯放，听众并不买你的账。同样，在《阅读与欣赏》节目中有这样一句话："公园里有红牡丹、蓝牡丹、白牡丹、黄牡丹、紫牡丹，还有黑牡丹。"方明只是突出了"黑"字，前边几种颜色，他并没有突出，听众反而可以得到一个美丽的牡丹公园的整体色彩。

听觉，是播音运用停连、重音等技巧的重要依据之一，但并不是说它是唯一的。播音创作涉及语言、新闻、传播、心理等许多学科，是一个复杂的系统工程。播音技巧的运用，既要考虑"说"和"听"这一重要系统，也应同时考虑其他各个系统的作用。

由此可见，决定停连和重音的原因是多方面的，是复杂的。但是最终都要落在听众的耳朵上，这些复杂现象包括上边所说的错觉的产生，也都是在听众的听觉里进行的。所以说，无论怎样，听觉都占有举足轻重的地位。认识到这一点，我们可以在播音技巧的运用上少走些弯路。

夏青和他的政论文播音(上)*

这是迄今所见的第一篇关于夏青播音风格的专论,把夏青的播音风格放在整个社会历史背景下进行了较为系统的研究,并上升到了应有的理论高度,做到了许多同志想做而没能做到的事。我相信此文发表后将在播音界及更广泛的范围引起重视,推动各台播音质量的进一步提高。

——摘自中央人民广播电台播音部副主任、播音指导方明为本文写的鉴定意见。

熟悉夏青的人都知道,他有一个绰号"政府"。这是由于他擅长政论文播音,成功地播了许多代表党和政府内文件、社论、评论、新闻、公告而得名。他的播音体现了严谨庄重、稳健大度的风格。这里仅从分寸、逻辑、语言三个侧面对他的播音艺术进行探讨。

一、把握分寸

夏青政论文播音之所以能成功,能体现出严谨庄重、稳健大度的风格,同他在播音创作中成功地进行分寸的把握分不开。夏青本人也把分寸的把握,作为他政论文播音的头等大事来抓。他说:"一个播音员,要播好政论性稿子,最关键的就是把握好分寸。"听他的播音作品,同他一起探讨政论文播

---

* 本文原载于《北京广播学院学报》1992年第5期,收入本书时有改动。

音的方法，请他给播音班同学上课，体现最明显的、他讲得最多的就是分寸。恰当的分寸把握是他政论文播音获得成功的灵丹妙药。所谓播音分寸的把握，就是指播音员在播音创作中的感情表达既不能不够，也不能"过火"。新闻政论文播音的分寸，集中地反映在播音员的态度、感情必须符合党的政策的尺度。

夏青播音的分寸，不光是"准"，而且具有美学意义：他不光准确地把握了党的政策的尺度，而且通过这种分寸的把握，体现了他的"大度"的特征。

《告全党全军全国各族人民书》

1976年9月9日，神州大地传遍了一个沉痛、庄重的声音，夏青播送了关于毛泽东主席逝世的《告全党全军全国各族人民书》。毛泽东主席逝世，举国上下，一片哀痛。夏青本人，也沉浸在万分悲痛之中。他在中央人民广播电台四楼的播音室里，接到此稿，声泪俱下。但当他播出时，又立刻意识到，毛主席是深受全党、全军、全国人民爱戴和尊敬的伟大的领袖和导师，消息传出后，必然会引起全国人民极大的悲痛。播音员的任务是，既要把这无比悲痛的消息告诉全国人民，又要让全体人民化悲痛为力量。为了准确地把握这一分寸，他从这一高度进行了心态调整。他认为，播音员不是我个人，我是中国共产党的播音员，是人民共和国的播音员，毛主席的去世，无疑是我党、我军、我国各族人民的巨大损失，但是他的党还在，他的祖国——人民共和国还在。现在，我是代表这个党，代表人民共和国，评价自己领袖的一生，评价自己伟大儿子的光辉的一生。毛主席逝世，天安门广场下半旗志哀，红旗并没有落地，他的党、他的人民、他的军队，一定会继承他的遗志，化悲痛为力量。中华人民共和国，仍然巍然屹立在世界的东方。夏青以这样的态度、感情，成功地播出了《告全党全军全国各族人民书》。

照会日本使节

他的大度体现了大国的风度。1986年，我在中央人民广播电台参加播音实践。一次，我拿到了这样一条稿子，我给夏青老师试播：

新华社消息、中华人民共和国政府照会日本驻华使节，谴责日

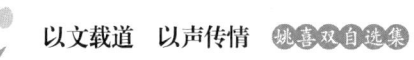

本文部省在修改教科书时篡改侵华史实，把侵略中国说成是进入中国……

我在播这条消息时注意到了态度要鲜明，对其进行了强烈的谴责。夏青老师听录音后，首先肯定态度是鲜明的；但他又说，播这条消息时，既要态度、感情鲜明，不能对日本篡改侵华史实无动于衷，又不能以剑拔弩张、如临大敌之势去播，后者就是分寸过火了，失去了大国的风度。他认为，播音员播这样的消息，是代表我国政府发言，通过播音员的声音体现出来的态度、感情，不光是反映我国的立场，也体现我国的风度和气度。中国是一个大国，政府处理这件事，既要认真对待，又要让人感到游刃有余，完全有能力处理这件事情。如果按"如临大敌、剑拔弩张"的态度播出，会让人感到中国政府全力对付日本修改教科书这件事，甚至一切都不顾了，这样就没有反映好我国政府的形象。夏青在示范播出时，既有明确的观点和感情，又以稳重坦然的态度表达。为了显示这条消息的分量，他语速稍慢，声调不高，声音不飘，句首出口稳健。为了显示分量，他只将"照会"二字上扬加重，予以突出，其余所有语句没有表面的严厉的语气，听上去只是摆事实讲道理的语气。这样既表达出了分量，又把握住了分寸，虽未有表面形式的"剑拔弩张"，却给人以内在的威慑力。夏青的大度，还体现了大将的风度。比如，汉城奥运会的射击比赛中，南朝鲜（指韩国）给我们搞了小动作，出了难题。这样的报道怎样播？夏青认为，播这个消息时，如果播音员一张口就是义愤填膺，那就混同于球迷的水平了，显得小家子气，没见过世面。应该把这篇报道放在全天的报道中去看，放到党和国家整个的政治生活中去看，从而找到它合适的位置，给予它应有的分量：既指出南朝鲜搞小动作，又以大将的风度对待它，这样分寸才能得当。风格是播音员在播音创作中从整体上所体现出来的风貌。分寸的把握，又正是播音创作中需从整体上体现的创作者的风格。

一句话带来沉甸甸的历史

夏青分寸把握上的大度的特点，不光具有政治家的气魄，体现出现实的宏大的空间感，而且还能以史学家的高度站在历史长河之上，体现出历史的厚度。1982年，他应邀给北京广播学院播音系的学生辅导新闻播音，其中有一条他播的我国领导人会见第三世界国家领导人维埃拉总统的消息。在试播中，很多同学都把其中我国领导人讲的两句话作为重点，加重强调，即"要警惕有人插手你们的事务，搞小动作""中国人说话是算数的"。夏青认为，"要警惕有人插手你们的事务，搞小动作"这句话，点到为止，不必突出，因为谈话的人是我国领导人，谈话的对象也是一个国家的总统。夏青说，只要你一点，人家就会理解。虽然这句话所含的信息、所表达的内容我们认为很重要，但是由于谈话者和谈话对象关系的要求，由于实际对信息接收的程度不同，所以不必突出。第二句要突出的话"中国人说话是算数的"，夏青认为应该作为重点予以突出，但突出时并不是趾高气扬"拍胸脯"。夏青播这句话，语调并不高，他的语言表达稳重扎实，以诚恳的态度、令人信服的语气向第三世界国家表明了我们将一如既往发展同他们的友好关系，对他们进行援助的态度。夏青说，这句话既要不拔高，播得扎实，又要播出分量，这就要对它进行历史的思考。他还用从三元里抗英到抗美援朝的大量历史事实说明"中国人说话是算数的"这句话播音的内涵。基于这样的内心依据，夏青播出口的这句话内涵丰富，声音饱满自信、稳健扎实，它仿佛是史学家在对历史进行考证后所得出的令人无可置疑的答案：今天，中国人说话仍然是算数的。过去我们说过第三世界国家是我们的朋友，我们也是第三世界国家，我们首先要同第三世界国家发展关系，今后我们仍将一如既往同第三世界国家的朋友发展关系。在这样的内在语的支持下，夏青成功地播出了"中国人说话是算数的"这个重点句子。

夏青在分寸把握上的大度，还体现在他善于像哲人那样，对稿件所表现的事物进行辩证的思考，具有思想家的深度。比如，电视报道某某地方降了陨石雨，或报道一些自然界不解之谜的现象时，有些播音员一见到这些消息或评介的稿件，就以神秘、奇特的感情基调去播。夏青认为，对待这些现象，要以辩证唯物主义和历史唯物主义的观点，对其进行历史的思考；历史唯物主义认为，世界上存在奇怪的现象并不奇怪，没有奇怪的现象反而奇怪了。所以播这样的消息，不必以过于神秘的语言去播。因为，出现这种现象，虽然今天暂时解释不了，但随着科学的发展，其奥秘终将会被揭示。所以，夏青在播评这类稿件时，总是以"终将会被揭示"的充满信心的语气来播。

沉痛中的概括与跌宕

总之，夏青分寸把握中所体现的大度，反映在他善于纵观中外古今，把稿件放在历史与现实交织的广阔的时空中，去透视、去感受、去把握。进一步考察夏青播音的分寸把握，你就会发现，他对分寸的把握，不是仅仅反映在态度感情和语言的控制上，而是在不过火的前提下，把握住鲜明、充分的感情表达。这样就做到了既不过火，也不会不够。我们从前面所谈的例子中都会发现这一点。这里再举一个例子。宋庆龄逝世时，中央发布讣告，中央人民广播电台和中央电视台都单独播出了这样一句话：

民主主义、爱国主义、国际主义、共产主义的伟大战士宋庆龄同志永垂不朽！

几位播音员都是以沉痛的基调，平稳的语势播出了这句话，夏青则以沉痛的基调、概括的语气、跌宕变化的语势、平稳缓慢的速度播出了这段话，收到了良好的效果。具体分析是这样的：开始他采用"上山类"的语势，一句比一句高："爱国主义"高于"民主主义"，"国际主义"高于"爱国主义"，"共产主义"高于"国际主义"，他语势"上山"的最高点是"共产主义"。语势到达制高点之后，他立刻变换为"落潮类"语势，并以沉痛缓慢的语气节奏播出："宋庆龄同志"几个字，而后又将语势扬起，播出"永垂"；在"垂"这个阳平字音字的延长的过程中又突然加快节奏并以坚定果敢的语气将"不朽"播出，全句最后一个字"朽"字短促有力、不拖泥带水，有一定的力度，显示出要化悲痛为力量的感情态度。夏青说这种表达是一种概述。因为这句话本身很有分量，已概括了宋庆龄同志光辉的一生，并显示了她一生几个阶段的发展变化：开始是为了求民主走上革命的道路，成为一名民主主义战士；之后思想获得进步，成长为一名爱国主义者；又过了一阶段，思想进一步成熟，成为一名国际主义战士；最后在她快逝世前些日子，正式申请加入中国共产党，终于成长为一名无产阶级的先锋战士。因此，夏青播这几个短语时，一个比一个高、一个比一个声音重，这种表达形式同语句所包含的概括性内容有机地统一起来。从形式上来讲，声音有高就得有低，语势有上，就得有下；从内容上来讲，紧接下来的这个短语"宋庆龄同志"的播音，感情应是沉痛的，语势应是"落潮"的，语速应是缓慢的，有落就还要有起，有慢就还要有快，有悲痛，就要化为力量，所以夏青以扬起并有力地收住处理了"永垂不朽"四个字。夏青的这种独到的表达，体现了在把握分寸的前提下所应有的鲜明的态度感情。而且，在常人看来越不易变化的语势，夏青越是以起伏跌宕的语势表达，足见他的大家风范和娴熟技巧。

由此可见，夏青对分寸的把握并不是古板的控制，而是在控制中有着饱满的感情，有着鲜明的态度，有着起伏跌宕的感情表达的变化。

饱含民族之魂

与此同时，夏青这种饱满的民族感情中还包含有民族之魂，体现着中华民族的审美特征，反映着我们民族所具有的阳刚之美，质朴坚定、自信豪迈，顽强乐观。夏青感情表达的民族性特征，体现在他所有的播音作品中，其中有评论、社论，也有毛主席和鲁迅的文章。在他播的吴晗的文章《谈风骨》中体现得更为明显。

文章开篇一句："我们中国人是骨气的。"既是一句，又是一段，足见作者说这句话的分量。

夏青以内在稳健、自豪坚定的语气来播这句。他把"骨气"作为该句的重音，把"中国人"作为该句的次重音，在"中国人"之后有一个小小的停顿。"骨气"这一重音的选择，体现了全句乃至全篇的核心，所以夏青把它作为主要重音。为了突出这一主要重音，夏青在接近这一重音时有一个停顿，一方面为引起听众的注意，另一方面为突出这一重音，需有一个力量和感情积聚的过程。选择"中国人"为次重音，一方面是为了同后面的"骨气"这一重音呼应，另一方面由于一句话中只能有一个主重音，所以把它作为次重音。这样，前半句有一个次重音，后半句有一个主重音，中间用一个停顿断开，形成了一个相对稳态的结构，为他稳健的播音奠定了基础。夏青对这句

话前后重音的突出方法并不相同,前半句中"中国人"这一次重音,他采用语势扬起的突出方法,一方面给次重音之后的这一停顿制造扬停状态,使人们感到停顿但不是停止,有一种进行感,另一方面扬起这一重音,语言表达的动作感,给人以"中国人扬眉吐气"的形象感,显示自信豪迈的感情。后半句中"骨气"这个主要重音,夏青则采用下行内收的语势,这样一方面同前面次重音扬起的表达方式形成对比,另一方面又给人内在、顽强、坚定的感觉,同时这种下行的语势,又像是对全篇的结论,给人以毋庸置疑的感受。此句播完,一个大写的中国人的形象便鲜明地展现在世人面前。

战国时代的孟子,有几句很好的话:"富贵不能淫,贫贱不能移,威武不能屈,此之谓大丈夫。"意思是说,高官厚禄收买不了,贫穷困苦折磨不了,强暴武力威胁不了,这就是所谓大丈夫。

在这几句的播音中,夏青把"淫""移""屈"作为重音,以警世人,但这三个重音又不完全一样,其中以"屈"为主要重音,以显示不屈的民族性格。在后边这三个"不了"的排比句中,他将每句前边的四个字以叙述的语气说出,语势平稳;后四个字,则以一个民族战士的表态的语气播出,语势变化热烈,以显示其坚定信念和顽强不屈的性格。

由此可见,夏青在把握分寸上,控制的感情中包含了丰富的内涵和鲜明的形象。只有这样来透视他的分寸,才有可能是较为完美和丰满的。

"服务员身份,'小总理'意识"

夏青播音创作中这种含有大度的分寸感是怎么形成的呢?

当你和他交谈时,他总是首先强调,一个播音员要想在播音创作中,尤其新闻政论类节目稿件的播音创作中获得成功,就要把握好分寸;如何把握好分寸,他说,首先要有服务员身份,"小总理"意识。

服务员身份,是广播工作的宗旨所决定的,每一个广播工作者,每一个播音员的工作,都是在服务,为听众服务,为党的路线方针政策的宣传服务,可以说,播音员就是一个服务员。而要当好这个服务员,就必须有"小总理"

意识，即对国内外的政治、经济、外交历史、文化科技等都要有所了解，这样才能真正服好务。

夏青主动按这个标准要求自己，认真学习党的方针政策，他担任全国政协委员客观上为他参政议政创造了条件。一些党的方针政策制定的过程和背景，他比较了解，这为他播音中政策分寸的把握创造了条件。作为政协委员，一次他到贵州考察了我国最贫困的县，他发现虽然我国许多地区都发展起来了，但也仍然存在一些相当落后的地区。所以，他回来后播出的关于继续做好扶贫工作的述评，感情饱满，语重心长，态度鲜明，扎实有力。

周总理的教诲

夏青曾经常有机会在天安门广场、人民大会堂、全国政协礼堂等重要场合播音，有机会为党和国家领导人代读讲话稿，有机会亲眼见到党和国家领导人讲话的姿态风度，通过领导人的言谈举止、讲话的语调，学习他们对党的方针政策表达的分寸。

1954年9月，夏青接受了在第一届全国人民代表大会第一次会议上宣读我国第一部宪法的任务。他回忆说，这是他第一次在这样重要的场合播音，他看到主席台前排坐着主席、少奇、总理、朱总司令等党和国家领导人，心里有些紧张，上台时，他感到脚像踩了棉花一样。他控制紧张情绪全力以赴，终于以郑重洪亮的播音，一字不错地完成了任务，周总理表扬他较好地完成了任务，并向他提出："台下坐的有很多老先生，声音太大，怕他们的心脏吃不消。"夏青永远也忘不了周总理的话，并以此给自己的播音提出新的要求，即播政论文不能高喊，要播得内在扎实；播音要看对象，不能什么都是一个播法。周总理的教诲为他以后把稳分寸、注意研究接收对象起到了极大的启迪作用。

以毛主席为楷模

夏青经常播送毛主席的文章，有的听众说，夏青播毛主席的文章很自如，不光把文章内容准确地表达出来，而且把主席的风度也体现出来了，具有权威性。夏青能够出色地播出毛主席的文章，同他能亲眼见到主席、亲耳聆听毛主席的讲话分不开。他说播主席的文章，首先应抱着学习的态度，自己要

了解文章的背景，深入学习和领会精神实质，力求播得准确庄重。在把握好这一基本分寸的同时，还要争取做到鲜明、生动、幽默、风趣、大度、自然。一次，夏青听主席对中央委员讲话。夏青说，主席讲话并不都是高嗓门儿，他坐在中南海院子里的藤椅上，一边喝茶水，一边和委员会谈辨别风向问题。毛主席以其战略家的敏锐，提出要发现问题于萌芽。他要求作为一个领导者，必须接近群众、深入群众。如果不接近群众，不了解群众，就辨不清方向，辨不出风向。主席把十分重大的问题讲得形象生动、风趣自然，让人易于接受。他时而提出观点，时而引用生动的例子进行分析。他善用典故，宋玉关于"风生于地……"的典故，他信手拈来，引为旁证，为他所用，贴切自然。夏青感到，主席的谈话，对他播好政论文启发很大。他说，有些社论、评论文章很长，播音员总是一个硬邦邦的调子，时间一长，就吃不消，效果也不好。如果按主席谈辨风向的讲话方式，有的语言是提出问题，有的一般是解释，这些话可以轻松地讲出来，使得首尾前后互相照应，这样就能把道理讲得很清楚。所谓大将风度，就是能够轻松自如地说明一些大道理。

夏青能够准确自如地把握好新闻政论文播音的分寸感，还受益于他在北京新闻学校的学习，以及后来许多新闻广播战线老同志的帮助。

参加播音工作之前，他在北京新闻学校学习。当时新闻界的一些知名人士都给他们讲课，有范长江、朱穆之、吴冷西、陈克寒、梅益、温济泽等。他从他们那里学到了新闻理论知识，也学到了我们党的方针、政策，斗争策略和方法。夏青说，在一个时期内我们党如何同美、蒋进行斗争，老同志都讲得很清楚。如何进行有理、有利、有节的斗争，这里一个是党的方针政策，一个是斗争方法和策略。在斗争中，从战略上应该树立什么观念，从战术上又该如何进行，这些斗争艺术和方法，在什么时候、什么场合，又怎样运用，作为一个党的新闻工作者都应该很清楚。夏青回忆说，老同志讲这些是讲得最多的。参加播音工作后，梅益、温济泽、顾文华、齐越等老同志，也经常跟大家谈这些问题，并把每个时期的情况和我们党的斗争策略讲给大家，让大家注意研究，把握好播音的分寸和火候。

感情的波涛

夏青原名耿绍光，新中国成立前夕，他从祖国的东北大地黑龙江走来，是一个血气方刚的青年。他给自己所取的播音名字"夏青"，寓意是"华夏青年"，把自己的命运同祖国的命运紧紧地连在一起。从此，使命感和责任感时时刻刻都在他心中激荡，成为他感情表达的基础。多年后的今天，我同他一起坐在他家中探讨他的播音。休息时，他打开了电视机，电视中一位播音员正在播送关于赈灾的消息。他说，你看这位播音员，胖胖的、笑眯眯的，这条赈灾的消息，在她嘴里一溜而过，速度还挺快，好像与她无关。这就不能说是完成好了播出任务。播音员要有参与感，要有使命感和责任感，这样才会动感情。祖国南方遭受百年未遇的特大洪灾，我们的党和政府十分关切灾区人民，把赈灾工作作为一件大事来抓，总书记和总理都去了，祖国各地的人民，一方有难，八方支援，纷纷捐款捐物，运送灾区；尤其是我们的解放军战士，哪里有困难，有危险，他们就出现在哪里，为了抢险有的献出了生命，无愧是人们的子弟兵。就连港、澳、台同胞和海外侨胞也都在进行赈灾活动。香港的小孩子，利用暑假，背起一个口袋，到街上去募捐，这反映了血浓于水，表现了他们对祖国的感情，表现了中华民族的凝聚力。如果我们的播音员有了这样的感受、感情，就不会把这个消息从自己的嘴里草率地溜过去了。

"观千剑"与"操千曲"

夏青分寸中的大度，是他厚积薄发的体现。他非常欣赏《文心雕龙》中的这句话："操千曲而后晓声，观千剑而后识器。"他每次给播音员讲课，最后总以三个"万"与大家共勉，即"读万卷书，行万里路，交一万个朋友"。的确，夏青本人知识渊博，被他的同事誉为"活字典"。他曾在东北大学中文系学习文史哲，古典文学功底甚厚。在北京新闻学校，他又系统地学习了新闻理论知识、马克思主义理论和党史及党的方针政策。尤为可贵的是他总是孜孜不倦，在知识的积累上永不停歇。这样，他的视野不断开阔，他看问题的高度和深度都大大增强，为分寸感的把握打下了坚实的基础。

夏青和他的政论文播音（下）*

二、逻辑

夏青政论文播音中所体现的严谨庄重、稳健大度的风格，也同他播音中显示的逻辑力量密切相关。

一提起夏青的政论文播音，人们马上就会说出他具有逻辑严谨的特点，有人试图从形式逻辑的角度来总结他的特点。然而夏青说："有人说我是播逻辑，我看不是。"这说明，研究夏青播音创作中严谨的逻辑，必须从"大逻辑"的观念出发，防止陷入狭窄的形式主义的泥坑。因为，这里夏青播音创作所体现的逻辑，并不是一个封闭静止的概念，而是一个开放变化的东西，所以必须把它放在一个开放的系统中去研究：既要注意文章词句的逻辑，又要把握文章整体的结构；既要考虑文章自身的逻辑关系，又要把文章放在历史和现实生活的逻辑中去衡量；既要把握文稿方面的逻辑，又要把握向听众传播的逻辑；既要考虑他在播音创作中的逻辑感受，又要看到他逻辑链条中所包含着的众多的形象感受；等等。这样才能从整体上抓住他的逻辑的特征。

比如，夏青播的毛主席《论十大关系》一文中有这样一段话：

> 如果没有足够的粮食和其他生活必需品，首先就不能养活工人，

---

* 本文原载于《北京广播学院学报》1992年第6期，收入本书时有改动。

还谈什么发展重工业？所以，重工业和轻工业、农业的关系必须处理好。

如果单看这一逻辑论断，后面的结论显然作为重点突出，以达到逻辑严谨，体现逻辑力量。夏青并没有突出后边，只是将其轻轻带过。他认为在这一段话的前面已经有了"决不可以因此忽视生活资料尤其是粮食的生产"这句话。所以他对逻辑的把握不是局限于某个逻辑论断，而是着眼于全篇的逻辑发展。

再比如，夏青播的吴晗的《谈骨气》这篇文章，从文章大量篇幅所谈的内容来看，其中心论点（即逻辑重点）显然是第一句："我们中国人是有骨气的。"但夏青在选择播出的中心论点（即逻辑重点）时，不只是单从文章自身来考虑，而是把该文放在历史和现实生活的逻辑中去透视，去寻找论述的重点。这样，他把文章的最后一段中的几句作为中心论点："我们无产阶级有自己的英雄气概，有自己的骨气，这就是决不向任何困难低头，压不扁，折不弯，顶得住，吓不倒，为了社会主义、共产主义建设的胜利，我们一定能够克服任何困难，奋勇前进！"他的播音，围绕这一中心，使通篇所论述的例子都有了指向性，有了目的和活力，有了高度，避免了脱离现实而孤立地论述中国人有骨气。

夏青的播音能给人一种逻辑力量，使听众受到感染，还表现在他不光把握播音员同文字稿件的逻辑关系，还注重把握文字稿件通过播音员的播音同听众接收的逻辑关系。比如，他善于使用停顿，有些停顿时间还较长。他说，一篇文章中，我们提起一件事情、提出一个问题，总是应该建议大家来想想这个事情，来想想这个道理。我们的播音不应连得太快、太多，我们要留给听众时间，让他考虑。你给他时间让他考虑，他就要注意你说的内容，就会思考问题的答案，思想就会跟着你的广播走。这一个小小的停顿，就给你带来了逻辑的引导力量。播音的这种逻辑的力量就能赢得听众。如果只顾文稿本身的逻辑关系，不顾向听众传达的逻辑关系，那就是抓了"小逻辑"，丢了"大逻辑"。比如，"南宋末年，首都临安被元军攻入，丞相文天祥组织武装力量坚决抵抗，失败被俘后，元朝劝他投降，他写了一首诗，其中有两句是："人生自古谁无死，留取丹心照汗青。"意思是人总是要死的，就看怎样死法，是屈辱而死呢？还是为民族利益而死？他选取了后者，要把这片忠心记录在历史上。"夏青在播这段话时，在"丞相文天祥组织武装力量坚决抵抗"后边这个逗号处停顿的时间，比句号还长，目的是留一些时间让听众想一下，抵抗的结果怎样呢？然后再接着说"失败被俘后……"这样听众会随你的引导，注意听，并边听边思考。夏青在"元朝劝他投降"后这个逗号的后边，又有一个比句号还长的停顿，意思是引导听众想一想：文天祥是投降了呢，还是没有投降。夏青在"意思是"后边也设了一个较长的停顿（原文此处无标点符号），目的是让听众先分析一下两句诗的意思，以引起听众的注意，加深听众的印象。

另外，夏青较为注意逻辑感受，播音中，注意强调关联词，如"虽然""但是""因此""假如""如果"等，这也是他播音的一大特点。他认为，大胆地把它们拎起来，逻辑关系就清楚了，其他词可以不必突出。比如，"如果没有足够的粮食和其他生活必需品……"这里他强调的是"如果"，而不是别的词，这样就抓住了语句间的逻辑关系。同时，他的逻辑感受中又包含着鲜明的形象感受，如在"分寸"部分中所举的感情表达鲜明的例子就说明了这一点。

夏青曾学过四年土木建筑专业，这训练了他的逻辑思维能力；他又学习中文，钻研古汉语、古典文学。他说，《论语》《战国策》中的许多名篇都是推理，他学习这些也使他在逻辑思辨方面受益。他参加播音工作后所连续播出的《社会发展史》《政治经济学》讲座，也训练了他的"大逻辑"观念。他讲的目的是要学习《政治经济学》的听众听懂，这让他建立起了从听众听觉的角度，按照声音传播的逻辑来结构自己的播音语言的观念。他现在播音准备稿件，要"三读""三思"。"三读"就是读三遍：第一遍先粗读，了解文章的脉络和大意；第二遍细读，仔细分析文章内部词语间的逻辑结构；第三遍再粗读，以防第二遍细读、细分析后，陷于文章的细枝末节中去，同时最后的粗读也是将第二遍的分析在大的方面进行归纳整理。"三思"即分析完文章后他还要想一想：一是把文章放在大的时空背景中去考察，理清文章与历史和现实的逻辑关系；二是把文章放在整个节目中去认识，看一看它与其他文稿、与整个节目的逻辑关系；三是把文章放在听众那里考虑考虑，从播和听的传播的逻辑关系去考察，以获得实际的传播效果。

三、语言

播音语言是播音风格中最表层的体现。夏青严谨庄重、稳健大度的播音风格，必然通过他的播音语言而使我们感知。这里仅从语言表达的特征和声音的特征来认识。

先看语言表达的特征。这里从两个方面分析，一个是语言表达样式的特征，另一个是语言表达技巧的特征。

夏青的语言表达样式以宣读为主，并兼有评述、讲解等。其宣读的特点并不古板，含有"报、诵、摆"的因素。其宣读，表现在语句形式上是语句格式明确、结构稳固、节奏稳健、重音长重、均衡等。其语句格式明确，表现为其标题、论点、分论点、论据、引语等播音所体现的语言的强度和力度的层次性。比如，我们听他的《谈风骨》这一录音，就可以明确感受到这一点。如，他播标题所用的语言表达的规格，同播第一段即这篇文章的分论点所用的语言表达的格式，以及接下来引用孟子的话的表达格式，乃至后边对孟子话解释的几句所用的表达样式，都是不同的，其中显示了明确的层次感。其结构稳固，反映在他所播的文章的段落、层次之间的平衡，上下之间的照应，语句之间的平衡和句内的平衡。句之间的平衡，反映在他善于强调突出对比性重音、并列性重音和呼应性重音上，如："富贵不能淫，贫贱不能移，威武不能屈。"再如，"这就是所谓大丈夫"。句子内部的平衡，反映在他善于运用主重音和次重音以及扬停的手段将句词摆稳。例如，"我们就是这些有骨气的人的子孙"，其中"子孙"是重音，"我们"是次重音，在主语"我们"这个次重音之后加一个小小的顿挫，就进一步摆稳了这个句子，也使听众听得清楚。这一稳固的结构、语句的均衡促成他播音具有节奏稳健的特点。

夏青播音语言样式的特点不光体现在节奏平衡，而且体现在语势起伏跌宕的多变上。他以宣读为主，善于综合运用其他多种语言样式。例如，《谈骨气》的第一、二自然段的语言样式是宣读—摆出—诵读—解释—评述。同时还善于运用"上山""下山""涨潮""落潮"的语势变化，从而构成了他语言表达的生动性。又如，他所播的毛主席的《论十大关系》一文中有这样的语言表达形式，现记录如下（图1）：

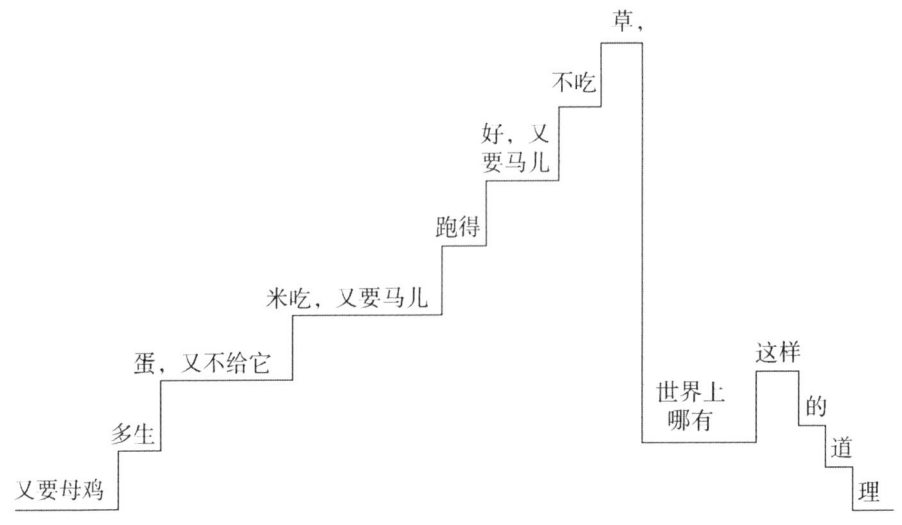

图1 《论十大关系》一文中一句话的语言表达形式

夏青语言表达的鲜明性，还体现在他的语言具有"穿透力"上。比如，他善于选择最能体现态度的重音。"大丈夫的这种种行为，表现了英雄气概"这句中，选择"种种"而不是"行为"为重音，以历数英雄行为之多，体现赞颂语气。"只要投降，便可以做大官，但他坚决拒绝。"这句中突出"坚决"，而不是像有人播的突出"拒绝"，以赞扬文天祥的坚定、有骨气的英雄气概。"并且以自己的生命来抗拒压迫，号召人民继续起来反抗。"这句中，他突出"生命"，以这个形象生动、富有感染力的词，以示其鲜明性，如突出"抗拒"这个词，就没有这种效果了。

夏青善选形象感强的词加以突出，以示其鲜明性，从而使语言具有"穿透力"。

"闻一多拍案而起，横眉怒对国民党的手枪，宁可倒下去，不愿屈服。"夏青将几个形象鲜明的动词予以突出，闻一多这个有骨气的民主战士的形象，立刻展现在人们面前。

夏青语言的穿透力还体现在他善把句尾扬起。

"当然我们无产阶级有自己的英雄气概，有自己的骨气，这就是决不向任何困难低头，压不扁，折不弯，顶得住，吓不倒……"

这段几乎每句句尾都用较强的力量用力扬起，给人以奋力向上、向前的感觉。

听夏青的播音，人们都称赞他浑厚庄重的声音。这一方面是由于他自身声音较为浑厚，另一方面和他后天的锻炼分不开。

浑厚的声音，用于广播，也有一个练习和适应过程。夏青刚参加工作时，面临两方面的问题，一个是如何使自己的声音适应话筒，另一个是在语音方面还要改掉他的"东北口音"。夏青说，他开始播音时，"国"还念"果"呢。为了解决语音问题，他在按普通话语音标准训练的同时，刻苦钻研和学习语言学和语音学理论。他系统地学习了现代汉语语音，学习了罗常培先生的《普通语音学纲要》《汉语音韵学导论》及王力先生的《古代汉语》《诗词格律》等书。在读音方面，他多次请教罗常培、吕叔湘、丁声树、王力、周殿福等语言学界的教授、专家。现在夏青本人也成了语言学专家，他已成为中国语言学会理事、中国文字改革委员会成员，在播音部被同行誉为"活字典"。在发音方面，他有声音浑厚的优越的一面，也有发音构造有点"下兜齿"这不利的一面，这个构造，发音时容易造成下巴紧的状况，而且上部不易用力。为了放松下巴，他吃西瓜时，经常把一块西瓜放在桌子上，用嘴的上部用力去啃，以放松下巴。为了训练声音，他多方拜师，博采众长。他曾跟中央音乐学院的钢琴老师练习音节发声；曾向说唱团的单弦演员学唱单弦，练习吐字归音；曾向电影学院的吴青老师学习发音方法。后来，他又向周殿福先生系统地学习了国际音标的发音。周先生帮他解决了发与元音"i"有关的音节，用力发时声音劈叉的问题。他结合自己的情况，重点在口腔控制上

下功夫。在长期声音训练的过程中，夏青体会到，声音的训练要结合话筒，不能总是孤立地为练而练。结合话筒传播的特点，使他注意训练语音的清晰和声音的集中，因为发音时声音稍散、或稍有含混，通过话筒出去，就会不清楚。他把声音训练同稿件训练结合起来。他说，这样才能用得上。他用记录新闻练声，用古诗词练声，收到了良好的效果。他的优秀的古诗词朗诵，为他宽厚、稳健、富于音韵美的声音的形成助了一臂之力。

以上从分寸、逻辑、语言三个方面，分析了夏青政论文播音严谨庄重、稳健大度的播音特色。当然夏青的这一播音特色还体现在其他许多方面，这里只抓住能够较为突出地体现他特点的三个方面论述，供同行参考。

同其他优秀的播音员一样，夏青的政论文播音，有时也有不甚完美之处。比如，有的短小轻快的评论，有的评介体育的微型评论，他播时，显得过于凝重，出口后，给听众以"又有重大事情发生"或"又有新的政策出台"等感觉，使得本来轻松明快的基调过于庄重。或许，也只有这样，"政府"的绰号他才能当之无愧。

附：夏青简介

夏青，原名耿绍光，我国著名播音员，中央人民广播电台播音指导。1927年生于黑龙江省呼兰县。早年就读于哈尔滨第一国高土本科，学习土木建筑专业。1948年考上东北大学中文系，在学校参加了进步组织"中国民主青年联盟"。

1949年9月，夏青被新华总社录取为新闻干部训练班学员。在北京新闻学校，夏青孜孜不倦，发奋学习。1950年5月毕业后夏青被分配到中央人民广播电台工作。由于他是北方口音，声音洪亮、浑厚，所以被选拔为播音员。开始，齐越带他，他学习认真，很快适应播音工作，并取得了很大进步。

此后，夏青迅速成长为一个擅长新闻政论文播音的优秀播音员。1954年9月，他第一次在全国人民代表大会第一次会议上宣读我国第一部宪法，一万多字，没错一个字；他在中国共产党第八次代表大会上出色地完成播读文件的任务；他在新中国成立30周年庆祝大会上出色地完成代叶剑英同志播读讲话稿的任务，受到中央领导同志的表扬。几十年的播音实践中，他成功地播出了许多中央文件、政府文告、毛主席的文章以及党和国家领导人的重要讲话；他还播出了许多重要的社论、评论以及党和国家重大事件的新闻报道。1960年，他的播音创作达到了一个高峰。他还播出了我国第一颗原子弹爆炸的消息，播出了关于毛主席逝世的《告全党全军全国各族人民书》，播出党的十一届六中全会通过的《关于建国以来党的若干历史问题的决议》等。

夏青的古诗词朗诵也深受广大听众欢迎。他成功地朗诵了毛主席和其他老一辈无产阶级革命家的许多诗词。中央人民广播电台《阅读和欣赏》节目中的许多古诗词，也都是由他朗读的。他还经常深入基层，走上舞台，面对广大听众和观众直接朗读。最近，他又出版了盒式录音带《唐诗三百首》。

夏青还担任辅导青年播音员的工作。他经常深入基层台、站，指导青年播音员的播音，给播音短训班讲课。他还经常到北京广播学院给播音系的学生讲课。在指导播音的同时，近些年来，夏青还为播音部、台播部、华侨部的播音员讲授了《诗经》《楚辞》"诸子百家"等古典文学代表作。

夏青的播音语音纯正、声音浑厚、严谨庄重、稳健大度，体现出中华民族男性的阳刚之美，是人民广播播音风格的代表，是中央人民广播电台播音风格的代表。

夏青还担任中央人民广播电台播音员的播音工作。20世纪50年代，他同丁一岚等一起参加了"现代汉语规范问题学术会议"；还同齐越参加了普通话异读词的审音工作。1980年，他当选为中国语言学会理事。1981年，被华中工学院（现华中科技大学）语言研究所聘为兼职教授。同时，他还担任了全国高等院校文字改革学会顾问。1982年，他受聘任国家语委审音委员会委员。他还应邀担任北京广播学院播音系的名誉教授，参加播音研究生的论文指导和论文答辩评审工作。中国广播电视学会播音学研究会成立后，他当选会长、名誉会长。历任政协全国委员会第五、六、七、八届委员。他的专业文章有《播音员的读音》《谈逻辑重音、逻辑顿歇和语调》《新闻播音刍议》《怎样播新闻》（与葛兰合作）等。

大气磅礴　一泻千里*
——论齐越的播音整体创作观

　　10年前的这个时候,齐越老师给我上课,带我播方纪写的散文《挥手之间》。正式上课的前一天晚上,我对这篇文章进行了认真准备,包括什么地方重读,什么地方连接,什么地方停顿,都认真地做了标记,并反复上口练习。这是齐老师第一次带我播音,我下决心一定要播好。第二天,齐老师带我走进录音间,他让我先录音。我念了一段之后,他让我停了下来。他说:"你的播音,作为一般的播音还可以,但要高标准要求,就不够了。你的感情没有完全地投入进去。"说完,他拿起稿件,坐到播音桌前,显然是要给我做示范,但他并没有上来就播。他望着桌前墙上挂着的一张毛主席像,小声地说:"主席,今天是您老人家的九十周年诞辰,作为曾在您身边播过音的您的一位宣传战士,现在我不能再到中央人民广播电台四楼的播音间播音了。此刻,让我用教学这块小小的阵地,用方纪的这篇散文,来纪念您老人家的九十周年诞辰吧!"说完,他"啪"的一声,打开机器,脱口而出:"挥手之间,方纪,……"那饱满的激情、磅礴的气势,一下子把我"震"了!我完全沉浸在他所表达的内容和情感之中,直到听他播完。当我从他创造的情感氛围中"醒"来的时候,我想,如果我开始说上那段话,也会感情激荡的!齐老师对我说:"播音不能就稿论稿,播音情感的调动,不光要依据稿子联系过去的背景,还要根据当今社会、时代的发展变化情况,联系现实的背景;不光联系

---

* 本文原载于《北京广播学院学报》1993年第6期,收入本书时有改动。

稿件中的人物，也要设法把自己摆进去。有人开头进不去，开头并不是从零开始，它是一个情感运动过程结果的体现，有了感情的柴草，还要有点燃草的火种、引子，……要从整体上把握稿件，是我的一贯主张。"

10年过去了，10年的学习、体验和研究，我深深感到"要从整体把握"的播音整体创作观，是齐越的一个十分重要的创作观点，也是形成他"气势磅礴、雄浑豪放"的播音风格的重要因素之一。"从整体把握"，贯穿于他的全部播音论著，体现于他的所有播音创作。

当然，只要是优秀的播音员，只要是成功的播音创作，都会在不同程度上体现整体把握的功力。比如，夏青有他的整体把握，林如有她的整体把握，方明也有他的整体把握。那么，齐越整体把握的特点和内涵是什么呢？这是我们思考和研究的重点。老一代播音员刘淮说："齐越的播音，大泼墨、大写意，有着震撼人心的整体效果。"

曾和齐越一起在天安门城楼播音的老播音员潘捷说："齐越播音动真情，不论大小节目都是如此，感情全上来。"

中央人民广播电台播音部主任、现任中国播音学会会长铁城说："我喜欢齐越老师的播音，他感情真、朴素自然、不雕琢，从报台开始，便带感情，一贯到底，一气呵成！"

北京广播学院教授、播音系主任张颂说："我们的播音如同班排长，往往是舍不得一时一地、一兵一卒，齐越的播音如同军长、将军，统率千军万马，不计一时一地的得失，整体推进，一泻千里！"

……

如果说，夏青的整体播音创作更强调逻辑链条的把握，林如的整体播音创作更注重"无我"境界的构筑，方明的整体播音创作更着意优美意境的创造，齐越的整体播音创作则更体现震撼人心的创作激情、一泻千里的磅礴气势。

具体分析，齐越的整体创作观，至少可以体现在这样几个方面：大跨度的时空意识、开放的创作观念、"行云流水"的审美追求、"用生命播音"的精神境界。

一、大跨度的时空意识

齐越的整体把握，其想象、其感情的积聚、其篇章结构的把握、其内外部技巧的运用，都具有极大的时空跨度。

他播歌颂自卫反击战中"新一代最可爱的人"的通讯，便联想到朝鲜战场上志愿军战士那一代"最可爱的人"，同他几十年前播魏巍的长篇通讯《谁是最可爱的人》进行对比，找出他们的共同点和新一代最可爱人的时代特征。他播《把一切献给党》，歌颂中国保尔吴运铎，想到了苏联的保尔·柯察金。他播《县委书记的榜样——焦裕禄》，联想到了全国成千上万的做农村工作的干部。他播《为了周总理的嘱托》，歌颂植棉劳模吴吉昌，想到了包括他自己在内的千百个被周总理从四人帮的铁蹄下解救出来的人。他播歌颂拥军优属模范的报道，想到了几十年前人民解放战争中那车轮滚滚的支前大军。他站在天安门城楼转播开国大典的盛况，脑海中便浮现从1840年以来无数仁人志士进行民族解放和人民革命波澜壮阔的场景；他朗诵艾青的诗《古罗马的大斗技场》，便想到人类社会的变迁。他的想象跨时代、跨国度，他总是立于高山之巅、历史长河之上，纵观时代风云、历史变迁，所以他的播音创作中总是体现出气势磅礴的风格。

长久深厚的情感积聚，是齐越创作激情迸发的基础，也是其创作想象的源泉。齐越的感情积聚、积累，也是大跨度的。他不是于播音临阵前才去"挤"感情，而是在平时，其激情总是在胸中不断地积聚、激荡，一触即发。

1981年3月14日，齐越参加了在全国政协礼堂举办的艾青诗歌报告会，并应邀成功地朗诵了艾青的长诗《古罗马的大斗技场》。之后，我曾写文章谈过他的情感调动。我是这样写的："艾青曾打成右派，发配新疆，20多年，人民一直在寻找着自己的诗人，当齐越看到艾青作完报告从讲坛上走到台下观众席时，齐越的激情一下子迸发了出来，他想：'人民啊，我们的诗人又回来了，他又走到了人民中间，让我用他的诗歌，来欢呼人民的胜利吧！'于是齐越满怀激情，登上讲台，成功地朗诵了《古罗马的大斗技场》。"齐老师看了我写的这篇文章后说:"我是跟你谈过我当时的心情,但你写的只是一个方面,这只是我情感点燃的引子。对艾青诗歌的感情,我积累了一辈子。"后来,他在《"让诗插上翅膀在高空中飞翔"——朗诵〈古罗马的大斗技场〉》[①]一文中写道:

> 我喜欢艾青的诗,从学生时代就喜欢读他的诗,是他的《火把》照亮了我探索真理的道路。
>
> 解放后,我仍然是艾青诗歌的忠实读者,而且又是他的诗的积极朗诵者。50年代,我朗诵过《一个黑人姑娘在歌唱》《在世界的这一边》……"我们的艰苦和英勇举世闻名!"这静静的诗句一直萦回心怀。但从1958年起,我就读不到他的诗了。我和广大读者一起,等了他20年,找了他20年。
>
> 终于,1978年春天我找到了他。艾青又回来了!他重新发表了《鱼化石》。此后,我噙着泪读他的新作,等待着,寻找着朗诵他的作品的机会……
>
> 1981年3月14日,北京图书馆主办报告会,艾青同志应邀去讲诗歌创作,约我去朗诵他的长诗《古罗马的大斗技场》,我欣然答应了。

上面这段话真切地反映了他对艾青诗歌情感的积聚过程。

齐越的播音代表作《县委书记的榜样——焦裕禄》曾打动了一代人。之所以动人,也是同他情感的积累、积聚分不开的,同他1958年下放河北沧州姜庄子和1965年到山西五台大建安村的劳动锻炼分不开。他说,情感积聚了好多年。"在同吃、同住、同劳动的过程中,我和那里的农民、干部交上了朋友。我深深地感到,基层多么需要一个能带领农民改变农村面貌的有胆有识的带头人啊!《焦裕禄》发表以后,我想焦裕禄不正是这样的好党员好干部

[①] 齐越.献给祖国的声音[M].北京:中国广播电视出版社,1991:138.

嘛！身患重病的焦裕禄，不顾剧烈的肝痛，追洪水、查风口、探流沙，为改造灾难深重的兰考大地战斗到最后一息。他的高大形象深深印在我的心里，我多么想将他的英雄业绩告诉给全国人民……1966年2月6日，我接受了播录《焦裕禄》的任务。于是，一种蕴积内心多年的播讲愿望在胸中奔涌，农村的生活体验，穆青同志的报告，帮我很快就沉浸在通讯描述的情境中……想焦裕禄所想、急焦裕禄所急，噙着泪，一气呵成录完了这长达70分钟的通讯。"齐越的这种对贫困农村的关切和对那里的农民朋友思念的情感，可以说贯穿了他的一生。晚年他患脑血栓偏瘫，仍然念念不忘姜庄子的乡亲们。他在《黄菜盘子和绿豆面饼》一文的结尾是这样说的："我多么想回姜庄子看看，实现我30多年的夙愿啊。然而病魔缠身，行动不便，我只有在梦中回姜庄子去看望日夜思念的乡亲们了。"①生前他还立下遗嘱："遗体捐献，解剖后火化，骨灰撒在河北姜庄子和山西大建安。"这充分体现了他情感的真挚、深厚、久长。

在"对象感"的把握上，他也善于横跨时空，以加强针对性。对象感，是播音创作的技巧之一，即播音员在播音时要设想收听对象，以此激发播讲愿望。一次，齐越录《刘胡兰》，两位播音系的女同学在外边听，她们被齐越充满激情的播音所感动。齐越录完音从录音间出来，对她们说："你们帮了我的大忙。"齐越说，他录《刘胡兰》，在对象的把握上，把刘胡兰那个年代同现在拉在一起，把录音室外边的两位女同学设想为收听对象，并把她们"拉"回到战争年代，让她们亲眼看一看刘胡兰的英雄事迹，再让她们看一看今天的和平幸福的现实生活……，从而激发播讲激情。

齐越"大跨度的时空的创作意识"，还体现在他对播音员，包括电视播音员形象塑造和确立的认识上。他指出，电视播音员"要不断完善屏幕形象"。"播音员形象的建立，不是一朝一夕就能完成的，你今天的屏幕形象好了，并不一定意味着以后都好。这是一辈子的事情。所以，电视播音创作，每次都要认真对待，都要从零做起。"他在《寄语青年播音员》一文的最后指出，播

---

① 齐越，沙林. 情系七彩人生［M］. 北京：经济管理出版社，1993：45.

音水平的提高是没有止境的。不要沉湎于一次的成功,也不要因一次的失败而灰心。播好一篇稿子或一个节目并不太难,难的是数十年如一日不断进取、精益求精,永远将高质量的精神产品奉献给听众。如果你一时有些成绩,则贵在有自知之明;如果你处于逆境,则贵在坚韧不拔。

由此可见,齐越的大跨度的时空意识,体现在他播音创作的想象和联想中,体现在创作情感的积聚和积累中,体现在技巧的运用上,同时也体现他对播音员形象建立的认识上。

二、开放的创作观念

播音员、稿件、听(观)众这三要素,构成了播音创作的基本矛盾运动。其中,播音员是创作主体、稿件和听众是创作客体,播音员通过主观能动性的发挥,对稿件和听(观)众的把握,使播音创作获得成功。

在发挥播音员创作主观能动性的同时,齐越十分注意听众在这一过程中创作的作用。他认为,听众在接受过程中,不是消极被动地听,而是在判断、在思考、在展开想象。所以播音员的创作观念,不应是封闭的,而应是开放的。

为了充分发挥听众的创作作用,齐越主张"十分感情,用声音表达出八分,给听众留下创作的余地"。这里包含着这样两层意思,即首先自己要有饱满的感情,不能说因播音中要表达八分,就只有八分的感情。再一个就是有了饱满的感情,在声音表达上体现出八分即可,给听众留下创作想象的余地。比如,他在实地录音中,并不是像有人想象的那样音量很大,在话筒前,他的基本音量并不大,但感情饱满,总是引导、启发听众去思考、去创造。

他对听众的创造性的尊重,并不是停留在口头上,而是贯穿于他的实际生活和工作中。他把听众看成自己的良师益友;他用自己的钱为听众排忧解难;他为青年朋友购书,帮助他们学习。他把听众来信看成送上门来的老师,每信必复。当他后来病重住院,医院下了病危通告书时,他对我说:"我没有什么事,就是放心不下那些听众来信,你一定要帮我处理好。"待病情稍一好转，他便用仅能活动的一只手为听众复信。所以，齐越不但从播音上，而且从人格上赢得了千万听众。他把创作的余地留给听众，尊重听众的创造性，不仅是他的播音艺术观点，而且更是他心灵深处的呼唤。

齐越开放的创作观念，不仅体现在他与听众的关系，还体现在他对稿件和稿件中所表现人物的把握上。他在把握稿件和稿件中的人物时，并不是就稿论稿、就一个人论一个人。他善于把许多先进人物放在一起，进行对比分析，加以把握。他善于运用不同的播音基调在对比中区分人物之间的不同性格：铁人王进喜和人民的好医生李月华，都是社会主义时代的英雄，他们的本质是共同的，如对党的忠诚、对人民的热爱、对同志的热情、崇高的革命理想和顽强的革命斗志等。但是，因为他们所处的具体环境不同，经历、教养、气质不同，因此性格上也各有不同。铁人王进喜的性格特征是：粗犷豪迈，坚韧刚强；李月华的性格特征是：热情朴实、勤恳坚定。因此，齐越塑造王进喜的性格所采用的播音基调是刚健、豪放地赞扬，塑造李月华性格的播音基调则是内在、朴实地赞扬。通过这样的分析把握，"才能把英雄人物的形象树立起来，而不会把每篇通讯播得雷同，一道汤，一个味儿"①。

即使是同类人物，齐越也善于找出他们的区别，从而赋予不同基调。比如，植棉劳模吴吉昌和造林标兵潘从正都是农村的老劳模，他们有着相似的经历，在十分艰难的环境中，百折不挠，顶住压力，坚决植棉、造林。如果不把两篇通讯联系起来看，不从整体上去加以对比，就很容易把两位劳模的人物性格播得雷同。齐越在播《一篇没有写完的报道》塑造潘从正这一人物性格时，不光是从这一篇通讯、从潘从正本身去挖掘，而是把过去播过的吴吉昌这一人物放在一起对比，从他俩众多的相似之处中找到他们的区别。一个是"啥也挡不住俺"的坚强性格；一个是"啜菽饮水"的坚忍顽强的性格，从而为塑造好潘从正这一人物性格打下基础。

齐越开放的创作观念，还体现他打破了现实时空、自己思想的时空、稿件下所描写的时空和稿件人物思想上的时空界限，它们可以相互渗透，相互

---

① 齐越.播先进 学先进［M］.//齐越.献给祖国的声音.中国广播电视出版社，1991：12.

作用、相互转换。

例如,《县委书记的榜样——焦裕禄》的开头是一段关于兰考灾情的描写:"一九六二年冬天,正是豫东兰考县遭受内涝、风沙、盐碱三灾最严重的时刻。这一年,春天风沙打毁了二十万亩麦子,秋天淹坏了三十万亩庄稼,盐碱地上有十万亩禾苗碱死,横贯全境的两条黄河故道,是一眼看不到边的黄沙;片片内涝的洼窝里,结着青色冰凌;白茫茫的盐碱地上,枯草在寒风中抖动。"齐越对这段灾情描写的感受,没有局限在稿件景物描写的时空上,即没有单单以痛心和同情的心情去播,而是有他独到的见解。他认为,这段灾情景象,应该是焦裕禄眼里看到的灾情,应该把焦裕禄看到灾情时的情感,移到我的思想时空中来,我们眼里"看"到的灾情就是焦裕禄眼里的灾情,我们此时的心情应该是焦裕禄那时的心情,即:一方面同情灾区人民,心疼被损坏的庄稼;另一方面有"我要战胜你这灾害"的决心。基于这样的"移情",齐越对这段灾情播音的情感表达,不是沉痛的、惋惜的,而是沉重的、顽强的、坚定的。

齐越播的《中国工人阶级的先锋战士铁人王进喜》这篇通讯中,有这样一段描写:"一九六〇年四月十四日,当一轮红日从东方升起,巍然的井架披上金色的霞光的时候,井场上一片繁忙。王进喜大步跨上钻台,握住冰冷的刹把,纵情地大喊一声:'开钻了!'"这里,齐越感受到的"清晨红日"已不只是我们每天早晨看到的太阳那么大。他由于体会到了铁人王进喜"这下把石油落后的帽子扔到太平洋里去了"的喜悦豪迈的心情,他看到的红日,就是铁人此刻所看到的红日,这"清晨的红日"顶天立地,有东方半边天那么大,这红日已经映红整个天空。基于这独特的感受,他一出口,就显示了磅礴的气势、豪放的风格。

三、"行云流水"的审美追求

齐越说,中国古代艺术家讲究"行云流水,得其自然;天衣无缝,不着痕迹"。"我想,播音创作(无论播什么性质的稿件,采用什么样的表现手法)

也应当达到这样一种'自然流畅'的境地。……如果听众意识到播音员是在'装',或者感到播得'疙疙瘩瘩'(逻辑零乱,思想断线,感情造作,都会形成疙瘩),就会不愿意再听下去。"可见,真实、自然、连贯、流畅,是齐越所追求的。

为了达到上述审美追求,齐越主张在播音语言表达上,要做到情、意、声的和谐统一。情即感情,意即语意,声即声音。三者的统一,"就是要在达意的基础上表情,从表情中明意,达到情真意切,情意浑然一体。"因此,他认为,"无论播什么稿件都要运用两种思维方式,逻辑思维和形象思维,不能把二者对立起来或割裂开来。……有声语言只有和思想感情结成血肉相连的有机整体,才能情声并茂,产生感人的力量。离开准确的表情达意的目的,滥用语言技巧或卖弄声音,都会破坏情、意、声的和谐统一"。

齐越非常反对片面地追求声音形式、卖弄语言技巧的做法。他十分重视感情的统率作用。他强调播音创作的感情应贯穿播音创作全过程,贯穿稿件的始终。

要达到"行云流水"、整体把握的境地,他认为播好开头很重要。

他认为,每篇稿子的开头"是播好全篇的第一步。这一步迈得好,能使自己的思想感情一开始就融会贯注于内容,……并立即把听众吸引到收音机旁,使他们非听下去不可。……所以说,播好开头很重要,忽略不得"。

齐越十分注意寻找情感激发的引子,来调动开头播音的感情。本文开头所述他对毛泽东画像说的话就是这方面的例子。

齐越还善于用最新信息来引发感情。比如,1984年,中央人民广播电台请他去播《当代愚公张侯拉》这篇通讯。他带上研究生敬一丹,采用男女对播的形式播。前一天,他和敬一丹都进行了认真准备,录音前,对稿件内容已经胸有成竹。但在录音前几分钟,他把一个新的信息立刻告诉敬一丹:"刚刚得到消息,张侯拉已经被批准加入中国共产党了。"这一最新的信息,立刻点燃起他们情感表达的柴草,使其一开始便以饱满的激情投入到播音创作中去,成功地播出了这一长篇通讯。

有的通讯播音的开头,他主张考虑全篇内容,注意前后照应。《人民的好医生李月华》这篇通讯的开头是这样的：

> 1971年8月31日。辽阔的淮北平原，长空碧蓝。安徽泗县丁湖公社的社员们，一早就踏着露水下地了。
>
> 突然，……

齐越说："要处理好这个开头，……就要把事情发展的线索搞清楚，准确地找到感情根据，才能使开头和下面叙述部分的基调有机地统一起来。"他播这个开头的内在语是：这天早晨，李月华昏迷不醒，病情危急，人们纷纷跑来探望……。如果不了解全篇内容，一见"长空碧蓝"四个字，就用一种轻松欢快的基调开始，那就不对头了。

在文章主题的表达上，齐越主张"抓住主题贯全篇"。

他播《人民的好医生李月华》这篇通讯，就紧紧抓住"做医生就要学习白求恩"这个主题；朗诵《古罗马的大斗技场》，就紧紧抓住"以别人的生命作为赌注的就不可能得到光彩的下场"这一贯穿全篇的主线。

齐越说，从文章全局出发，逐段、逐句分析思想内容，准确把握主题。根据主题这条线，分清主次、找出重点、掌握层次，把握各句段之间的内在联系。"用我们的行话说，就是穿成线、抱成团、连成片。""我的经验是：越是长篇通讯，越要在战略上藐视它的长，在战术上重视它的长，运用这样的方法逐句逐段分析、组合，一口一口地啃，把它的长转化为短，播时要用主题把它们贯穿起来，集短为长，一气呵成。"

抓住了主题，就抓住了稿件的实质，抓住了播音表达的整体和关键。如果不注意把握好主题，播时就会散沙一片。

按照齐越从整体把握的原则，抓住主题、确定基调后，在统一基调的表达上还应有发展、变化。

比如，在《胡杨泪》这篇通讯的播音中，齐越在根据主题确定统一基调的基础上，还十分注重运用基调的变化刻画钱宗仁性格的发展。钱宗仁的性格的变化是在他接触了漆匠之后形成的。他从那里得到了《反杜林论》等马列原著，使他对当时中国现实开始了深刻的思考，他开始感到唯成分论是唯心论，自己长期背的这个包袱是人为的，是可以去掉的。他意识到了自己的贫乏和狭隘，决心向自己的"影子"告别。在这个转折之前，齐越对钱宗仁赞扬的基调中含有压抑、愤懑的感情色彩，在转折之后，赞扬的基调中饱含着奋发、进取、向上的感情色彩。从这一播音基调的变化上，我们可以感受到钱宗仁性格的发展和思想的升华。

再比如，齐越对植棉劳模吴吉昌性格的塑造所采用的赞扬的基调，也不只是一种感情样式，而是随吴吉昌这一人物性格的发展、感情的变化而发展变化。

通讯开头，周总理向吴吉昌交代任务时的情景是这样的：

> 他握着吴吉昌的手，炯炯有神的目光凝视着吴吉昌说："我把解决（棉花）落桃的任务交给你了，你把它担起来。"吴吉昌迟疑地说"中，可我是个大老粗，一没文化，二来岁数又大了……"

从这里可以看到，吴吉昌最初接受任务时并不是那么"信心百倍"。齐越播这一段时，体会到了吴吉昌当时的心情，赞扬的基调中带有思考。当周总理启发了吴吉昌之后，齐越接下来播道：

> 热血涌上了吴吉昌的脸，他紧紧地握着总理的手，响亮地回答"行"！

此刻，赞扬的基调中，充满了信心和力量。

当吴吉昌惨遭迫害，不得不像做地下工作似的在自家院子里进行棉花试验时，齐越播道：

> 当时，他真想不通啊，为什么在光天化日之下，有些人可以无法无纪，任意把人民的生命财产当儿戏！而他想为祖国作出贡献，

却不得不偷着去干!

此时,齐越对吴吉昌赞扬的基调中含着愤懑和不平。

当这位纯朴的老农终于在生命垂危之际发出震撼人心的呼喊:"我不能死,我要活着跟大鬼小鬼斗,坚决完成总理交给的任务!"播到这时,齐越那赞扬基调与颂扬口吻同时表现出来。至此,一个英雄人物屹立在听众面前。

四、"用生命播音"的精神境界

在缅怀齐越的座谈会上,齐越的夫人杨沙林同志说:齐越是用生命在播音。马尔芳等许多和齐越共事多年的老同志都称他是一个用生命播音的人。大家回忆说,每次播音,他都要全身心地投入进去,播完后,吃不下饭,睡不着觉。敬一丹说:"有的同学问我们:'齐老师每次播音都是这样吗?'我们说'每次都是'。同学不解地说:'那还不得累死呀!'"

的确,齐越是用他的全部身心,用他的生命在完成每一次播音创作。因为他想道:话筒是我的战友流血牺牲换来的,我们这些幸存者坐在话筒前工作,不敢有丝毫的怠慢。

有一次,他参加在北京举行的一场"星光"诗歌朗诵会。他朗诵陈毅的作品,这是他生前参加的最后一次登台朗诵。那时,他身体不太好,家人和亲友都劝他朗诵别太激动,他说:"不激动行吗?我不能给观众一杯白开水,也不能对不起陈老总。"他生前最后一次播音,是专门为他的一位老听众江西的游容威播的,播的是这位听众自己写的一篇歌颂志愿军战士的短篇小说《疤公》。尽管是为一个人录音,他也是全身心投入,我给他打开录音机录了一遍,他录完后觉得不满意,又全身心地投入进去,录了第二遍。

齐老师经常告诫我们,谁要是以为学播音就是学播音就错了,学播音首先要学做人。作为播音员,要心口如一,话筒前怎么说,生活中就怎么做。他自己正是这样身体力行的。这方面的感人事迹是很多的。生前他曾经被评为北京广播学院优秀共产党员、北京市先进工作者、北京市优秀共产党员、全国一级优秀新闻工作者等。

他牢记周总理 1959 年视察广播大楼时对他的嘱托:"广播大楼建成了,比起延安窑洞的条件好多了,你们要用延安精神做好工作!"在工作和生活中,在播音创作中,他把延安精神贯穿始终。他经常深入基层、深入实际,为播音创作积累思想感情基础,从生活的海洋中获取播音创作的源泉。

他说:"世界上有各种各样的播音员,我是中国人民的播音员,是中国共产党的播音员,我以此引为自豪。""如果我的一生能从头开始,让我重新选择职业的话,我还要选择做中国人民的播音员,做中国共产党的传声筒。"

齐越播音整体创作观念,是将他的全部身心、整个生命都投入到播音中的整体创作观。

树立"大规范"意识*
——播音语言规范的思考

一提播音语言的规范，人们首先想到的就是播音员标准化的读音。有的播音员也因此把规范的标准定在不读错字音、把握好词语的轻重格式、保持语句的规整上。以为做到这些，播音规范的任务就完成了。一些主持人则认为，自己要发挥个性，语言表达要"活"一些，套上一条规范的枷锁，就一事无成了。

播音语言的规范，就这样被挤在了一个狭小天地。

于是，有的播音员备稿变成了单纯的查字典，有的主持人则把其语言表达的"活"同规范对立起来，结果许多听众埋怨播音员语言表达太板，主持人语言表达太乱。播音艺术的创造性更无从谈起。我们认为，这同对播音语言规范的认识密切相关，树立"大规范"意识迫在眉睫。

中央人民广播电台播音指导方明说，好的播音，应该让人"听清字儿，听懂事儿，品出味儿"。即播音创作，一是解决"准"（听清字儿、听懂事儿、达意传情）的问题，二是解决"美"（品出味儿）的问题。"美"归风格管，"准"归规范管。规范要解决"准"这个大问题，不仅单指读对字音、轻重格式之类。

播音涉及语言、新闻、艺术，属边缘学科。播音创作，受诸多系统影响，属综合性艺术。播音语言表达的规范必然受到词语句段、篇章结构、表现方

---

* 本文原载于《语文建设》1993 年第 11 期，收入本书时有改动。

式、传播工具、接收对象等的制约。所以，本文所提"大规范"的概念，是全息的，是一个系统、整体、运动的播音语言规范的概念。

一、播音语言的规范在系统和整体中体现

（1）人大常委会副委员长朱学范、严济慈、叶飞、廖汉生、倪志福、陈慕华、费孝通、孙起孟、雷洁琼、王汉斌出席了会议。

（2）内蒙古东部、东北、华北部分地区有小雨。

（3）拒绝审判继续进行。

（4）有些人只会空想，不会做事。他们凭空想了许多念头，滔滔不绝地说了许多空话，可是从来没认真做过一件事。

（5）记者张明非报道，我国今天首次公布一个数字，根据对全国残疾人抽样调查的结果推算统计，我国各类残疾人的总数约有5164万人。

这是一个值得社会关注的数字。

在上述例句中，播音员如果完全按照文字标点和自然段落的规范决定停连，就会出现歧义，形成声音后反而不准确、不规范。例（1）竟给听觉造成了两层意思：人大常委会副委员长是朱学范等人；王汉斌出席了会议。例（2）给人留下的听觉记忆好像也只是华北部分地区有小雨。例（3）一气念下来，会给人"继续进行"的印象。

这说明，要完成播音规范的任务，不能完全按文字标点符号去停连，还必须在声音传递这个系统中，依照听觉规律，对文字稿件进行重新组织，重新确定其停连处。

例（1）"副委员长""王汉斌"后边这些无标点符号的地方需要停顿，副委员长名单之间这些有标点的地方需要连接，意思才能清楚。例（2）在两个顿号处连接；在"有小雨"前边这个无标点符号处停顿。例（3）"拒绝"后边这个无标点符号处也要停顿。

同理，从播和听这个大系统考虑，不完全按照文字标点符号所代表的停

顿时间的长短来确定播音时停顿的时间长短。有时虽然按听觉规律所确定的停顿处同文字标点符号一致，但已不是文字标点符号所代表的停顿时间了，即有时逗号处可能停顿的时间比句号还长，句号处停顿的时间可能比顿号还短。

例（4）"空想"后边这个逗号不停顿；"不会做事"后边这个句号虽然停一下，但只是一个小小的顿挫，比句号所规定的停顿时间短；"念头"后边这个逗号停得比句号所规定的停顿时间还要长。

为了符合听觉系统的规范，有时文字表述的两个自然段，可以连在一起。例（5）就是这样。

从播音表达和接收这个大系统考虑，从将文字表述系统转化为有声语言表达系统考虑，播音创作对原文字系统进行重新组织，不光有上边所说的对停连进行规范的问题，也有重音的选择和表达的问题。

在文字表达系统中，重音可以不标出来。而一旦转化为声音系统，声音不可能一直是平直的，它运动的高低强弱快慢虚实，都要求有重点作为依托。文字稿件一旦变为声音，也必须把重点表达出来；同时只有按听觉规律选择重音，才能满足语言表达规范的要求。

从视觉的角度看，文字稿件中一句话或一层意思中可以同时注上几个重点标记，视觉都可以接受。而听觉的接受规律则要求单位时间的重音不能太多，根据前摄、后摄记忆规则，过多的重音刺激会造成听觉的疲劳，一般一句话或一层意思选择一个重音为宜。

（6）北京市光华木材厂12月初通过国家级验收，成为全国木材行业中第一个达到国家二级企业标准的二级企业。

尽管这一消息的导语中至少有三处看来都很重要，即"国家级""第一个""二级企业"，但要符合听觉的规律，符合声音传播系统的规范，只能选一处突出，即"第一个"。有的播音员在播这段话时，把上边所讲的三处都作为重音予以突出，结果造成听觉疲劳，反而使听众听不清楚，不能达到规范的要求。

（7）托洛茨基之流以极"左"派出现，反对列宁的正确路线，总有不少"音乐般的""超乎常人""雄壮得了不得的""革命"词句。

例（7）中，无须将每个形容词都突出，只需将"了不得"中的"了"字夸张加重突出，托洛茨基极"左"派的嘴脸便一笔勾勒出来了。有的播音员将每个形容词都使劲强调，结果语句支离破碎，影响了语言表达的规范。

由此可见，播音语言的规范，在语言表达的系统中体现，在系统转换中实现，同时，它也需要我们在整体中把握。这就要考虑播音诸多系统的相互作用，看其作用后的结果是否是规范的。

例如，有的播音员播"周副主席"，听起来像"朱副主席"。这位播音员主观愿望的确是说"周"，而不是"朱"。这一现象说明，话筒，尤其是一系列电子传播、发射和接收系统对播音员发音标准要求是很高的。在日常生活中，面对面听你发"周"，可能是清楚的，听者不会产生歧义，但一进入电子传播系统，你的声音出来后就不一定规范准确。所以，播音语言的规范，必然从发码、传送、接收的全局考虑，它是在这个整体中体现的。

在整体中把握，不仅要考虑各个系统对规范的影响，还要考虑系统之间的互相影响、作用，协调平衡，有时是通过其合力共同完成规范的任务。

又如，电视片解说语言表达的规范，由于受画面这个系统的作用（所播内容画面上是否呈现；画面表现形式是全景、中景，还是近景、特写；机位是移动的，还是静止的；是推拉摇，还是航拍；是舒缓的，还是跳跃的；是配乐的，还是自然声响等），其播音语言表达的停连、重音、语气、节奏，都必须同其联系起来考虑；其规范性的建立，就不能是一个封闭的系统，必须从声画配合的全局上考虑。

（8）伦敦，是座历史悠久、风景秀丽的世界名城。波光粼粼的泰晤士河从城市中间静静流过，给这座城市平添不少风韵。

庄严瑰丽的议会大厦屹立在河边，是世界上最为雄奇的哥特式建筑。

一群群野鸽与游人亲密相处，这就是伦敦有名的特拉法尔广场。

白金汉宫。建于1703年，白金汉公爵兴建。英国女王伊丽莎白二世和她的王室全家就住在这里。

这是电视片《流动着的历史》开头部分的解说词。第一段解说词所依据的画面，其节奏是舒缓的，基本上采用远景、全景，抒情色彩较浓，所以解说的语速和节奏也都是舒缓的。依据画面的转换，逗号、句号停顿的时间也较长。解说时，只需把"伦敦"作为重音突出即可。其他如"风景秀丽""波光粼粼""静静流过"等词所表现的内容，画面已展现出来，所以不必强调。如果硬是强调这些词，合成的片子，就给人以喧闹、杂乱的感觉。语言处处都重、生硬干涩，跟画面重复，被称为"两张皮"。这很难说是完成了播音语言表达规范的任务。第二段应突出"议会大厦"，其他如"庄严瑰丽""屹立在河边""哥特式建筑"，观众已从画面上看到，不必强调。第三段，由于画面逐步活跃起来，解说的节奏也随之加快。第四段，由于画面接得很紧，运动过程很快，所以，解说词之间的句号几乎没有停顿。

在电视口播（即播音员直接出图像播音）中，语言表达的规范还体现在语言与副语言的配合上。

例如，电视口播新闻，播音员同观众"面对面"谈话。观众不仅可以听到声音，而且可以看到播音员的面部表情，副语言表达系统也在帮助传递信息，播音语速可以加快一些，连得紧一些。停顿稍一多，语言表达就会显得"碎"和"干"。口播新闻时，播音员时而抬头与观众交流，时而低头看稿。"抬头"与"低头"这些副语言动作，对强化和弱化信息，都有着重要作用。语句中重点的强调，往往是通过抬头提示强调出来，而不是通过加重声音突出。

（9）新华社消息，我国成功地发射了一组空间物理探测卫星。这是我国首次用一枚火箭发射三颗卫星。卫星准确入轨，各系统工作正常，正不断地向地面发回各种数据信息。

这条消息的重音显然是"三颗"。在电视口播新闻中，"三"的强调，是靠副语言表达系统的配合实现的。当播到"三颗"时，抬头提示，与观众交流，而不是用力去加重声音，那样就会使得语言表达"断""浊"，达不到规范的目的。

当然，作用于语言表达规范的系统是多方面的，既包括传播方式等系统的作用，也包括对手间的协调、配合等许多方面的影响。只有从整体上把握，有机地协调各系统间的相互作用和联系，才能实现播音语言表达的规范。

二、播音语言的规范在运动和变化中体现

由于播音自身的矛盾运动和自身系统之间相互作用和发展变化，由于播音语言的传播工具、传播手段、传播方式、传播对象等的不断发展变化，由于播音所隶属的广播电视事业的迅速发展，还由于播音语言表达所依赖的社会生活的不断发展变化，使得播音语言的规范只有在运动和变化中才能成为现实，只有在前进和发展中才能具有生命。不然，抽象概念的规范，只能是一个空壳。

大而言之，社会生活的不断前进和发展，对播音语言规范起着重要作用。十年动乱期间，社会生活极不正常，受极"左"思想的影响，播音语言都是紧绷着喊出来的，违反了语言表达规律，阻碍了播音语言规范的进程。粉碎"四人帮"后，随着改革开放的不断深入，随着社会经济生活的不断进步，现代化程度逐步提高，社会生活节奏大大加快。这些现象，通过播音的规范得以体现。例如，中央人民广播电台报告新闻的语速，在20世纪50—60年代，每分钟180字为标准速度，那时如果快了，就是不规范了，听众也会反映。

后来发展到每分钟 200 字。现在每分钟 240 字才合适。如果现在还用每分钟 180 字的速度，就会给人以速度太慢、拖沓的感觉。20 世纪 50—60 年代的"规范"标准，到现在已不适宜。那时认为是规范，现在也不一定是了。可见，播音语言的规律，是随着社会生活的发展变化而发展变化的。小而言之，每天报告新闻的不同时间，其语速也不一样。比如，早晨、上午，语速快一些；夜间，语速慢一些。这些都说明，播音语言的规范是在发展运动中体现的。

广播电视发展日新月异，传播方式不断增加，语言表达样式不断涌现，交流形式也不断丰富，使得播音语言表达规范的天地更加广阔。

比如，广播、电视，这两个不同的传播手段，其语言规范也是有差异的。广播中播音员报告新闻，每分钟 200 多字是规范的；电视中播音员播送消息则每分钟 300 多字是规范的。

过去报告新闻，唯有宣读式和播报式才算规范表达样式。随着广播电视改革的进一步深化，主持人的出现，谈话体的语言表达样式也用于新闻播音不同的文体形式。不同的语言表达样式，使得播音表达的规范在运动和发展变化中获得了新的生机和活力。规范在运动和变化中体现这一特色更为明显。新闻播音、通讯播音、评论播音、文艺播音、广播播音、主持人播音等，这些不同的播音形式，都以各自所具有不同的语言表达样式，丰富着播音语言规范的内涵，完成着播音规范的任务。其中，有的语言表达样式用在某种文体中人们感到不规范，而用在另一种文体中，便是规范的了。比如，渲染、夸张的语言表达方法，用于新闻播音，肯定是不规范的，而用在广告播音中则是规范的。

不同的节目形式，其规范的标准也会不同。比如，播少儿节目，其语句表达要求用短句，多停少连，语速慢一些；播体育节目则要多连少停，语速快一些。

就播音语言表达自身的系统，其技巧的运用等方面看，规范也是在发展变化中体现。以重音为例。

（10）这就是朝鲜战场上一次最激烈的战斗——松骨峰战斗。

如果孤立静止地来看这句话，可选择的重音有好几个："最""壮烈的""松骨峰"等，但是这句话在播音语言表达中并不是孤立地存在，它是上边全文自身逻辑发展的结果。把这段话作为一个开放的系统，从全文的发展看，重音准确的规范的选择应该是"这"，而不是别的。

一些新闻事件的报道，则由其新闻事实自身的运动逻辑来决定重音的选择。

（11）本台消息，第七届全国乒乓球比赛今天上午在广州开幕……

本台消息，第七届全国乒乓球比赛今天进入第三天……

本台消息，第七届全国乒乓球比赛今天下午闭幕……

上边重音的选择"七""三""闭"是根据乒乓球比赛这一事件自身的发展以及听众对这一事件信息的积累选择的。所以，重音选择的标准和规范，是在事件运动中体现出来。

在电视片解说中，随着电视画面的运动，解说时重音的选择也在不断地发生变化。

（12）画面：老人的住室。简单的家具、被褥。

解说词"老人的住室十分俭朴"。

这句解说词如果落在"简单的家具、被褥"之前，"俭朴"就是重音；如果让画面先行，充分表现，解说词在其后，"俭朴"就不能作为重音了。因为观众已从画面获得了"俭朴"这一信息，不必再强化了。这说明，重音选择的标准，解说语言表达的规范也是在运动中体现出来的。

三、播音语言的规范在态度和感情中体现

规范要求准确传达文稿意思，但是达意并不是孤立存在的，它同传情紧密相连。达意也包含着感情传达的准确与否。播音所使用的工具——有声语言，不光具有自然属性，也具有社会属性。文字稿件一旦形之于声，就要求具有表态性。有声语言的达意与传情更是密不可分。要全息地考察播音规范的问题，必然要考虑态度、感情问题。

（13）据市交通大队统计，本市今年上半年在交通事故中死亡的人数为46人……

电视台一位女播音员播交通死亡数字时，脸上呈微笑状，尽管她播音没有差错，但也很难说她的播音表达是准确、规范的。

在播音语言表达中，其态度感情一定要和所播内容相一致，达意才能准确。

在语言表达中，一是要有情感态度，一是要有分寸火候，这样才能准确、规范。

有的播音员播农业大丰收的消息，没有赞扬、自豪、兴奋之情，数字从嘴中一溜而过；播批评不正之风的稿件，也没有批评的态度。这样的播音，既没有把应传达的感情信息传达出去，也没有完成传达概念信息的任务。达意不清楚，所以也谈不上准确规范。为了使达意准确，在态度感情的表达过程中，还有一个分寸把握的问题。

（14）……因此必须按照国务院关于严厉打击非法出版活动的通知精神，采取切实措施，既坚决又稳妥地予以严厉打击。

上面这段话后半句中的"严厉"这两个字，体现着政策分寸，如果过分

 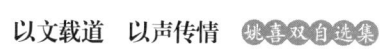

地加重声音，拿足腔调就会给人感觉如临大敌或虚张声势；如果不突出，轻轻带过，也体现不出应有的分量。所以要准确地传达国务院关于严厉打击非法出版物的政策精神，就必须把握好其分寸火候，既要表达坚决的态度，又要体现政策界限；同时让人感到，即使是严厉打击，也要通过采取切实的措施，开展扎实的工作，稳步实施，并非虚张声势。所以在后半句的表达中，用上扬的语气播"既坚决"，用内收的语气播"又稳妥"，"严厉"二字稳健播出即可。

（15）这种埋头做事不动脑筋的人简直是——说得不客气一点——跟牛马一样。

例（14）讲的是政策分寸，例（15）则有一个态度情感分寸的问题。这段话中的"牛马"二字，说得太重，就会给人过分厌恶、嘲弄的感情，没有把帮助教育人的本意表达出来。说得太轻，又会给人无关紧要、隔靴搔痒之感，不能使不动脑的人警觉。如果过轻或过重地播出去，都不能说是准确、规范的表达。

以上力图从系统和整体、运动和变化、感情和态度三个方面提出了树立播音表达大规范意识的必要性和必然性，其目的在于让我们的播音员和主持人充分认识播音语言规范的作用，提高语言表达规范的质量。

新闻播音语言规范的奠基性文献*
——析《口播经验》和《播音经验》

近 60 年前，解放区邯郸新华广播电台（以下简称"邯郸台"）关于《邯郸台口播编辑技术初步经验》(1947 年 4 月 21 日) 和《邯郸台播音技术的点滴经验》(1947 年 4 月 21 日)，对人民广播播音理论的形成具有重要的奠基作用。其中，对播音的总结和提出的要求，细化了新闻播音语言规范要素，对于解放区新闻播音语言规范系统的建立具有重要作用。

《邯郸台口播编辑技术初步经验》（以下简称《口播经验》）从新闻广播语言传播的层面，即从听众的角度考虑和处理语言的音、字、词、句；从语言交际的层面，即强调语言的口语化，这都使新闻播音语言规范系统的建立有了明确规格、标准和要求。具体而言，其在"口语化"和"简练"两个方面提出了要求。

《口播经验》关于"口语化"从五个方面提出了具体要求。在字词方面，明确提出："不要用不容易听懂的、晦涩的，要用响亮而响声叠韵的"；提出要"注意同音异义的字与词"的使用，并以例证："如'副业''复业'，'保卫''包围'尽量用得具体与明确"。以上两条都是从语音的角度考虑。下面三条是从用词的角度考虑的："动词、数词可以用在前面，战报中的缴获多少，数目字可以用在后面"；并提出"少用代名词与转折语，如'他''他们'可以多用原名，如'而''则''并'尽量少用甚至不用"；"'该'字可以改用

---

* 本文原载于《现代传播（中国传媒大学学报）》2006 年第 4 期，收入本书时有改动。

'这个'。"这些词汇的调整,选择方式,有利于口语交际,有利于听觉分辨,有利于新闻广播。在句子方面提出的要求是要使用短句子:"句子要短,长句可以拆开来用。"为了在传播过程中保证意思明确提出:"每句的开头词不怕重复,如'打倒蒋介石反动派及美帝国主义……'可以改写成'打倒……打倒……'。"要求"主语和客语必须写清楚,如'活捉多少人'要写成'解放军活捉蒋军多少人'"以免引起歧义;反对句子欧化,对翻译稿件的句子要改写清楚:"句子要中国化,切忌用倒装句,特别是从外国通讯社译过来的句子,要改写过。"在文法方面,《口播经验》解释说:"文法主要是指内容的结构次序,要顺叙,避免倒叙法。句子如'××说:……''××答:……'切勿写成'……××说''……××答'。这种文艺上的用法,在口播上不大适宜。"这里,区别了新闻广播语体与文艺语体,指出了广播语体特色;在文言译成口语的问题上,《口播经验》中指出,"文言译口语:译法上不能如实死译,要会意地加以改写,特别是成语,不要按字译出,如'高枕无忧''铤而走险''瓮中捉鳖'等,不能译成'睡在大枕头上没有忧虑''大瓮子里捉王八'等",反对机械照字死译,要求把握语义实质;在注解上,要注意感情态度、分寸适当:敌我双方姓名的解释"要注意适当的身份,敌方姓'马',用'牛马'的'马'就可以了,我方的就得用'千里马''马到成功'等的'马'";提倡用大家熟悉的成语注解,"注解最好多用成语,如'正'可用'改邪归正''正大光明'";指出在注解中不要使用庸俗词语,也防止过于风雅的成语,"切忌庸俗但须避免过于风雅,如'风萧萧兮易水寒'"。《口播经验》提出稿件内容的生动具体可以促使语言表达的口语化:"如果内容生动具体了,播音时即能更口语化,同时也就可能充满感情了。"说明生动具体的稿件内容是使播音充满感情、通俗自然表达的基础。

《口播经验》从"内容""字句""篇幅"三个方面,提出了关于"简练"的要求。在内容方面,要求重点突出:"须突出一个中心,即突出一点、一事,因此必须在看稿时注意:全篇大意、中心重点、材料取舍、结构次序、宣传效果等各方面,然后修改或改写。如果一稿偶尔有两件事、两个中心,可以分开编写,或者注意内容的次序和对比,编在一个稿件中。事件的发展,有两件事可以顺序写，事件的正反可以作对比写。"在字句方面，要求一定要简练，"需要去掉不必要的字和词，如'一、二、三'等，起不了作用的'的''了''吗''呢'和某些附加语";"新闻的导语或帽子不必用，因有了标题";"地点可以少写几个，其余略去，数目字可以综合起来";在对外播音时，要求"具体的方法、经验、战术须去掉"这一点不光是从字句考虑，更是从保密的角度考虑;"举例要少而精"。在篇幅方面要求"该合并的合并，该分开的分开；两条消息同一件事，可以合成一个综合消息；一条消息有两个内容，可以分成两条消息";在稿件的字数上也提出了要求："新闻稿件平均二百字左右为最好，必要时五六百字，一般在六百字以上的可以改写成综合报道或通讯。"从字数上规范稿件的长度，以使其语句、内容精简。在编排报道方式上，也提出了建议："一件电稿、稿件，可以摘成消息与单播同时用，如总部公报等，即可摘一条消息，再同时播送单播。"

上述《口播经验》，从语言、新闻、广播层面要求明确，从听众接受角度考虑具体。从语音、字词、语句到篇章结构安排，从语句翻译、注解到语序先后，从稿件内容选择到具体材料取舍，从稿件字数要求到消息报道方式，从语言表述要生动具体到加数字、战术要注意保密，从播音语言要体现态度到宣传政策要把握分寸，《口播经验》的要求涉及新闻播音语言规范的各个层面。

《邯郸台播音技术的点滴经验》（以下简称《播音经验》），在新闻播音语言规范方面讲得更为直接具体。

《播音经验》在一开头总结播音经验、提出努力方向时，就涉及一系列新闻播音语言规范的指标："播音技术，在总的要求上，最先提出的是：咬字清楚，口齿流利，抑扬顿挫，充满感情，快慢适当。"这些要求已具体涉及语言规范的发音与表达的基本层面：语音发声、口腔控制、停连重音、语气节奏、播音速度等。

《播音经验》接下来说："这次提出了：熟练、自然、充满感情。这一时期，在播音工作上，是作了：熟练、稳当、感情、抑扬顿挫、快慢适当的成绩，特别是于同志的有声有色，气魄大，使听众易于感动而提出了赞扬。"这里，除了前面说的发音与表达外，又提出并强调了播音状态、播音情感、播音基调。这也正是新闻播音语言规范的核心要素。

《播音经验》还提出注意以下六点：（1）指出了新闻播音表达样式是"讲"，即报告新闻，而不是念新闻："播送新闻……是'讲'而不是'念'，所以要熟悉稿件，想象内容，从自己的口中'讲出来'。"这里又提出了，要做到"讲"即使用报告新闻的语言样式，就要熟悉稿件，即备稿；要想象内容，即用现在的播音术语就是"情景再现"，这是语言表达的内部技巧等。（2）在语气表达方面，要求做到富于变化、生动鲜明、自然大度、稳健流畅。《播音经验》中具体讲道："在语气上，主要是有声有色，气魄大，不同身份用不同语气，要求自然（不要做作），流利（切忌生疏、打顿），稳当（不要慌张），沉着（切忌轻浮）。"此文中还指出："在念词句上要注意：①不能分开或拖长，中间不打螺旋，末两字不要短促、生硬，注意尾音。②咬字力求准确、清楚，注意字音与四声。"这里对口腔控制、吐字归音、词语声调、语势类型等，从语音发声到语句表达中应注意的主要问题，都提出了非常细致的要求，使新闻播音语言规范，在每个细微之处都得到了体现。（3）对新闻中解释词语及记录新闻的播法提出具体要求："解释时，介绍放下武器、蒋军军官，与记录新闻，共念三遍，前两遍慢，后一遍快，解释要先详后略，稿中未加注释的不必解释，避免临时想，影响速度与不妥当，但必要时可以机动。"这里对语句播报的遍数，各遍所用的速度，词语解释的程度等，都作了具体安排，使此类新闻播音语言表达的规范更具有可操作性。（4）强调了停顿的重要性，对不同情况采用停顿的时间长度作出了规定。《播音经验》中说："间隙，每句、每段、每件及新闻提要，注意间隙适当，过长会让听众疲劳与感觉突然；没有间隙，则会分不开。如果每句半到一拍，则每段一到二拍。每件可有一拍提要方停一拍。"这里强调了停顿运用和时间把握的规范，并从听众角度考虑，研究听觉心理，这不仅从语言表达层面要求了新闻播音语言规范，而且从受众接收层面考虑了新闻播音语言规范。当然，其中的按拍停顿还有待研究。（5）对播音准备工作的要求是了解内容，有时间要多上口试播。（6）为保证播音准确规范，文中还对编稿提出了具体要求："尽量改写；修改尽量顺行；词儿连写不要断行；注意每一地名、人名另行（现为写在格子旁空行中）等。"这便从每个细节、各个环节来保障新闻播音语言规范、准确。

今天我们研究人民广播播音发展史，重温这两个重要文献，会进一步加深对语言规范重要性的认识。认真学习和研究这两个文件，可以使我们的播音理论和播音实践少走弯路。

参考文献：

［1］中央人民广播电台研究室，北京广播学院新闻系.邯郸台口播编辑技术初步经验［M］//解放区广播历史资料选编（1940—1949）.北京：中国广播电视出版社，1985.

［2］中央人民广播电台研究室，北京广播学院新闻系.邯郸台播音技术的点滴经验［M］//解放区广播历史资料选编（1940—1949）.北京：中国广播电视出版社，1985.

解放区新闻播音语言规范形成的动因*

抗日战争、解放战争时期，以延安（陕北）新华广播电台〔以下简称"延安（陕北）台"〕为代表的解放区新闻播音语言规范系统的形成，既有其内在动因，又有其外部条件。内因包括坚持规范标准，探索规范理论，认真的创作态度，较高的政治素养和政策水平，高度的事业心和责任感，扎实的革命斗争实践，团结协作精神等；外部条件包括语文基础，广播基础，新闻节目，编技协作，领导指示，制度保障等。

一、内在动因

（一）新闻播音语言规范系统的形成，是新闻播音规律运动发展的必然

从语言本体来看，语言只有规范才符合标准；从播音技术层面看，表达只有规范才能准确；从新闻传播层面来看，传播只有规范才能真实有效。要交流成功，要沟通无障，要传播有效，其语言表达必然趋向于规范。延安（陕北）台新闻播音语言规范系统的形成，正是这一规律运动的必然结果。

（二）规范系统的最终形成、规范表达的最后落实，都要靠播音员主观能动性的发挥

播音员主观能动性发挥得好，其规范的落实就要快一些、实一些；规范

---

* 本文原载于《中国广播电视学刊》2007年第8期，收入本书时有改动。

系统的形成就会早一点、全面一点。以延安（陕北）台为代表的解放区各台播音员，正是在极其艰苦的条件下，克服各方面困难，充分发挥自己的主观能动性，在不到10年的时间内，完成了解放区新闻播音语言规范从要素生成、雏形建立到系统形成的过程，成为人民广播新闻播音语言规范标准建立落实和实施的典范和代表。其主观能动性的发挥体现在以下几个方面。

一是，在新闻播音实践中，坚持按照普通话的标准，认真探索播音表达技术，严格遵守新闻宣传规律，落实新闻播音语言规范标准。从声韵调到字词句等普通话语言标准把握，从用气发声到口腔控制等吐字发声要领的把握，从停连、重音、语气、节奏等播音技巧的使用到报告、播报的语言表达样式的运用，从感情态度的鲜明体现到政策分寸的准确把握等，解放区各台播音员在播音实践中付出了努力。

二是，齐越《十天播音工作个人总结》《邯郸台口播编辑技术初步经验》《邯郸台播音技术的点滴经验》，温济泽、梅益致延安（陕北）台播音组和播音员的信中对新闻播音的指导和要求，温济泽起草的《从文稿改成口播稿的几个原则》，陕北台的《编辑发稿工作细则》和《口播清样送审办法》，《新华总社经中央批准关于用语的指示》《新华总社关于在使用统计数字时要学习列宁的精细作风的指示》等文献中关于语言规范的论述，尤其是毛泽东关于播音方面的指示，是新闻播音语言规范系统形成的重要的理论基础。

三是，严格认真的创作态度，一丝不苟的工作作风，精益求精的钻研精神，是新闻播音语言规范的直接保障。

延安（陕北）台的老播音员谈了他们的共同体会：当年他们拿到稿件，犹如战士即将奔赴战斗岗位，从来没有想过脱离稿件内容纯粹表现技巧、表现个人。他们首先想到的，也是一心一意追求的，就是如何准确无误地传达好稿件的思想内容和精神实质。他们备稿时一字一句不放过，绝不掉以轻心。每逢遇到不认识、难理解或读不准的字，总是一个个细心查字典，在稿件上注明。发音不准，平时就一遍遍反复练习，请别人纠正。播出时，负责监听的播音员发现哪个字或哪个地方播错了，哪些不符合稿件内容的要求，哪些恰当地表达了稿件内容等，都记录下来，定期检查总结。孟启予到今天仍保存着1948年9月的一份《十天播音工作个人总结》，其中就详细记录着播错、播漏的每个字，断得不当的每个词句，以及播得好的稿件，十分详细、具体。齐越在他的《十天播音工作个人总结》中更多的是认真寻找自己的不足。《北平新华广播电台训练播音方法》指出了播音员的标准，播音应注意的事项，如怎样准备稿件，如何掌握抑、扬、挫、快、慢、轻、重，如何表达语气情感，规定了播音手续，播音员应遵守的制度等。在第5条中这样写道："……每一稿件在话筒上试播，经负责人认为满意后再换另一稿件，到这一节目的各种稿件都能播得合格标准时，即可开始工作。在该节目完全胜任熟练时，除担任该节目之外，同时练习另一节目，至另一节目练习成功后，即可换播该节目，直至全部节目均能胜任为止。"由此可见当时认真严谨的工作作风。

四是，加强马克思主义理论和党的方针政策的学习，注重政治素质培养和政策水平提高是解放区各台播音员在新闻播音中能够把握好宣传口径、掌握好政策分寸、全面深入体现新闻播音语言规范的重要指导和思想基础。

延安台播音员萧岩回忆说，当时除了努力学习外，每天早上都有一个小时的政治学习。在延安（陕北）台播出的稿件中，许多是中央文件和毛泽东同志亲笔写的文章、讲话、宣言、声明等。即使是一般的新闻、通讯、评论等稿件，也都具有很强的政策性。播音员们深知，要播好这些稿件，要把党中央的精神准确、透彻地传达给听众，自己必须首先不断提高政治素养，加强马克思主义理论修养，提高政策水平。所以，在当时战争环境中，无论工作怎样紧张，条件怎样艰苦，他们总是自觉地挤出时间来学习。在全面内战爆发不久，编辑部负责人温济泽同志就向播音员传达了毛泽东同志对战争形势的科学论断。1948年除夕，当时的新华社社长廖承志同志曾亲自带着毛泽东同志写的《将革命进行到底》的新年献词来到播音组，给大家讲解这篇文章的重要意义。每当编辑部总结工作时，播音组同志都参加，工作总结的重点是政策宣传。哪些宣传得很好、哪些宣传得不够，都一一指出。这些都帮助播音员更好地理解政策，提高理论水平，在播音中体现出政策水平和语言表达的分寸。

五是，强烈的革命事业心和高度的政治责任感，是做好播音工作、做好新闻播音语言准确规范的重要保证。

齐越曾说："世界上有各种各样的播音员，我是中国人民的播音员，是中国共产党的播音员，我以此引为自豪！"[1] 延安（陕北）台播音员萧岩是带着"播音工作是重要的政治工作"的认识走向播音岗位的，她说，我体会到做好播音工作最重要的是要有高度的政治责任感。孟启予通过原国民党空军上尉刘善本驾机起义一事，更深刻地体会到广播在革命事业中的作用和播音工作的重要。钱家楣、杨慧琳，在国民党军队进攻延安和陕北时，坚守播音岗位，不顾炮弹在窑洞四周爆炸，一心想的是不能中断党的声音。

六是，积极投身革命斗争实际，深入生活、深入实践、艰苦奋斗、保持同人民群众的密切联系，在播音创作中获得准确、鲜明的思想感情，是新闻播音语言规范系统中感情态度准确规范的重要根基和保障。

当年延安（陕北）台的播音员积极参加各种实际斗争。萧岩回忆说："由于日寇和国民党顽固派的封锁，特别是第二次反共高潮（皖南事变）之后，我们在生活上遇到了许多困难。我们响应党中央提出的'自己动手，丰衣足食'的号召，除了完成自己的本职工作以外，都积极投身生产劳动。在向劳动人民学习、和劳动人民共同生活中，延安（陕北）台的播音员同劳动人民建立了深厚的感情。在太行，老乡们自觉自愿百般警惕地掩护在村子里的广播发射台，敌人派飞机侦察，乱扔炸弹，都无法找到和破坏电台。人民群众尽其所有、豁出身家性命贡献一切的行为品格，深深地印在延安（陕北）台的播音员心间。这也是他们播音中激情的主要来源。"

七是，互相帮助、团结协作精神是促进解放区新闻播音语言规范形成的良好氛围。

《解放区广播历史资料选编》曾记载"训练播音必须注意"的几条中，其中第一条和第四条分别写道，"播音员必须互相帮助，虚心研究""召开技术

---

[1] 齐越.献给祖国的声音[M].北京：中国广播电视出版社，1991：182-183.

座谈会，发挥集体智慧，提高播音技术"①。人民广播最早的播音员徐瑞璋和姚雯就相互切磋播音要领："我们俩每天用《解放日报》练习播音，相互切磋，很快就掌握了播音要领。"②

二、外部条件

外部条件，主要有语言基础、广播基础、新闻节目、编技协作、领导指示、制度保障等。

一是，语文运动（汉语拼音运动、白话文运动、国语运动），提供了拼音，普及了白话文，推广了国语，为新闻播音语言规范形成奠定了语文基础。

二是，旧中国广播事业在技术设备、节目安排、国语标准、播音技巧、业务研究等方面，对解放区新闻语言规范形成具有启发作用。

三是，人民无线电事业的创建发展和延安台的筹建，在技术条件、播音设备、编播队伍等方面，为解放区新闻播音语言规范的形成打下了基础、创造了条件。

四是，新闻节目的安排，大量新闻稿件，包括消息、论、通讯等的播音，尤其是记录新闻这一播音形式的安排，为新闻播音语言规范形成提供了领地，为播音员语言规范的锻炼提供了机会，为"报告""播报"等新闻播音语言样式的建立提供了平台。

五是，毛泽东、刘少奇等中央领导关于延安整风的指示，关于新闻宣传的谈话等，其中对语言的要求，为新闻播音语言规范系统的建立增添了活力。

六是，领导同志对播音员的教育和鼓励，对于播音员增强事业心和政治责任感提供了重要帮助，对保障新闻播音语言规范具有重要的指导作用。

七是，相关的制度规定是实现新闻播音语言规范的制度保证。例如，《中

---

① 中央人民广播电台研究室，北京广播学院新闻系.解放区广播历史资料选编（1940—1949）[M].北京：中国广播电视出版社，1985：189.
② 中国广播电视学会史学研究委员会，北京广播学院新闻系.延安（陕北）新华广播电台回忆录新编[M].北京：中国广播电视出版社，2000：109.

共中央关于宣传工作中请示与报告制度的决定》(1948年6月5日),《新华总社语言广播部暂时工作细则》(1946年6月),《播音手续》(1948年7、8月间),《编稿发稿工作细则》(1948年10月),《口播清样送审办法》(1948年12月),《陕北台播音组关于训练和培养播音员的意见》(1948年10月7日),《北平新华广播电台训练播音员的方法》(1949年3月)等规定和要求,在新闻播音规范上起到了重要的制度保障作用。

八是,编辑、技术人员在播音中的合作,是保障播音语言规范的重要方面。

齐越在《编播之间》一文中写道:"一次广播节目的产生到播出,是编辑、记者、播音员、录音员、机务员等共同劳动的成果。其中,编播之间的关系尤其密切。……编播之间互知甘苦,彼此尊重,相互帮助,密切合作,是人民广播事业的好传统。"播音员徐瑞璋在《重返延安忆当年》一文中回忆道:"我和姚雯都没有播过音,九分队的'秀才'汤汉璋同志耐心地教我们怎样吐字发音,怎样掌握速度。"① 孟启予在《我在延安新华广播电台的时候》一文中回忆说:"我是个南方人,在小学念书的时候学过普通话,平常还凑合,当个播音员就得口齿流利、声音准确。发报、搞机务的同志都热心地帮助我克服困难,纠正字音,查字典,仔仔细细地收听我们播音。哪儿语气不合适啦,情感不够啦,速度快了,或者重点不明确了等,都记下来和我研究。编辑部的同志也常来信鼓励我们,经常寄来各种参考材料,帮助我们分析政治形势,加强我们对党的政策的理解,提高我们的政治理论修养。我就是在党(组织)和同志们的热情而具体的帮助下,对播音工作建立信心,培养了兴趣,得到了进步。"② 齐越回忆说,有两件小事令他至今难忘。1948年电台在平山,编播相距几十里。那时播音用的表计时不准,温济泽同志得知后,立即向廖承志和梅益同志汇报,要求设法解决。几天后,温济泽同志就把一只

---

① 中国广播电视学会史学研究委员会,北京广播学院新闻系,延安(陕北)新华广播电台回忆录新编[M].北京:中国广播电视出版社,2000:114.
② 中国广播电视学会史学研究委员会,北京广播学院新闻系,延安(陕北)新华广播电台回忆录新编[M].北京:中国广播电视出版社,2000:148.

走时准确的表送到播音组。还有一件事,就是那时编辑用的稿纸正面反光,反面粗糙。用有光一面写稿,在灯下反光晃眼,有碍播音。播音员提意见的第二天,温济泽同志就复信播音组说:"接受你们的意见,不要用稿纸有光一面写稿件,已告知部里各同志。"从此,编辑同志都把稿纸翻过来使用。至于编辑对播音的意见,除随时打电话告知外,每天还随稿件送来前一天的收听意见。意见中不仅登记播出差错,还有对字音不准、断句不当的纠正,对文章播法、发声方法等的评述和探讨。

中国解放区新闻播音语言规范研究启示*

一、认识新闻播音语言规范形成的规律性

以延安（陕北）台为代表的解放区新闻播音语言规范系统的形成，是新闻播音内部矛盾运动的必然，是新闻播音内在规律所决定的，我们应该正视、认识和了解这一规律，很好地顺应、掌握和利用这一规律，按规律办事。

从语言层面看，规范是语言自身发展运动的必然结果。"规范作为一种标准，从字面上看好像是外加于语言的，其实它是存在于语言本体之中的。因为语言的规范问题，即语言的正确性与标准性问题，可以说是与语言的产生同步发生的问题。""从语文运动的内在规律来看，规范和反规范本身就是语文生活中普遍存在的、相反相成的矛盾现象。从规范方面说，为了交际的成功，交际双方必须保持代码的相对一致性。因此无论在语言习得过程中，还是在语言运用过程中，语言角色都有一种力求使自己的代码向语言声望较高的代码接近的自发倾向，这种倾向是人类行为的群体趋同性的自然表现，实际上是一种自发性规范。""由于语言具有社会交际工具的这一本质，又使得语言运用标准的趋同性带有更多的必然因素。""由国家机关、语文决策机构、语文研究机构和语文专家所发起和从事的宏观的、全局的、大规模的语文规范活动，是以国家民族的总体利益和长远发展为目标，在对语言文字发展变

---

* 本文原载于《语言文字应用》2007年第3期，收入本书时有改动。

化的总规律的深刻认识的基础上进行的，它是一种社会全体的自觉的规范。自觉的规范对于普遍存在的自发的规范，具有指导、提高和推动的责任和效能。二者相辅而行，是建立规范、实现规范化的根本力量，代表着语文运动发展的总趋势。""自发的规范无疑植根于语言本体。""自觉的规范只不过是自发的规范的科学化、规模化和行政化，归根结底它仍是植根于语言本体之中的。"① 由此可见，规范是语言自身矛盾运动的必然结果。

从播音技术层面看，规范是播音技术自身赖以生存和发展的必需。只有规范，其播音技术才能存在，才具有可操作性，才能运用，才能理解、习得、重复、传承。只有播音技术规范，播音表达才能准确。这里有技术系统本身和其元素的规范、标准、稳定、通用，又有播音技术反映语言自身规律、新闻传播规律的准确和规范。

从新闻传播的层面看，传播的实现、有效、真实、准确，是新闻传播内在规律所要求的，而传播符号的准确、规范，是实现真实、有效传播的基础。新闻语言传播符号的规范，正是建立在符合新闻传播的真实性、时效性、客观性、适宜性等规律和原则基础上的，即只有符合这些规律和原则的新闻语言传播存在，才是实现了新闻传播层面的语言规范。

由此可见，新闻播音语言规范系统的形成是由于其系统内在的矛盾运动所致，也是由语言本身、播音技术、新闻传播对规范的内在要求所决定的。

解放区各台播音员正是顺应了这一规律。在语言方面，认识到了语言自身自发规范的必然，并进行了自觉的规范的抉择，选择以国语为标准的语言系统，并克服各种困难，积极创造条件，严格坚持这一标准；在播音技术方面，积极探索播音技术，按其内在规律和相关原则，努力构建播音技术系统，并力求使其标准化、规范化，以便其理解、运用、传承、习得，以利其对内容的准确表达，如语音纯正，口齿伶俐，停顿、重音等外部技巧的探索、提出和运用等；在新闻传播层面，积极探索新闻传播规律，研究广播传播特点，遵循听觉规律和受众接受心理，遵循新闻的真实性、时效性、客观性、适宜

---

① 戴昭铭. 规范语言学探索［M］. 上海：上海三联书店，1998：1-2, 155.

性等原则，使新闻语言传播符号符合其新闻传播规范的要求，使新闻播音语言规范系统中增添语言表达的真实性、时效性和分寸感的要素。

  解放区电台的播音员，在认识、利用新闻播音语言规范的规律，按规律办事，同时又认真开拓、探索、积极构建新闻播音语言规范系统方面，为我们作出了表率、树立了榜样。在不到十年的探索中，构建了新闻播音语言规范系统，形成了人民广播的播音风格，新闻播音语言传播的质量和效果都达到了宣传工作的要求。这一事实说明，只有认识和承认新闻播音语言规范是新闻播音语言内在矛盾运动规律的必然，把握和利用这一规律，才能逐步构建新闻播音语言规范系统，才能自觉主动地按规律办事。只有按规律办事，自觉主动地坚持新闻播音语言规范，才能保证和逐步提高新闻播音质量。

  回顾人民广播的历史，以延安（陕北）台为代表的解放区电台的新闻播音，坚持做到语言规范，这一时期是新闻播音语言规范要素生成、系统雏形和系统形成的时期，是新闻播音语言规范的一个亮点；新中国成立之后，尤其是20世纪50年代到60年代初期，人民广播事业迅速发展，这一时期是新闻播音语言规范由形成到演进的时期。其间，成长起来的播音员在老播音员的带领下，认真探索新形势下新闻播音的规律，严格按规律办事，坚持新闻播音语言规范，从而保证了新闻播音的准确性，提高了新闻播音的质量，出现了一批新闻播音的优秀作品，在人民广播新闻播音史上占有重要地位，有许多作品在新闻播音史上堪称精品、佳作，至今仍是播音教学和语言研究的范例。新闻播音语言规范演进时期，是人民广播新闻播音语言规范史上的又一个亮点。"文革"期间，人民广播事业遭到破坏，新闻播音语言规范也遭受挫折。这一时期，由于当时大的政治环境影响，新闻播音是高、平、空地整日大喊大叫，播音员没能按照新闻播音语言表达的规律去做，没有也没办法全面认真地坚持新闻播音语言规范，使新闻播音语言规范由演进跌入低谷。这一时期是新闻播音语言规范遭受挫折的时期。拨乱反正和改革开放时期，是人民广播新闻播音语言规范系统恢复、丰富和发展的新时期。从20世纪70年代后期新闻播音的降调到当前新闻播音语言的"三贴近"要求，新闻播音语言规范随着改革开放的不断深入，在探索中不断排除各种干扰，不断地丰富和发展。其间，当重视新闻播音语言的内在规律、坚持新闻播音语言规范时，新闻播音语言规范系统就不断地充实、完善、更新，获得新的生机和活力，播音质量就提高，就会出现一批具有鲜明时代特色、语言准确规范的新闻播音的优秀作品、佳作乃至精品；当忽视新闻播音语言的内在规律、排斥新闻播音语言规范时，新闻播音就难以做到准确无误，难以满足受众需求，难以达到预期传播效果，难以体现其宣传要求和目的，难以实现其新闻价值。新闻播音的历史和实践一再证明，坚持新闻播音语言规范，是新闻播音内在矛盾运动的必然，过去、现在和未来的新闻播音都必然反映这一规律。所以我们必须按照这一规律办事。只有这样，才能使新闻播音语言规范系统具有无限的生机和活力，才能持续健康地发展，才能保证新闻播音质量；反之，如果排斥新闻播音语言规范，那就是无视新闻播音语言规律，不按规律办事，只会受到规律的惩罚，其结果必将导致新闻播音质量下降。所以，必须认识、坚持这一规律。

二、把握新闻播音语言规范形成的过程

以延安（陕北）台为代表的解放区新闻播音语言规范系统的形成是有一个过程的，经历了由基础准备、要素生成、系统雏形到系统形成的发展过程。这说明，新闻播音语言规范的规律伴随新闻播音这一事物的生成和发展，有一个发生、发展的过程。人们认识、把握、利用这一规律也有一个过程。构建新闻播音语言规范系统也有一个由点到面、由表及里、由浅入深的过程。其间应注意探索其规律发生、发展变化的特点，注意把握其连续性，寻求其内在的共通性；注意区分其阶段性，认识其不同时期、不同发展阶段的特殊性；注意其发展趋势，具有创新意识，增强其前瞻性。认识其连续性，把握其阶段性，增强其前瞻性，就要正确处理好继承、借鉴与发展、创新的关系，努力做到在继承中创新、在创新中继承。

从以延安（陕北）台为代表的解放区新闻播音语言规范系统形成的过程可以看到，其形成必须有其基础。语文运动，提供了拼音基础，推广了国语，

普及了白话，为新闻播音语言规范的形成奠定了语文基础。没有语文运动的基础，就没有新闻播音语言规范的语音及语言标准，即汉语拼音、国语（普通话）；就没有能使广大群众（受众）容易接受的通俗易懂的语言样式，即白话文；也就不可能产生简洁通俗易懂的广播新闻，不可能有新闻播音，更谈不上新闻播音的语言规范。旧中国广播事业的产生，在技术设备、节目安排、国语标准、播音技巧、业务研究等方面，对人民广播新闻播音语言规范的形成具有启发作用。人民无线电事业的创建和延安台的筹建，在技术设备、播音设施、编播队伍等方面，为人民广播新闻播音语言规范的形成打下了广播和传播基础。如果没有这样的广播和传播基础，新闻播音是不可能实现的，新闻播音语言规范更不可能产生。由此可见，新闻播音语言规范的形成，具有其一定的也是必需的语文基础、广播基础和传播基础的。今天，我们要丰富和发展新闻播音语言规范系统，也要注意其基础建设，要坚持普通话语音标准，要注意新词新语的鉴别、吸收和合理运用，要注意语言的时代特征，更加简洁、明了、通俗、易懂，贴近生活，贴近群众，贴近实际，要注意广播基础和传播基础条件的变化，在发展变化了的条件和基础上，加强和改进新闻播音语言规范系统的建设。

　　从解放区新闻播音语言规范系统形成的过程可以看到，其形成具有连续性和递进性。从基础准备、要素生成、系统雏形到系统形成，其规范系统的形成是一个连续发展的过程、层级递进的过程、逐步形成的过程，而不是跨越冒进的过程，或简单重复的过程。其规范要素的生成，是建立在语文基础和广播基础上的。使用国语（普通话）播音，采用报告（播报）样式，体现鲜明态度等，这些规范要素，只有在语文基础和广播基础上，在人民广播开始播音的条件下，才能生发出来。而这生发出的要素，又是其规范系统雏形的骨干，没有这骨干、这要素，后来的系统雏形便无从谈起。在这骨干、要素基础上逐渐显现出的三个层面，即语言、播音技术和新闻传播，构成了系统雏形的基本框架。围绕这三个层面，新闻播音语言规范的各种要素逐步生长和丰富起来。例如，语音发声标准响亮，语句处理简练流畅，播音技术综合运用，语言样式口语播报，态度感情憎爱分明，宣传口径把握分寸，传播效果鼓舞人心,等等。正是在系统雏形逐步发展、丰富、完善、成熟的基础上,在人民广播事业整体发展的形势下,在播音队伍壮大加强、新闻播音实践领域大大拓展、播音员注意对新闻播音语言规范整体把握的条件下,新闻播音语言规范系统才能够形成。

从播音员对新闻播音语言规范的整体把握上可以看到其规范系统形成的表现特点:在语言层面,从声韵调到字词句等语言标准的把握;在播音技术层面,从口语通俗易懂到情感态度鲜明等交际有效原则的实施;在新闻传播层面,从新闻信息传达及时迅速的时效性原则到新闻内容把握完整准确的真实性原则,从适应听众听觉和心理需求的适听性原则到把握宣传政策口径分寸的适宜性原则等新闻传播规律,体现在新闻播音语言表达上,其特点是:简洁明快的语言,准确鲜明的态度,亲切朴实的感情,得体大度的口径。我们可以看到,新闻播音语言规范,从要素生成到系统雏形再到系统形成,有一个发展的过程,是有其连续性、递进性和顺序性的,是逐步形成和发展的。不可能在没有基础的前提下就有规范要素生成,不可能在没有规范要素的基础上就有系统雏形,不可能在没有系统雏形的基础上就有规范系统形成;同时,更不可能在没有基础、要素和雏形的前提下,规范系统一下子形成,也不可能在仅有语文基础和广播基础的前提下,不经过要素生成和系统雏形阶段,规范系统便可以形成。认识到这一点,在当前加强新闻播音语言规范中,我们就要保证其连续性,认识其规范连续发展的脉络:要素生成—系统雏形—系统形成—系统演进—曲折—恢复—丰富、发展,强调顺应其发展的规律性,把握其承继性。

从解放区新闻播音语言规范系统形成的过程可以看到,其发展过程有其阶段性的特点。不包括1940年12月30日开始播音之前的准备阶段,从开始播音到开国大典,前后近十年时间,可分为三个阶段,即要素生成阶段、系统雏形阶段和系统形成阶段。各阶段虽依次递进相互联系,同时又有其阶段性的特征。其开播前,即人民广播新闻播音语言要素生成前的时期,可分为基础阶段和准备阶段。基础阶段,是指语文运动和旧中国广播事业的形成和发展。基础阶段的特点是:语文运动,提供了拼音基础,推广了国语,普及了白话，为新闻播音语言规范的形成奠定了语文基础。旧中国广播事业在技术设备、节目安排、国语标准、播音技术、业务研究等方面，对人民广播新闻播音语言规范的形成具有启发作用。准备阶段，是指人民无线电事业的创立和延安台的筹建。这一阶段的特点是，无线电事业和广播事业的性质发生了变化，是人民的。尤其是准备工作，对于人民广播开始播音，是直接的，其在技术设备、播音设施、编播队伍等方面，为人民广播新闻播音语言规范的形成直接奠定了新闻传播基础。延安台1940年12月30日开播，到1943年春暂时停播，是新闻播音语言规范要素生成的阶段。这一阶段的特点是：使用国语（普通话）播音，采用报告（播报）样式，体现鲜明态度等。这里规范的最基本要素已经生成，即语言标准是国语，语言样式是播报，同时，鲜明的态度感情，体现人民广播新闻播音的规范和特征。1945年9月11日延安台恢复播音，至1948年5月23日延安（陕北）台转移到平山播音，是新闻播音语言规范显现出系统雏形的阶段。这一阶段的特点是，新闻播音语言规范系统的三个层面已逐步显现，即语言、播音技术和新闻传播，构成了系统雏形的基本框架。围绕这三个层面，新闻播音语言规范的各种要素逐步生长和丰富起来。例如，语音发声标准响亮，语句表达简练流畅，播音技术综合运用，语言样式口语播报，态度感情憎爱分明，宣传口径把握分寸，传播效果鼓舞人心，等等。系统雏形阶段较之要素生成阶段，新闻播音语言规范有了明显的发展，构建了系统的框架，丰富了其中的要素。从1948年5月23日陕北台平山播音，到1949年10月1日开国大典实况转播，包括全国解放区各地方台的新闻播音实践，这一时期是是新闻播音语言规范系统形成的阶段。这一阶段的特点是规范系统形成。从播音员对新闻播音语言规范的整体把握上可以看到其规范系统形成的表现特点：在语言层面，从声韵调到字词句等语言标准的把握；在播音技术层面，从口语通俗易懂到情感态度鲜明等交际有效原则的实施；在新闻传播层面，从新闻信息传达及时迅速的时效性原则到新闻内容把握完整准确的真实性原则，从适应听众听觉和心理需求的适听性原则到把握宣传政策口径分寸的适宜性原则等新闻传播规律，体现在新闻播音语言表达上，其特点是：简洁明快的语言，准确鲜明的态度，亲切朴实的感情，得体大度的口径。这一阶段较之系统雏形阶段又有质的进展，其规范要素相对成熟，规范层面充分展现，规范系统完全形成。由此可以看到，新闻播音语言规范的发展过程，一方面体现出其连续性、顺序性、递进性，要求我们把握其承继性，另一方面体现出其层次性、阶段性，要求我们把握创新性，这便有一个要正确处理继承和创新关系的问题。正确地处理继承与创新的关系，就要努力做到在继承中创新，在创新中继承，将继承与创新有机地统一起来。

三、建构新闻播音语言规范系统

以延安（陕北）台为代表的解放区新闻播音语言规范由语言、播音技术和新闻传播三个层面组成的系统构成。我们应该注重从整体上把握新闻播音语言规范系统。

新闻播音语言规范的各类元素不是孤立存在的，而是集成在语言、播音技术、新闻传播三个层面上，集合在新闻播音语言规范的系统中。新闻播音语言规范的元素不是单一的，而是多质的、多种类型的。比如，不能认为规范就只是读准字音的问题。要认识到规范包含着多种类型的元素。又如，规范有语音、词汇、语法方面的问题；有态度、感情分寸把握方面的问题；有停连、重音、语气、节奏等播音技术运用方面的问题，有语言样式把握方面的问题等。新闻播音语言规范的多类元素、各个层面，在集成、组合运行过程中，相互作用、相互依托、相辅相成，为构成一个运动系统而发挥作用。比如，播音技术层面，在技术运用规范的实现上，必须以语言层面语音、词汇、语法的规范标准为准，必须符合新闻传播层面中新闻传播的时效性、真实性等规律和原则。再如，态度感情的表达、语言分寸的把握，是建立在音字词句等语言要素规范的标准上；同时，又靠停连、重音、语气、节奏等播音技术体现出来。其中，这些元素也并不是平均用力，而是在各个时段从不同的角度发挥着作用。在相互作用中，共同构成新闻播音语言规范有机统一的系统，共同保证新闻播音规范的实现。

从解放区广播电台的播音实践来看，新闻播音语言规范系统的各个层面，即语言、播音技术、新闻传播，都紧紧围绕着广播的听觉规律和宣传目的运行。在语言层面，为了适听，提出如何使读音更加清晰准确响亮，如何使词语符合听觉要求，使语句明确；在播音技术层面，其停连、重音、语气、节奏的运用，都是为了服务于听觉的要求，服务于播出目的；在新闻传播层面，提出使规范依托和服务传播规律。其中，很重要的方面，是符合听觉规律，符合广播宣传规律。所以抓住听觉规律这一主干，抓住宣传目的这条主线，是把握新闻播音语言规范系统，处理好系统中各个层次、各个要素相互关系和作用的重要方面。由此也可以看到，在把握宣传目的的同时，正确分析和把握媒介的传播特点，是把握好新闻播音语言规范系统的关键。比如，有了电视传媒后，新闻播音语言规范，就应该考虑其视听兼备的特点，把"视"和"听"两个方面作为新闻播音语言规范系统中应把握的主干；在研究听的规律的同时，还要研究视听结合的规律，这样才能在不断发展变化的传播环境中，始终把握住和把握好新闻播音语言规范系统的运行。

新闻播音语言规范系统是发展的、开放的。随着播音创作的发展、创作要素的增加，如前边所说，电视媒体产生和发展，新闻播音语言规范要素不断地丰富，新闻播音语言规范系统中规范的元素、作用也将不断发生量的、有时甚至是质的变化。

认识新闻播音语言规范是一个系统，就要承认这一系统。认识其系统运行的规律，就要顺应这一规律、利用这一规律。在过去的研究中，很多人没有把新闻播音语言规范看成一个系统，而只看成读准字音的问题，更没有从语言、播音技术、新闻传播三个层面来认识新闻播音语言规范系统的问题。所以抓规范，有时不能完全抓到位，许多问题没有纳入规范系统，因而就无法从规范的角度去认识、去要求。在新闻播音实践中也可以看到，凡是从这几个方面去要求规范的，新闻播音质量就提高；反之，就下降。

四、营造新闻播音语言规范环境

以延安（陕北）台为代表的解放区新闻播音语言规范形成过程说明，新闻播音语言规范系统的形成，离不开相应的基础和条件。我们在把握其内在规律的同时，应该注意发挥主观能动性，充分认识和把握其基础，积极利用和营造其有利于新闻播音语言规范系统形成和发展的外部条件。

从解放区新闻播音语言规范形成方面，可以看到其基础和条件在新闻播音语言规范形成中所发挥的必不可少的重要作用。语文运动（汉语拼音运动、白话文运动、国语运动）提供了拼音基础，普及了白话，推广了国语，为新闻播音规范形成奠定了语文基础。旧中国广播事业在技术设备、节目安排、国语标准、播音技术、业务研究等方面，对人民广播新闻播音语言规范形成具有启发借鉴作用。人民无线电事业的创建发展和延安台的筹建，在技术设备、播音设施、编播队伍等方面，为人民广播新闻播音语言规范的形成打下了基础，提供了条件。新闻节目的安排，大量新闻性稿件，包括消息、评论、通讯等的播音，尤其是记录新闻这一播音形式的安排，为新闻播音语言规范的形成提供了平台，为播音员语言规范的实践提供了机会，为"报告""播报"等新闻播音语言样式的确立创造了条件。毛泽东、刘少奇、周恩来等中共中央领导对新闻宣传工作、广播工作和播音工作的重要指示，为新闻播音语言规范要素的生成增添了推动力。解放区各台在广播、播音方面相关制度的建立和实施，使新闻播音语言规范有了制度保证。编辑、记者、技术人员等在播音方面的合作和支持，在播音语言规范方面对播音直接的帮助和指导，为新闻播音语言规范的形成创造了良好的环境氛围。

今天，人民广播新闻播音语言规范经历了要素生成、系统雏形、系统形成、系统演进、曲折、恢复、丰富和发展的一个个不同的历史阶段，具备了丰厚的语言文化基础，积累和呈现了历史的经验和教训。这一丰厚的语言文化基础，这些历史经验和教训，我们在构建新的播音语言规范系统时应高度重视和利用。

当前，无论是政治、经济、科技、文化等大的外部环境，还是广播电视系统内部的条件，都为新闻播音语言规范理论的实施，规范系统的构建、丰富和发展带来前所未有的机遇。

改革开放以来，我国的社会主义市场经济得到迅速发展，人口流动、商品流动、信息流通的范围、规模的频度都远远超过历史上任何时候。现代化在工业、交通业、农业、金融业、商业、服务业及国防事业等方面对于语言文字规范化标准化的要求越来越高，越来越多的人认识到讲普通话、使用规范标准的语言文字的重要性和紧迫性。我们已经进入了信息网络时代，计算机信息处理技术对语言规范化标准化程度的要求越来越迫切，越来越高。我们的综合国力逐步增强，国际地位日益提高，国际交往不断扩大，学习普通话，学习规范的汉语，是越来越多的外国人的需求。2000年10月31日，国家颁布了《中华人民共和国国家通用语言文字法》，推广普通话，推行规范汉字，有了法律的依据和保障。其中，第十二条第一款明确提出："广播电台、电视台以普通话为基本的播音用语。"第十九条明确指出："凡以普通话作为工作语言的岗位，其工作人员应当具备说普通话的能力。以普通话作为工作语言的播音员、节目主持人和影视话剧演员、教师、国家机关工作人员的普通话水平，应分别达到国家规定的等级标准；对尚未达到国家规定的普通话等级标准的，分别情况进行培训。"贯彻落实《中华人民共和国国家通用语言文字法》，国家新时期的推普方略是：以学校为基础，以党政机关为龙头，以新闻媒体为榜样，以公共服务行业为窗口，带动全社会一起做好推广及普通话和语言文字规范化的工作，并采取有效措施推动城市语言文字工作按照国家的要求如期达标。要在2010年前全国初步普及普通话。"三个代表"重要思想的贯彻和以人为本科学发展观的确立，为语言文字规范化进一步提供了思想理论支持和工作动力。规范语言的使用，是人的整体能力的重要组成部分，是人的整体形象和素质的重要体现，是人的全面和谐发展的重要内容。这些大的环境，为当今做好广播电视语言规范化工作、促进新闻播音规范系统的丰富和发展提供了很好的条件，带来了良好的机遇。广播电视事业的发展，播音主持艺术的成长，新闻播音工作的加强，为新闻播音语言规范提供了良好的条件。新闻传播媒体由广播发展到广播和电视，人民广播电台由最初的延安台发展到当今中国内地的几千个电台、电视台（站）；播音员由最初的几个人发展到当今的几万人；新闻频道频频上马，新闻节目数量增加，形式更加多样，整点新闻播出的数量也大大增加。随着新闻节目类型的增加、稿件形式的不同，新闻播音语言的表达样式也在丰富和发展。以播报为主，评述、交谈等不同语言样式都得以呈现。对新闻播音员的职业化训练也逐步加强。新闻播音语言规范系统的构建、丰富和发展，应该充分利用不断增加、发展着的良好的基础和条件，使其新闻播音语言规范系统也能在新的条件和新的形势下，不断充实、丰富和发展。

参考文献：

［1］北京广播学院新闻系.中国人民广播回忆录:1［M］.北京：中国广播电视出版社，1983.

［2］北京广播学院新闻系.中国人民广播回忆录:2［M］.北京：中国广播电视出版社，1986.

［3］北京广播学院新闻系.中国人民广播回忆录:3［M］.北京：中国广播电视出版社，1990.

［4］北京广播学院新闻系.中国人民广播回忆录:4［M］.北京：中国广播电视出版社，1995.

［5］国民党中央广播事业管理处.广播周报［Z］.1934–1948.

［6］齐越.献给祖国的声音［M］.北京：中国广播电视出版社，1991.

［7］王均.当代中国的文字改革［M］.北京：当代中国出版社，1995.

［8］吴为章.广播电视话语研究选集［M］.北京：北京广播学院出版社，1997.

［9］许嘉璐.未成集：论新时期语言文字工作［M］.北京：语文出版社，2000.

［10］杨波.中央人民广播电台简史［M］.北京：北京广播学院出版社，2000.

［11］杨沙林.齐越生平和播音业务活动简编（1922—1993）（征求意见稿）［Z］.2000.

［12］杨兆麟，赵玉明.人民大众的号角：延安（陕北）广播史话（增订本）［M］.北京：中国广播电视出版社，2000.

[13] 姚喜双. 播音导论教程［M］. 北京：中国广播电视出版社，2001.

[14] 于根元. 二十世纪的中国语言学［M］. 太原：书海出版社，2000.

[15] 张颂. 语言文字规范化文集［M］. 北京：北京广播学院出版社，1996.

[16] 赵玉明. 中国广播电视通史［M］. 北京：北京广播学院出版社，2004.

[17] 中国广播电视学会史学研究委员会，北京广播学院新闻系. 延安（陕北）新华广播电台回忆录新编［M］. 北京：中国广播电视出版社，2000.

[18] 中国社会科学院新闻研究所. 中国共产党新闻工作文件汇编［M］. 北京：新华出版社，1980.

[19] 中央人民广播电台研究室，北京广播学院新闻系. 解放区广播历史资料选编（1940—1949）［M］. 北京：中国广播电视出版社，1985.

[20] 周新武. 华东人民之声：华东新华广播电台华东人民广播电台史实［M］. 北京：中国广播电视出版社，1985.

[21] 左漠野. 当代中国的广播电视：上卷/下卷［M］. 北京：中国社会科学出版社，1987.

[22] 上海市档案馆，等. 旧中国的上海广播事业［M］. 北京：中国档案出版社，1985.

[23] 吴少琦. 东北人民广播史（1945.8—1949.9）［M］. 沈阳：辽宁人民出版社，1991.

[24] 方汉奇. 中国新闻事业史：第二卷［M］. 北京：中国人民大学出版社，1996.

[25] 方汉奇. 中国新闻事业史：第三卷［M］. 北京：中国人民大学出版社，1996.

未来播音主持艺术的展望*

播音主持艺术随时代的发展而发展。其发展一方面是外部条件的不断改变，另一方面是其自身矛盾运动的必然。展望未来也应从上述两个方面着眼。纵观播音主持艺术发展的历史，联系其他事物的发展规律，对其未来可以有这样一个基本估计：变与不变的有机统一。其变中有不变，不变中有变，未来的播音主持艺术创作活动正是在这变与不变的各要素、系统、运行机制的有机统一中存在着、发展着。具体来讲，就是播音主持艺术创作的外部条件不断变化、内部要素不断优化，就这一点来讲是"变"；尽管外部条件和内部要素都不同程度地发生着变化，但传与受这个事物还存在，这一矛盾运动的基本性质没有改变，从这一点来说是"不变"。这"传与受"，不因媒体的更迭而消失，也不因媒体的融合而融化。它会在更迭的竞争中变得更强，在融合的集成中变得更壮。由此可见，"化为泡沫"的悲观论点，故步自封的停滞心态，都是不可取的。我们未来的工作，就是要主动适应变化的条件，正确地认识和科学地把握矛盾的性质和基本规律，优化各个系统、要素，使"变"与"不变"在新世纪更加有机地统一。

一、作用于未来播音主持艺术发展的主要因素

21世纪，作用于播音主持艺术发展的主要因素，一个是外部条件的变

---

* 本文原载于《语文建设》1999年第6期，收入本书时有改动。

化，另一个是内部要素的优化。

时代的发展，科技的进步，信息社会的形成，知识经济的到来，文化艺术、政治经济、思想观念上的变革等，这些一方面形成了促使播音主持艺术发展变化的外部条件，另一方面也为播音主持艺术创作提供了无限鲜活丰富的内容。外部条件的变化，促进了播音主持艺术自身条件的变化；内容的更新，促进了播音主持艺术自身各要素在不断地优化。当然这种优化的实现，最终还要播音主持艺术创作内部动因起作用。

具体讲，科技进步、经济改革落实在广播电视等媒体的传播上，导致了传统工具的更新，使传播条件改善，传播媒体增多，传播方式变革，呈现了信息传播的全球化、传播技术的数字化、媒体管理的产业化、媒介运作的市场化、传输方式的集团化、传播人员的职业化、受众需求的多元化、沟通方式的交互化等。这一切又使得播音主持艺术的创作条件、创作环境、创作工具、创作手段、创作样式、创作观念、创作依据、创作状态等都在发生着变化。就播音主持艺术创作的环境、工具看，信号上星入网，单一线性传送变为多媒体传播、模拟技术变为数字技术、录音调音台变为音频工作站、线性编排变为非线性组合、实景录像棚变为模拟（仿真）演播馆、现实场地变为虚拟空间，等等。现代社会发展，使得信息来源丰富，播出数量增大，传播频率加快，直播节目增多，受众更加主动，交流更为便捷，节目相对独立，媒体竞争激烈……这一切随时随地都在影响着未来播音主持艺术的创作样态，都在作用于播音主持艺术的发展趋势。

二、播音主持艺术的发展趋向

研究播音主持艺术的发展趋向，既要紧紧抓住其基本矛盾运动规律和由此产生出的基本特征，又要全方位、多角度来阐明其表现形态。

一是，时代特征与中国特色的统一。即21世纪所呈现的信息社会、知识经济、科技发展、全球一体的现代化的时代特征与建设具有中国特色的社会主义现代化和建设具有中国特色的广播电视事业的有机统一。这是播音主持艺术所应有的总的、大的发展趋势。这就要求我们在研究播音主持艺术发展趋向时，要有清醒、科学的分析：既要展望新的世纪，又要看到初级阶段；既要看到全面的发展和变革，又要看到分步骤、分阶段、分层次、分地区的逐步实施的过程；既要讲究传播规律，又要强调宣传的职能；播音员和节目主持人既是传媒人更是党的宣传员。

二是，"传与受"始终贯穿播音主持艺术的昨天、今天和明天，贯穿于播音主持艺术创作的始终。"传与受"是播音主持艺术创作的基本矛盾。抓住了这一个矛盾运动规律，就抓住了播音主持艺术生存和发展的规律。"传与受"随着人类的产生而产生，发展而发展。现代社会，它在媒体安家。它用播音主持艺术创作解释自己，但它不会因为媒体的更迭而消亡，也不会因播音、主持字面名称的变化而消失。今天叫"播音员""主持人"，明天叫"传媒人""传达者"，这些称谓都无关紧要。无论是广播、窄播还是交互式传播，传的主动性和地位并没有改变，"传与受"这一矛盾的基本性质没有改变。

三是，"播音员""主持人"界限缩小，趋于融合。这是因为上边所论述的播音主持艺术创作的基本矛盾运动所致。"播音员""主持人"的称谓都只是一个过程，其本质和最终结果都是"传播者""传播主体"或"创作者"。从未来发展来看，播音员和主持人所从事的创作活动越来越趋于一致。在播音中要编排、要交流、要主持，在主持时要传达、要报告、要播出。事业的发展，由因人设岗、因人论岗，变为以岗定人、因事论人。关键不在于你叫"播音员"还是"主持人"，关键在于你从事的是否是播音主持艺术创作活动。未来的人才培养规格要求一专多能，由单一型变为复合型，播音员、节目主持人实际的融合会在新的世纪变为现实。

四是，播音员、节目主持人部分脱离媒体，出现"制播分离"或部分"制播分离"现象。由于媒体增多、竞争激烈、产业化的管理、市场化的运作，也由于传播的集团化、节目中心制，使得一些非新闻类播音员、节目主持人如娱乐节目、综艺节目、少儿节目、专题节目、体育节目、科技节目等的主持人首先脱离某个媒体，伴随节目独立走向市场，以便服务于更多的媒体。新闻节目的时效性、政治性决定了在未来的时间里，新闻播音员和节目主持人仍然会就职于某个媒体。

五是，播音员、节目主持人职业化程度加强。越是传播技术的现代化，越是要求规范化；越是管理的产业化，越是要求规范化；越是运作的市场化，也越是要求规范化。规范化，决定了播音员、节目主持人的职业化。规范化程度越高，其职业化要求也就越高。只有职业化的高水平，才能在未来的现代化、产业化、市场化中具有适应力、竞争力和生命力。其规范性的要求是多方面的。它包括作为广播电视等媒体的新闻工作者所应具有的基本素质，职业道德、纪律、语言的规范（按照国家等级标准要求上岗，未来人机对话、人机互动、人机并用信息化社会，科技含量高的广电等传媒会率先使用，到时，语言不规范难以工作），还包括评估体系标准的规范等。

六是，播音员、节目主持人管理的专业化、制度化程度提高。由于"制播分离"，一些播音员、节目主持人脱离媒体，走上社会，由于媒体和社会对播音员、节目主持人要求的职业化、专业化程度的提高，由于市场机制需要一个相同的管理标准，给人以平等竞争上岗的机会和权力，要求国家主管部门设立或委托专门委员会进行专业宏观管理，制定相关法规法纪，依法管理。其管理不仅仅是"有了任务、有了工作去做"，还应该包括主动的测试、评估、监控、审核等。管理部门要制定各个等级的上岗标准，定期组织专业人员考核认定专业资格、水平，颁发相应证书，进行跟踪管理，定期抽查、考评。

七是，中央、省、市电台、电视台等无论大台、小台，无论多媒、单媒，所有媒体的播音员、节目主持人站在同一个起跑线上。由于传播信号上星、入网都是面向全球播的，收看省台播音的已不仅仅是某省的观众，信号上星、入网，无论何地，有相应接收器的人都可收到。这就要求各级电台、电视台的播音员、节目主持人都要具有国家意识，都应具备对内对外宣传的素质要求，要求各级电台、电视台的播音员和节目主持人都要达到较高水平。播音员和节目主持人对媒体的依赖性越来越小，一些人也不能再靠着电视台光环生存了，要凭真本事在竞争中站住脚，脱颖而出。

八是，在一段时间内，播音员和节目主持人的更换会更为频繁，而媒体

对人员需求的增长速度会放慢,如人员更换频繁,但岗位数量不会有更多的增加。这一方面是企业化管理和市场化运作,要求每个人的工作都要满负荷,不像过去那样有的人一天就播五分钟了。激烈的竞争,也要求播音主持人员一专多能。所以,一些不适应者或素质达不到要求者会纷纷下来,或转岗,或去学习"充电",以提高自己素质、能力和专业水平。一些人则会认为自己具有较高水平而前来应聘。中央、省、市台间,各媒体间,节目和栏目间,人员相互流动会比过去更为频繁。一段时间后,岗位相对稳定,人员定位趋于准确,其属于盲目流动现象的部分会相对减小。另一方面,媒体对人员的选择则会更准确、更成熟、更符合宣传的需要和市场的要求。

九是,播音主持人员的素质会更高,适应力会更强,种类会更多,个性会更鲜明。

(1)电台、电视台、网络等电子媒介相互融合,使得播音员、节目主持人不光能在电台主持,也能在电视台上镜主持。

(2)节目分化越来越细,主持种类越来越多。例如,文艺节目主持又可细分为综艺类、娱乐类等,少儿节目主持也可有讲述式、游戏式、表演式等多种。细化后岗位多了,可能会出现一人多岗,这更要求主持人的适应能力要强。

(3)由广播到窄播再到交互式传播。21世纪不光是信息社会,更是美学的世纪,既要传播信息,也要出精品。这就要求主持人要具有较高的知识素养、专业水平和能力,富有较为鲜明的个性特征和人格魅力。

十是,播音主持艺术创作的属性呈多质性,播音主持艺术学科的知识构成呈复合型。其创作既有再造性,也有创造性,是再造和创造的统一。从对其符号系统重新构建来看是创造,从对前一次创作过程创作后所形成的创作素材来看是再造。这创造和再造,有时交互进行,有时同时展开。由于其技术含量增多,其知识结构表现为以新闻、语言、艺术、技术为主要板块的集成,是各知识结构群的有机统一。

十一是,播音主持艺术创作的观念将更为开放,创作状态更为主动,创作手段更为丰富,语言表达更加多样(读、播、报、讲、谈、说、诵等),副语言应用范围更广，创作分类的划分更细。

十二是，创作主体知识结构加大，技术含量增多，能力增强。创作主体具有多种功能，以播为主，采访编辑兼做；以节目为单元，广播电视兼播。对创作主体能力方面的要求更多。上述各方面情况的发展，条件的变化，使得创作主体要具有政治辨别力、敏锐观察力、现场反应力、转换应变力、快速记忆力、信息采集力、语言表达力、艺术审美力、技术操作力、策划创新力、节目制作力、市场竞争力、媒体适应力、心理承受力、整体驾驭力、综合协调力，这样才能把握播音主持艺术创作的基本矛盾运动。

在上述新的变化中，创作主体的创作主导地位没有变，依然是播音主持艺术创作矛盾运动的主要方面。创作主体作为党的宣传员、新闻工作者的身份没有变。创作主体运用规范化语言及副语言进行传播的手段没有变。尽管有数字机器参与，那只不过是语言的帮手、辅助而已。不能代替创作主体自身语言的表达。播音工作的性质没有变，播音的创造性在新的条件、新的形势下将更加充分地显示和发挥。

十三是，播音创作依据，节目稿件、音乐、画面、音响等要素，都发生着不同层次的变化。节目的中心地位日益显现，人们的节目意识日益增强。部分节目脱离媒体而独立走向传媒市场等；稿件形式多样化，稿件体现形式立体化，稿件有形和无形地弹性化；音乐、音响电脑化、仿真化；画面图像多维化、立体化等。但是各种创作素材的创作依据的地位没有变。

十四是，受众在新的时期，素质日益提高，审美能力增强。传播方式的多样性，多媒体、网络等由广播到窄播到交互式传播方式的形式，使媒体分类更细，接收和反馈更为便利，越来越呈现较强的主动性和选择性。但是受众的接收规律没有变，依然是物理—生理—心理的运动过程；受众的民族审美心理没有变；受众的地位也不因其主动性增强而改变。

三、继往开来，迎接挑战

在即将迈进 21 世纪的时候，我们已经看到了未来播音的样态特征，如前

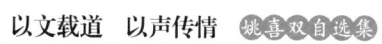

面所概括的:"变与不变的统一。"那些"变的因素",给我们提出了挑战,同时又给我们提供了机遇和新的领域;那些"不变的因素",为我们积累了经验,同时也给我们提出了在新形势下如何运用这些经验的新的挑战。可见,面向未来,迎面而来的挑战是多方面的。我们只有勇敢地迎接挑战,在不断地解决新的课题中发展和前进。

在播音主持艺术创作实践中,创作主体是矛盾的主要方面,这里提出挑战主要是针对创作主体而言。迎接挑战,就是要求创作主体能够做到适应、优化和统一。即主动适应外部条件的变化,优化内部要素的构成,使"变"与"不变"的因素在播音创作中有机地统一起来,使播音主持艺术创作在新的天地里获得更大发展。

在时代的科技、经济、政治、文化促进传媒的发展和变革中,播音主持艺术创作主体应进一步提高自身的政治文化素质,不断更新观念,扩充现代知识结构,增强掌握和运用现代传媒手段和工具的能力,提高语言功力和语言表达水平。因为越是与机器结合,越要求语言的准确规范,提高运用变化了的创作素材进行播音主持艺术创作的能力。进一步树立为受众服务的意识,满足受众更高的信息需求和审美追求。科技的发展、传媒的进步,已经把广播和电视、中央台和地方台的播音员都推到了一个平台上,形成了平等竞争的状态,这对广大播音主持艺术创作者是一个很好的机遇,一大批优秀的播音员和节目主持人必将应运而生。他们以节目为单元、以播音为主业,做到:既能播音,也会主持;既能干广播播音,又会做电视播音;既能采访,也能编辑;既能创意策划,也能制作节目。他们会成为高素质的播音主持艺术工作的创造者。

在播音主持艺术理论研究方面,要坚持正确导向,拓宽研究领域,紧密结合实践,服务传媒一线,总结历史经验,关注国际传媒,紧紧抓住规律,加强预测研究,组建研究梯队,活跃学术空气,开辟传媒市场,形成良性循环。

在播音主持艺术教育方面,要更新观念,加大改革力度,根据传媒一线对未来人才的需求,拓宽人才培养口径,提高人才培养规格,更新人才培养方法，注重学员素质教育，因材施教、分类指导，做到发挥特色与拓宽口径、强化基础的有机统一。培养更多更好的具有较高素质和创新能力的一专多能的播音主持合格人才。

在未来发展的世界中，在不断变化的条件下，受众始终需要有声语言的传播。播音主持艺术创作的基本矛盾仍然存在，并不断以新的更加多样的形态呈现出来。播音主持艺术创作主体通过自身素质的提高、创作要素的优化、"变"与"不变"因素的有机统一，必将使播音主持艺术创作进入更广阔的天地。

真情永恒*

——读《用生命播音的人——忆齐越》有感

在这个世界上,我们每个人拥有的东西都是有限的、暂时的,而真情则是无限的、永恒的。真情还可以给人以无穷的艺术创造力,给作品以无限的生命力。我的师母杨沙林所著的《用生命播音的人——忆齐越》,就是用真情写成的。

齐越是我国人民广播第一位著名男播音员,我国第一位播音学教授,从战争年代到改革开放年代,他播出了许多重要新闻和通讯,他的播音激励和鼓舞了两代人,他为中国播音学的建立、为播音教育的发展作出了突出贡献,堪称中国播音界的一代宗师。

《用生命播音的人——忆齐越》是一本较为真实、全面地记录齐越播音生涯的传记,它记录了齐越儿时的家境、少年的向往、青年的追求;记录了作者和齐越大学时期在追求革命真理的共同志向和活动中,从初恋到结为终身伴侣的情景。此书更多的是讲述了齐越从陕北新华广播电台开始到在北京广播学院任教的46年的播音创作和播音教学生涯;后两章概述了齐越逝世后广大听众、同行、学生对他的怀念。

作者以独特的视角、真切的情感、平实的基调,实事求是地记录了齐越的播音生涯。正如作者所说,这本书"是我和齐越50年风雨悲欢的真情记录。希望通过这本回忆录,由历史的镜子中,对他的优点不拔高,缺点不隐

---

* 本文原载于《新闻战线》2001年第3期,收入本书时有改动。

瞒，使读者能实事求是地看到齐越的本来面貌——一个正直的知识分子；一个酷爱播音事业、视播音为生命的播音员；一个光明磊落、襟怀坦白、表里如一、呕心沥血、教书育人的合格教师；一个严谨勤奋、一丝不苟、赤诚认真的革命者；一个热爱党、热爱祖国和人民的忠实的、真正的共产党员"。

从这本书中，我们感受最强烈的，就是齐越的真情。

齐越的真情，贯穿于他一生的播音创作。正如师母所说，解放战争时期，齐越就把自己的一颗心献给了播音事业，也献给了人民。那时他播的毛主席为党中央起草的文件、各地战报，体现了他青年时代最赤诚的激情，没有这种赤诚的激情，不可能播出体现人民愿望的史诗。新中国成立后，他成功地用声音讴歌了一个个光辉形象：王崇伦、雷锋、焦裕禄、王进喜、吴吉昌、吴运铎、王若飞、彭德怀、周恩来……他为这些人物的精神感动着，全身心地投入播音创作。他播先进，学先进，与先进人物的伟大人格和高尚品质融合在一起。

研究齐越的播音创作，我们就会发现，真情——是他创作的核心，是他创作成功的关键。正如他自己讲的，人民的播音员必须自觉地同党和人民在思想感情上保持高度一致，和党、和人民共甘苦、同爱憎，才能在播音中感情充沛。爱憎分明的感情一是要真，二是要准。真，就是感情要真实。播音中只有动真情，才能引起听众的感情共鸣。要播出真情，首先播音员自己要对稿件内容产生真情实感，心中掀起表扬所爱、鞭挞所憎的感情波涛。准，就是感情的表达要准，掌握分寸。感情的表达要恰如其分，符合党的政策原则，符合党的新闻工作者的身份，不能以个人的好恶代替党的政策。这种分寸感，对于播音创作的成败至关重要。齐越老师对播音创作中真情的核心地位，其属性、其表达的分寸作了明确的阐述。齐越老师认为，生活实践是引发想象、激发感情的基础和源泉。没有鲜明的态度、真挚的感情，播音是不可能感动和说服听众的。

在缅怀齐越老师的座谈会上，师母说："齐越是用生命播音的。"马尔芳老师等许多和齐越共事多年的老同志都称他是一个用生命播音的人。大家回忆说，每次播音，他都要全身心地投入进去，播完后，吃不下饭、睡不着觉。

齐越说:"话筒是我的战友流血牺牲换来的,我们这些幸存者坐在话筒前工作,不敢有丝毫的怠慢。"1987年9月,他参加在北京举行的一场"星光"诗歌朗诵会。他朗诵陈毅的诗《梅岭三章》。这是他最后一次登台朗诵。那时,他身体不太好,家人和亲友劝他朗诵别太激动,他说:"不激动行吗?我不能给观众一杯白开水,也不能对不起陈老总。"

齐越老师在播音创作中的真情,还体现于他对同行的关爱、支持和帮助。徐恒老师回忆说,那时新闻节目都是直播,"联播"节目发稿时间紧、内容多;备稿时他根据稿件内容分配给男女声,难播的稿件一般都留给自己。话筒前他那声情并茂的创作状态,会把你带动起来,较深入地进入内容。他播时热情洋溢,你播时他用心倾听,你的声音一停,他就极自然地衔接下去与你呼应,该连的连、该停的停,使节目成为一个有层次的创作整体。播后,他会细致地告诉你哪一条、哪一处播得好,哪一点分寸失当,如何处理更好,既使你有所收获,又无生硬之感。总之,跟他在一起播音,你能深切体会到播音创作的真谛、播音创作的愉快,他使你在播音中常播常新,不断提高。在业务上,他从不以我的老师自居,使我确实从他那里学到很多、很多。齐越老师对同行的赤诚、关爱、真诚帮助,赢得了众多同行对他的敬重和发自内心的赞誉。

在《用生命播音的人——忆齐越》这本书中,有三章叙述齐越老师的教学活动,写他对基层播音员、青年教师、在校学生和研究生的培养。在随导师学习的过程中,我们更是亲身领受到了他对我们的一片真情。

导师常说:"我培养的是人!"他对学生的真情体现在严格与爱护的统一上。他十分强调年轻播音员和青年学生的个人修养。他曾提出"播音三戒":一戒自我表现,二戒随心所欲,三戒千篇一律。他反对在话筒前卖弄声音,炫耀技巧,自我表现,自我欣赏。他认为,播音工作虽然是出名的职业,但它更是党的事业的一部分。如果没有同行的支持、领导的关怀,是完不成任务的。他言传身教,从不以名人、专家自居,当有人称他是著名播音艺术家时,他说:"我只是一个普通党员,一个老播音员。"他对学生们和青年播音员说,成为名播音员,不是终点,是新的起点;是党向我们提出的更高的标准,更严的要求，要求我们努力作出更大的成绩，不断攀登播音艺术的高峰。

齐越老师对我们的真情，体现在他对我们的严格要求上。他用延安精神引导教育我们，培养我们养成一丝不苟的创作作风和工作作风。他要求我们每次播音都要从零开始，舍得花力气，不能认为某些稿子不重要或听众少就不认真对待，就掉以轻心。

齐老师对我们的真情，体现在他总是希望我们创新，总是希望学生胜过导师。一次，他带着敬一丹和我研究写一篇关于播音创作道路的文稿。经过讨论，我们三个人的意见并不完全一致，齐老师并没有要求敬一丹和我的表述向他靠拢，而是鼓励我们把自己的见解写下来，并将3份文字稿一同交到了系里。

齐老师对我们的真情，还体现在他对我们以诚相见、平等相待。我们既是师生，也可以展开同志式的相互批评帮助。在一次党员会上，敬一丹给齐老师提了意见，希望他带研究生时不要过于严厉，以免使学生对他敬而远之，由于紧张而抑制创造力。事后，听说齐老师郑重地和党支部书记谈道，学生的意见使他受到了震动。过了几天，齐老师把几个研究生找来谈心。他跟大家谈了自己的身世和经历。学生们也都敞开胸怀，谈了自己的情况和遇到的困难。两个多小时的同志、亲人般的交谈，使师生间加深了了解、沟通了心灵。齐越老师不但可敬，而且可亲！

"喜看后浪推前浪，更愿学生胜老师。"毕业时，齐老师带我们4个研究生特地到大北照相馆照了一张正规的合影。这两句话是他在照片后的题词，代表了他真诚的心愿、真挚的情感。如今，导师虽然离开了我们，但我们总感到导师仍在我们身边，用他那慈爱的目光注视着我们，导师的教诲总是响在我们的耳畔，导师的真情永远珍藏在我们心间！

功力·能力·亲和力：主持人成功的关键*
——由中央电视台"荣事达"杯主持人大赛想到的

中央电视台"荣事达"杯主持人大赛有3000多人报名，是历届大赛报名人数最多的一次。经过层层选拔，有20名选手进入决赛。

在竞赛过程中，主持人通过文化等综合知识的笔试，通过面试录像、现场比赛、参与节目制作，展示了水平和能力。

笔者参加了竞赛的策划并担任评委，参加了初赛、复赛、决赛的全过程，感受最深一点的就是，一个主持人要想取得成功，就要具备"三力"，即功力、能力、亲和力。这里的关键取决于语言功力、组织能力和人格魅力。语言功力，主要包括主持人的普通话水平和语言表达的基本功。作为一名合格的主持人，起码应该达到国家规定的普通话水平等级标准。在这次比赛中我们看到一些普通话水平有距离的选手没有能够入围，有些因为普通话的差距影响了语言的表达和主持的效果，所以进入决赛阶段的选手普通话水平比以往历届赛事进入决赛的选手都高。语言功力还包括语言的表达能力、思维的反应能力。一些选手笔试尚可，有的成绩还不错，但是到竞赛现场有声语言的表达和体态语言的运用不甚理想：有的表述不准确，有的说法不得体；有的语句欠简练，有的语言不流畅；有的表达无主次，有的重点不突出。尽管脑子里想到了很多东西，但是有声语言表达不到位，也影响了成绩。例如，有的把"离休"说成了"退休"；有的主持服务类节目，对采访对象直呼其

---

* 本文原载于《语文建设》2001年第9期，收入本书时有改动。

名,显得不礼貌……有观众统计,中央电视台"荣事达"杯主持人大赛复赛四场看下来,39位选手共用了"那么"一词568次。

功力,还包括选手的新闻基本功,即本身所具有的新闻素质、新闻采访和对事件评述的能力。复赛的满分是10分(包括新闻评述、艺术阐释、外语表达、整体印象四个方面),新闻评述一项就占了7分。在复赛中有的选手新闻功力较好,具有较强的新闻敏感和现场反应能力,看完大屏幕上的新闻事件后,能很快抓住具有新闻价值的新鲜点,找准角度,对新闻事件的评述比赛深入。在现场采访中,也能够很快与采访对象沟通,找准切入点,将所需的采访内容共同表达出来;而且时间掌握得也比较好,能在规定的时间内,完整地将意思表达出来,既不延误,也不空场。这也显示了一个选手准确地把握时间的新闻基本功。

功力还包括艺术感悟力。有的选手有很好的艺术感受力,对事件的评述生动鲜活,感情态度恰切,分寸得当。在艺术阐释中,对文学所表现的意境、音乐所表达的场景、舞蹈所传达的情感……都能够有深切的感受和准确的表述。

功力还包括对广播电视传播手段和工具的使用的基本功。例如,有的选手对摄录技术系统熟悉,具有较好的镜头感;有的选手对话筒的性能了解,声音的运用、音量的控制都比较适度,这样传播效果比较好;而有的选手没有很好地考虑话筒的扩音作用,主持大型的文艺晚会用声量达到极限,声嘶力竭地去喊,尽管显得十分主动活跃,但实际效果并不好。组织能力,即现场驾驭和组织节目的能力。节目主持和大赛实践使我们进一步认识到,如果一个人只是具备了较高的文化水平、较厚的知识积累、较深的语言功底、较好的屏幕形象,还不能说这个人就能主持好节目。这里的关键就是要看他在此基础上是否具有现场驾驭和节目组织的能力。这能力主要包括自制、控制力,反应、应变力,组织协调力。

自制力是对自身把握的能力,它包括主持人对自己心理语言动作的把握控制能力。有的主持人在赛前各项准备已很充分,但由于心理紧张,一上场就乱了阵脚,结果前功尽弃;有的心理承受能力差,赛事进行中,稍有干扰和不顺，便影响其语言表达和正常发挥；有的语言过碎，让人感到主持人是在不停地唠叨；有的动作过大，主持人好像是在表演……这都是主持人自制力不好的表现。

控制力是指主持人对整个节目进程的控制和把握的能力。它包括对现场气氛的把握、内容传达的安排、观众情绪的调动。好的选手既能使节目有条不紊地进行，又能与观众进行恰切的交流，还能主动地调节现场气氛，对节目进程的把握收纵自如，富有节奏感。有的主持人缺乏驾驭能力，整个节目下来，没有体现控制和把握的主动性，只是勉强地"跟"下来、"蹚"过来；有的虽有控制，但张弛不当，或显过促过紧，给人慌乱之感，或是过缓过慢，使内容拖沓松散。

应变力和反应力是指对事先没有准备的问题和现场临时发生的问题的判断、处置能力。判断是否正确、处置是否迅捷、临场发挥是否精彩，从不同方面体现应变反应能力。同样的知识储备，却会有不同的应变能力。面对现场提问，有的人回答机智巧妙，有的人回答不尽完整；面对同样的问题，当正面回答难以奏效时，有的人无言以对，有的人侧面回答，妙笔生辉；当主持现场出现一些未预料的事情时，有的人措手不及、难以应对，有的人视而不见、游离现场，有的人则抓住机遇、临场发挥，又进一步增强了传达的效果。

组织协调力主要是指节目主持人对节目内容的安排、节目环节的把握、节目主题的引领、节目风格的展示以及对构成节目进程中各个环节和系统的组织和协调的能力。有的主持人对节目内容事先安排精巧合理，有的主持人对内容的安排重复累赘；有的主持人对内容的组织单刀直入、切入主题、引人入胜，有的主持人绕来绕去、文不对题；有的主持人根据内容风格的要求从着装、语言表达、现场气氛的把握，都能做到和谐统一，有的主持人未能顾及风格内容的要求，在谈论严肃话题时也着装亮丽，面带微笑，其表达和内容风格很不协调。

亲和力，这是主持人大赛选手赢得胜利的最重要的一条，那些获胜的选手往往在这一点上有出色的表现。亲和力最集中的体现就是人格的魅力。评委和观众主要是看主持人如何给自己定位，以及如何处理好与稿件的关系、节目内容的关系、节目要素的关系，如何处理好与被采访对象的关系，与合作伙伴、创作集体的关系，如何处理好与观众的关系等。亲和力及人格魅力的实质是摆正位置、真诚服务。在处理自己与稿件、节目内容的关系上应该是进入内容、投入内容，根据内容的需要、根据节目的要求来设计自我的形象，把握语言的分寸，传达稿件的情感，体现节目的风格；在处理自己与采访对象的关系上应该是摆正自己的位置，给采访对象创造、展示和表达的条件，善于倾听、引导自然、交流得体，而不是抢镜头，与采访对象一比在镜头前的高低；在处理自己与合作伙伴、创作集体的关系上应该是充分认识到节目的成功是集体智慧的结晶，自己只是节目制作过程中的一分子，应该尊重他人的劳动，应该体谅别人的艰辛，而不是高高在上、唯我独尊。有些人节目没有主持好，既怪灯光不到位，又嫌音乐不配合，还嫌镜头没跟上，怨天尤人，其实质就是没有摆正位置，没有协调好跟其他合作者的关系。在处理自己与观众的关系上应该是真诚服务，而不是哗众取宠，显示自我，应该相信观众的理解力、创造力，只有这样，其形象才能具有亲和力。

梅益谈播音工作*

梅益同志是我国广播战线上的老战士，是我国广播电视事业的主要开拓者和领导者之一。他十分重视播音工作，对播音工作有过一系列指示和论述，其中涉及播音的性质、地位、作用、风格、技巧、队伍建设等。这里面的许多观点和见解对当前播音主持艺术的理论研究、播音与主持艺术专业的教学和播音主持艺术创作实践仍具有指导作用和参考价值。

梅益论播音贯穿于他关于广播电视工作的许多文章、谈话和指示及相关文件中，其中主要见解和观点较为集中地反映在下列篇目中：《如何加强与听众的联系》（1950年）、《广播的特点、对象和任务》（1952年12月11日）、《播音员的努力方向——在中央台[1]播音业务学习会上讲话摘要》（1955年4月2日）、《播音风格多样化——同中央台播音组同志的谈话》（1961年1月26日）、《播音员应成为党的出色的鼓动员——给中央台播音组的复信》（1961年2月14日）、《研究怎样取得最好的播音效果》（1961年11月19日）、《如何播送大文章和文件——和播音部同志的谈话》（1963年7月31日）、《为进一步提高广播、电视宣传的质量而奋斗——宣传业务整改提纲（草案）》（1964年3月10日）、《给齐越同志的信》（1965年12月4日）、《悼念齐越同志》（1998年12月）。

在论述播音工作性质和地位作用时，梅益认为播音不是纯传播、纯艺术。

---

* 本文原载于《现代传播（北京广播学院学报）》2002年第5期，收入本书时有改动。
[1] 此文中的"中央台"指中央人民广播电台。

他指出，播音工作和党的其他宣传工作一样，是向广大人民进行宣传教育的。他说播音工作是编辑部节目播出的最后一道工作，它体现了编辑部为制作一个节目所付出的全部劳动，又代表电台和听众直接接触，对宣传质量的影响很大。一个播音员虽然不能把坏文章播成好文章，但可以把好文章播得支离破碎，也可以给好文章锦上添花，使它具有更大的感染力。因此，我们对播音工作必须有十分严格的要求，同时又必须尊重和关心播音员的劳动，为他们提供必要的条件。

梅益同志最早提出播音是创造性劳动的观点。他指出，应该让播音员，在目前情况下让一部分播音员对稿件的处理有较大的自由，也就是说，要让他们有较宽阔的活动范围，以进一步发挥他们的创造性。他说，播音是一种语言艺术，它是个人的创造性劳动，但同时受到稿件的制约。在这一点上，播音员很像舞台上的演员，高标准的播音工作要求播音员通过朗读，把稿件的意义和感情恰如其分地重现出来。要做到这一点，播音员不但要充分掌握稿件的含义，而且要有和稿件精神完全相吻合的感情，使对立的双方达到充分的一致直到完全融合的境界。

梅益同志论述了作为一名合格的播音员所应具备的三个条件。他说，做好播音工作，首先要有一定的政治觉悟和较好的思想修养，还要有一定的文化水平，再加上必要的技巧。好的思想修养是做好播音工作的重要条件。一个人的行动是受他的思想指导的。政治觉悟很重要，这是立场问题。他说，要想通过我们的播音去感动别人，首先我们自己要被稿件的事情所感动。梅益同志在谈到播音创作感情问题时说，感情不能造作。别人和我们谈话的时候，我们能感到他的感情是真实的还是虚假的。在生活中，我们排斥和反对矫揉造作，难道在播音中就能允许矫揉造作吗？假如对你播的那件事情没有喜悦的感情，你就别希望你的播音能感动别人。感情从哪里来的呢？显然是与我们的立场分不开的，因此要在平日不断提高自己的政策思想水平。做不到这一点就肯定不能使我们的播音发挥有力的宣传鼓动作用。我们要求播音员首先掌握稿件的全部精神，越是吃透稿件精神，感情的表达就越发自由。然后全神贯注，就像朗诵自己的作品一样，那么播音效果就会好。我想，思想修养对我们的播音效果是起主导作用的,正确的思想产生饱满的感情。其次,做一个播音员要具备一定的文化水平。有些同志说过这样的话,只要我的声音很好,能不播错,就会成为好的播音员。播音员不是一部机器,而是向千千万万的人进行宣传鼓动的宣传家。他要把别人写的稿子,通过自己消化之后播出去,实际上是和作者合作来进行宣传。播音是一种艺术,播音员的政治、文化修养越高,就越有成就。播音员需要知道的东西很多。在播音前首先是要了解稿件的内容。了解得越充分,就越能掌握稿件,就越能发挥自己的感情,就会使播音获得很好的效果。比方说,你如果播一篇自己写的稿件,一定比播别人的稿子要好得多。为什么呢?因为你自己写的东西,你就很熟悉,你知道写的是什么,主题思想是什么,每句话每个标点你都熟悉。为什么会播错呢?原因很多,其中有一个原因就是不熟悉所播的东西。播国际新闻常常比国内新闻容易出错,也就是因为我们对国际问题知道得太少。而知道得太少和文化水平低有关系。比如说,今天是安徒生诞辰150周年纪念,如果你以前读过安徒生的童话,知道有一个"卖火柴的小女孩",知道"皇帝的新装",那你就不会把"卖火柴的小女孩"播成"买火柴的小女孩",把"皇帝的新装"播成"皇后的新装"。播音员就应该有广泛的知识,掌握越多、越广泛,播音就越有成就,像金字塔一样,基础越大,塔就越高。我们的播音员应该有这样一个勇气:如果我们不能比稿件的作者知道得多的话,那么至少不能比作者知道得少。做好播音工作的第三个条件是业务能力问题。这里包括发音、语言标准和播音技巧的问题,这些都需要锻炼。发音如果不标准,只要加强锻炼,就能做到准确。播音员在祖国语言标准化工作中,担负着重要使命,将来要通过我们的工作或者主要通过我们的工作,使我们国家的语言逐渐地实现标准化。这个工作对我们来说,是一个神圣的任务。经常从事这个工作的,只有两种人,一种人是播音员,一种人是电影或舞台演员。这两种人,是国家语言标准化的权威人士,他们每天每时地向广大人民进行着发音教育。许多人是根据我们广播电台的播音学习标准语言发音的。如果我们自己发音不标准的话,不仅不能做好这个工作,还带坏了别人。今天不光是中央台、北京台讲普通话,各地方台都有普通话节目。特别在地方台，它的意义更加重大。它时时刻刻在当地人民中促进语言的标准化。怎样恰当地表述稿件的内容，怎样表达与内容相应的感情，这些都属于播音技巧方面的问题。播音技巧也必须很好地锻炼。我们对声音的掌握，就像提琴家运用他的手、雕刻家运用他的锤子一样，什么时候应该重一些、什么时候轻一些、什么时候快一些、什么时候慢一些，对效果都有很大关系。声音就是我们的工具，我们应该很好地掌握它。

梅益同志反对播音中的公式化和模仿，强调播音要有个性。他说，我要特别提到应反对播音中的公式化和模仿。他认为，模仿是看不起自己，过低估计自己的表现力。它限制我们的创造性活动，把一个播音员变成一个留声机。我们的播音要有个性。梅兰芳演戏就是梅兰芳，程砚秋就是程砚秋，周信芳就是周信芳……能不能所有的人演戏都跟梅兰芳一样呢？假如是这样，那就是贫乏，就是文化上的低落。当一个小孩还没有成长的时候，他可能有一些模仿的动作，长大了以后，就有了他自己的个性和风格，播音员也应该如此。听说我们这里有个什么"派"，我看这不好，人家会说我们中国播音员都是一个调儿！再好的播音员，也不能模仿他。他姓王，你姓李，姓李的怎么可以和姓王的一个调子呢？你的一切都和他不一样，偏偏播音是一样，再没有比这个更不合理的了。我们的播音要真实，无论如何不要造作，要有性格。我们平时讲话是很自然的，一到了话筒前就不自然了，这是经验不多的缘故。

梅益同志认为播音员应有自己的播音风格，播音风格应多样化。他说，人们不同的要求和爱好，也对播音员提出了不同的要求。播音员不能老是一个腔调，必须根据不同的题材采取不同的播法。我们的播音严肃认真这很好，这是我们的传统，但是能不能亲近一些。我想播音应该有更多的表现形式，而且应该鼓励播音风格的多样化。京戏有好几派，播音最好也有好几派，发展流派可能现在还谈不上，但现在是不是有可能改变这种单一的念稿播法呢？梅益同志提出，要研究一下脱离单纯念稿，开辟一条无稿播音的路。他说，现在播音员都离不开稿子，好像电车离不开轨道那样。如果一个演员拿着稿子上台演戏那是不能感动人的。侯宝林说，相声如果照稿子念那就不生动了。谈恋爱不能拿着稿子照着谈,那是谈不好的。我们的播音从进城以后算起,已经十一年了,该是进中学了,不能满足于念稿子。在我们的广播里,有一部分稿件是和日常谈话不一样的,必须照着稿子读,像政治性很强的八届九中全会公告等文件。但是有些节目就不一定非要照着稿子一个字一个字地去念。不论什么节目都是一步也离不开稿子,会把播音引导到一条绝路上去。是不是所有的稿子都是一个字也不能改动?是不是把编辑部的稿件神圣化了?这样下去播音员只能成为一部念字的机器,束缚了他们的创造性,贬低了他们的劳动。一切都绝对化就会是荒谬的。有些稿子应该是一个字一个标点也不能动,动了就错误;有些容许作适当的改动,使它更有利于内容和感情的表达,否则就削弱宣传效果。现在是否到了应该向播音员提出更高要求的时候了?应该研究一下,脱离念稿,开辟一条道路。刚开始做是会不习惯的;而要做到这一点,是不容易的。不仅要有播音经验,还要有比现在更高的政治文化水平和社会经历。一切通过实验,可以拿一篇通讯,一种是照着稿子念,一种是不念稿子地讲,录下音来比较比较。试验试验、比较比较,业务水平会大大提高一步。拿着稿子念很容易偷工减料,嘴里念稿思想开了小差。但是如果不是照着念而是脱开稿子来讲,没有真实的思想感情甚至会说不出话来的。你们可以请通讯员、炊事员、播音员大家都来听听,并向他们讨教。播音要有快有慢,尤其是对农村广播,照稿子念实在不行。

梅益认为,端正播音工作态度,是做好播音工作最基本的保证。他说,解决了播音工作态度这个问题,播音工作才有保证。在乡下的时候,在陕北新华广播电台困难的条件下,播音曾经得到许多人的赞扬,进城以后反而不如以前了。有些同志不同意这样说,但我还是要这样说,乡下条件困难得多,准备稿件的时间不多,但错误很少,因为他们工作态度勤勤恳恳;现在,不但出错误,而且有些是严重的错误,这是对待工作不严肃和不认真造成的。在陕北的时候,曾经在土地庙里播音,能说不比现在更紧张吗?炮弹在头顶上飞,电台马上就要撤走,你还要一个钟头准备稿件,这简直不能想象。最主要的是看你对播音工作采取什么态度。播音员说的每一句话,全国或全省全市的人民都能听到,你播音的时候吊儿郎当、敷衍塞责,那简直是犯罪。

为人民播音，就要严肃认真一丝不苟全力以赴。梅益十分强调播音员应具有政治责任感、事业心。他说，我十分惦记着播音工作，我听说有些人对播音工作不怎么安心，有些人不准备把这个工作作为终身的工作，准备做一阵之后，改做编辑工作。如果是这样的话，我想他不但在播音工作上不会有成就，即使将来做编辑工作，也不会有成就。播音员的前途，决不能是当编辑，播音员的前途是做一个好播音员；好播音员的前途是做一个更好的播音员；更好的播音员的前途是做一个最好的播音员。编辑就比播音员更重要？我看不能这样讲。要下决心做好播音工作。听广播的人实在太多，它的影响很大。正如打仗一样，在火线上大家都要聚精会神，瞄准敌人，如果有几个战士东张西望、三心二意，对整个战斗都会有不好的影响。如果我们能够精神饱满，全神贯注充满信心地播音，就会收到好的效果。这不只是个声音问题，是政治感情、态度问题。

梅益谈播音，有鲜明的时代烙印和特点。我们从中可以看到播音事业的发展。其所谈的基本精神和观点，对我们的工作仍具有指导作用和参考价值。在进入21世纪的今天，在广播电视事业改革发展的新的历史时期，重温老一辈电视工作者对播音工作的重要论述，总结和研究他们的宝贵经验，可以使我们的播音改革少走弯路，沿着健康的轨道发展。

参考文献：

[1] 广播电视部政策研究室，《当代中国的广播电视》编辑部.梅益谈广播电视[M].北京：中国广播电视出版社，1987.

[2] 杨沙林，姚喜双.把声音献给祖国——齐越的播音生涯[M].北京：中国广播电视出版社，1998.

[3] 中央广播事业局办公室.全国广播工作会议文件选编[C].1982.

解放区新闻播音语言规范的形成及特征*

解放区的播音是指 1940 年 12 月 30 日人民广播开播到 1949 年新中国成立前 40 多座人民广播电台的播音。本文着重论述以延安（陕北）台为代表的解放区新闻播音语言规范的形成及特征。

以延安（陕北）台为代表的解放区新闻播音语言规范的形成在语文基础、广播基础上，经历了规范要素生成、规范系统雏形、规范系统形成三个过程。

语文运动，即汉语拼音运动、白话文运动、国语运动三者的形成，同时相互作用、互相呼应、融通合流、不断延伸，为解放区新闻播音语言规范的形成奠定了语文基础。

广播基础，即旧中国广播事业的产生，为解放区新闻播音语言规范在技术设备、节目安排、国语标准、新闻播音技术、业务研究等方面奠定了广播基础。尤其是交通部下达关于各电台要用国语播音的命令，语言学家赵元任对国语语音进行的培训和推广，确定国语语音和口语表达上的选拔标准，《广播周报》等一些刊物中播音或讲演文章对国语语音规范和语言表达技巧的研究等，都从不同的方面影响和启迪解放区新闻播音语言规范要素的生成，促进了规范实践的逐步发展。

当然，旧中国广播中的新闻播音，在语言规范要素中，仍有致命的缺陷。例如，其"娇滴滴"的语调、"游丝式"的节奏，同人民广播健康向上、明朗清新的新闻播音语言规范的要素相距甚远。这是由其广播性质所决定。只有

---

* 本文原载于《中国广播电视学刊》2007 年 6 月 20 日，收入本书时有改动。

到了人民广播播音那里,才能从根本上克服旧中国广播新闻播音的弊端。

人民广播新闻播音语言规范正是在上述语文运动和广播基础上逐步形成的。

人民无线电事业的创建发展和人民广播的筹建,是人民广播新闻播音语言规范形成的传播基础。人民无线电事业的创建和发展,为人民广播事业的建立、为延安新华广播电台的筹建奠定了基础、为之后的新闻播音语言规范的传播系统做了技术准备。延安新华广播电台的筹建,是人民广播新闻播音语言规范要素生成的前奏。为保证播出,尽可能获得好的声音质量和传播效果,人民无线电广播战士为筹建延安台做了大量艰苦细致的准备工作。其中包括,从发射机的运进、动力设备的解决、天线的架设,到播音室的选址、布置,播音员的选派,编辑部的设立等。尤其应该看到,尽管当时条件十分艰苦,设备设施都十分简陋,但他们仍然十分注意解决播音间的隔音设备问题,力求取得相对好一些的声音质量和传播效果;播音间里放了一本读音字典,供播音员及时查阅,以保证读音准确;选拔的播音员要求会讲普通话。这些都为保证新闻播音质量,实现新闻播音语言规范创造了条件。

一、广播新闻播音语言规范要素生成

延安新华广播电台 1940 年 12 月 30 日开始播音,人民广播新闻播音语言规范要素随之生成。延安台第一次播音内容就是新闻。在以后每天的播音中,新闻类节目,包括消息、评论等,是延安台播出的主要内容。这为新闻播音语言规范要素提供了节目支持。在新闻播音方式上,有正常速度和记录速度播音。记录速度,有利于播音员吐字归音的锻炼,促进了新闻播音语言规范要素的生长。延安台播音员具有高度的政治责任感、使命感,严肃认真、一丝不苟,不怕困难、不怕牺牲,甘于奉献、团结互助的精神,保证了新闻播音语言规范要素的生成。在语音和发声上,严格按照普通话要求,努力做到字音准确、声音纯正、吐字清晰。在稿件的准备和表达上,注意寻找规律,抓住重点,摸索出了一套新闻稿件的准备方法:通读、反复默读,在稿件重点之处，画出抑扬顿挫，体现停连、重音、语气、节奏；在播音语言样式上，采用"报告"式，即播报的语言表达样式，与其新闻稿件的内容和形式相吻合。语音、声音、情感、态度、技巧、语言样式等，都是新闻播音语言规范的要素。1940年12月到1943年春，延安台两年多宝贵的播音实践，使新闻播音语言规范得以显现，新闻播音语言要素得以生成。

二、广播新闻播音语言规范系统形成雏形

1945年9月至1948年5月，延安（陕北）新华广播电台从恢复播音到三次战斗转移。两年多的播音实践和理论探索，是人民广播新闻播音语言规范，从要素显现逐步走向系统雏形的阶段。其间，毛泽东等中共中央领导同志对播音工作的指示，对人民广播播音风格的赞扬和概括；温济泽主持制定的《新华总社语言广播部暂行工作细则》（以下简称"细则"）、新华总社语言广播部的《XNCR陕北阶段工作的简单总结》（以下简称"总结"）、（《对目前改进语言广播的几点意见》（以下简称"意见"）等文件中，关于新闻播音及语言规范的论述和延安（陕北）台播音员在新闻播音工作实践中的总结；作为播音创作依据，新闻节目数量的增加，新闻稿件种类的增多，尤其是毛泽东等中共中央领导同志撰写、修改及审批的大量的新闻（消息）、评论、通讯及多种样式的新闻类节目的播出；作为播音创作者，以孟启予、钱家楣、齐越等为代表的延安（陕北）台播音员的新闻播音实践，尤其是他们成功地播出了毛泽东的《目前形势和我们的任务》等一批重要新闻稿件等，都是人民广播新闻播音语言规范系统雏形建立的重要标志。

其雏形具体表现是：在规范要素逐步生成的基础上，规范系统的框架也逐步显现。其规范要素逐步组合，构成了规范系统的初步架构。其架构体现为三个层面：语言本体层面、播音技术层面和新闻传播层面。从孟启予和王恂关于播音的回忆中，我们可以看到，他们在新闻播音实践中，已经注意到了上述三个层面的问题。在语言方面，注意语音准确，读音规范，用标准的普通话。在播音技术层面，注重语言表达技术运用和业务研究。他们的探索

涉及语音发声、语言表达和文体播音三个方面，包括普通话语音、播音发声、口腔控制、播音创作基础中的内外部技巧的运用。温济泽主持制定的《细则》《总结》《意见》等文件，对新闻播音语言规范提出的要求则涉及规范系统雏形的各个层面。《细则》中强调了使用普通话、使用口语、使用短句子，强调注意从听的角度考虑，把握广播语言应入耳的特点，同时还从语言美感的角度提出要求，要注意音韵优美与响亮，要生动，有趣味。这些要求，突出了广播语体特点。这些规定，既从传播者语言使用层面提出规范要求，又从听觉规律、受众接受心理层面对新闻播音语言规范提出要求。要求涉及语言本体、播音技术、新闻传播各个层面，促进了新闻播音语言规范系统雏形的建立。《总结》从为保证新闻播音语言规范方面考虑，从词语运用到句式选择，都提出了非常具体、明确的要求：语言既要简练易懂，又要把握分寸。《意见》对播音方式、语言表达样式提出了建议。三次战斗转移，孟启予、钱家楣、齐越等成功播出胜利捷报和毛泽东等中共中央领导撰写、修改和审批的大量新闻（消息）、评论及各种新闻类稿件的播音实践，使得新闻播音语言规范的雏形更为清晰。毛泽东对钱家楣的表扬，对人民广播播音应具有的"憎爱分明"的播音情感，"鼓舞人心"的播音目的高度概括，为新闻播音语言规范系统雏形注入了灵魂。情感态度，是播音创作的核心，是新闻播音语言规范把握的关键；规范不光是字音的准确、语意的清楚，更重要的是受情感态度支配的气、声、词语所传达出来的感情态度的真实、准确、鲜明、生动；"憎爱分明"是从播音员传播者的角度提出人民广播的播音标准，"鼓舞人心"是从听众（接受者）的角度提出的检验标准。《目前形势和我们的任务》等重要新闻文稿的播音，不光在语音字词方面做到规范，而且在感情态度基调和整体把握方面都要求准确到位，要求体现出原著的风格来。由此，人民广播新闻播音语言规范系统的雏形则完全显现。

三、广播新闻播音语言规范系统形成

1948年5月23日，陕北新华广播电台从平山播音到1949年10月1日开国大典的实况转播,这一阶段,是人民广播新闻播音语言规范系统形成的阶段。

这一阶段,播音队伍力量加强,解放区各台都建立了播音科(股)、组。孟启予、丁一岚、钱家楣、齐越等具有代表性的播音员已成为这支队伍的骨干力量。解放区各台播音员大量的新闻播音实践,尤其是大量播出了毛泽东等中央领导同志撰写的新闻稿件和许多重要的消息、社论、评论等,使新闻播音实践的机会大为增加,实践的领域进一步扩展,新闻播音语言规范的整体水平大为提高。他们在新闻播音实践中,认真遵照普通话语音标准,严格按照播音语言规范要求,在语言本体层面,从声韵调到字词句等语言规范标准的把握;在语言交际层面,从口语通俗易懂到情感态度鲜明等交际有效原则的实施;在新闻传播层面,从新闻信息传达及时迅速的时效性原则到新闻内容把握完整准确的真实性原则,从适应听众听觉和心理需求的适听性原则到把握宣传政策口径分寸的适宜性原则等新闻传播规律的把握,体现在新闻播音语言表达上,其特点是:简洁明快的语言、准确鲜明的态度、亲切朴实的感情,得体大度的口径,从而形成了对新闻播音语言规范系统的整体把握。这说明,新闻播音语言规范系统中的相关要素都已到位,规范系统雏形已逐步成熟,规范系统已逐步形成。

齐越《十天播音工作个人总结》、《邯郸台口播编辑技术初步经验》(以下简称《口播经验》)、《邯郸台播音技术的点滴经验》(以下简称《播音经验》),陕北台《播音手续》《陕北台播音组关于训练和培养播音员的意见》(以下简称《意见》)、《北平新华广播电台训练播音员的方法》(以下简称《方法》)等文献印证了这一点。齐越认为《十天播音工作个人总结》是他对播音工作认识的一个转折点,他认为,播音工作,尤其是新闻播音,最重要的就是要把准确、规范放在首位。他从准确、规范的角度来检查、评价自己的新闻播音。他在总结中,既涉及语言自身的准确,又涉及语言传播的规范;既涉及语音字词的表达准确规范,又涉及语言交际的得体有效。邯郸台《口播经验》在语言规范要求方面,从听觉、受众、接受角度考虑具体:从语音、字词、语句到篇章结构安排,从稿件内容的选择到具体材料的取舍,从稿件字数的要求到消息报道的方式，从语言表述应生动具体的要求到数字、战术报道要注意保密的规定，从播音语言要体现态度到宣传政策要把握分寸。《口播经验》涉及新闻播音语言规范的各个层面。《播音经验》中关于新闻播音语言规范讲得更为具体，涉及语音发声、词语声调、口腔控制、停连重音、语势类型、语气节奏、播音语速、播音状态、情感态度、播音基调、语言样式等各个方面。《播音手续》使新闻播音语言规范有了制度保障。《意见》把语言规范扩展到人员选拔、培训方面。《方法》不光强调了播音员的普通话语音，还强调其音质、音色，提出了如何表达语气情感的播音语言技巧规范，从停连重音、语气节奏到情感态度、分寸把握。毛泽东关于此文件不要播错一个字的指示，为陕北台播音员认识新闻播音语言准确、规范的重要性，为确立新闻播音语言规范在播音创作中的地位，都有着重要作用。

毛泽东在《对晋绥日报记者的谈话》中关于在语言表达上要"尖锐、泼辣、鲜明"的指示；刘少奇在《对华北记者团的谈话》中关"真实、全面、精彩"的要求，为人民广播新闻播音语言规范系统形成注入了活力。在语言本体层面，在普通话语音、词汇、语法方面，应该准确、规范、精练；在语言传播层面，应该鲜明、生动、精彩；在新闻广播层面，应该真实、全面、精当。温济泽、梅益1948年5月至9月与陕北台播音组和播音员往来书信中对新闻播音的指导和要求，温济泽起草的《从文播稿改写成口播稿的几个原则》(以下简称《原则》)，陕北台的《编辑发稿工作细则》(以下简称《细则》)、《口播清样送审办法》(以下简称《办法》)，《新华总社经中央批准关于用语的指示》《新华总社关于在使用统计数字时要学习列宁的精细作风的指示》(以下简称《指示》)等文献，对人民广播新闻播音语言规范系统的形成起到了重要作用。温济泽在信中十分具体地提出了对新闻播音语言规范的要求，涉及读音、字词、长句子的播音，记录新闻的播音，标点符号的播音，男女分播的安排等。他所提的要求，涉及语言本体层面、语用层面、新闻传播层面和政治政策层面。温济泽起草的《原则》强调新闻语言要规范准确、简明通俗。陕北台制定的《细则》和《办法》强调新闻播音语言要口语简明，一听就懂，意思明确，层次清楚，脉络清晰，便于理解，要鲜明、生动，具有说服力、鼓动性；强调用语要规范，新闻播音员必须使用普通话，专门术语要统一，简称缩略语要规范。新华总社的《指示》，进一步强调了新闻报道中用词用语的准确规范。其中，不光强调了数字使用和用词的准确规范，而且也强调了由此产生的用语及语句篇章的准确规范，乃至对新闻真实性的影响。上述各方面说明，此阶段，解放区新闻播音语言规范系统已经形成。

新媒体背景下的广播电视语言研究*

随着时代的发展和科技的进步，当今媒体已从报刊、广播、电视等传统媒体发展到网络及其他新媒体。媒体是交流和传播信息的工具，无论是传统媒体，还是新媒体，都离不开语言。新媒体的出现与发展，形成了新的媒体格局，使传媒业态发生了新的变化。

一

什么是新媒体？新媒体是新的技术支撑下出现的媒体形态。进入20世纪90年代，网络信息技术引发了大众传媒的第四次革命，被公认为继报刊、广播、电视之后的第四媒体。我国自1994年接入互联网以来，也迅速踏上了全球的信息高速公路。目前，我国网民的数量已经超过4亿。网络传播是一种集声光电于一身、聚音字像于一体、汇采传受于一线的新型传播模式。进入21世纪，科技的进一步发展，尤其是数字技术的繁荣，催生了较网络媒体更新的一代媒体，它们在数字技术和网络技术的基础之上延伸而来，衍生出多种形式，如手机媒体、数字电视、移动电视等。新媒体的"新"最根本体现在技术上，同时也体现在形式上，有的则是在传统媒体基础上引进新技术后而形成的新旧结合的媒体形式，如电子报纸、网络电视等。以网络为代表的新媒体与报刊、广播、电视为代表的传统媒体形成了互动的局面。

---

* 本文原载于《语言文字应用》2012年第3期，收入本书时有改动。

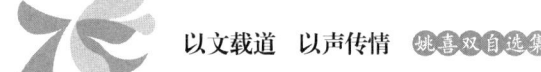

一种新的媒体的产生使传媒业态的形式、内容发生革命性的变化，促使新的传播格局的产生，是历史上的一个规律。从历史上看，报纸作为传播工具，在诞生之初一直占据大众传媒的主导地位，并称霸了几百年的历史，是最主要的信息传播渠道，也是最重要的大众媒体和公共媒体。广播出现以后，报纸一统天下的传播格局发生了变化，受众接收信息的渠道得以拓展。人们若想反复地了解信息，依然是通过报纸这种渠道；若要及时地接收信息，则可以选择收听广播。因为广播突破了时间和空间的局限，比报纸的时效性更强，传播范围更广泛。广播和报纸之间既有竞争，又有融合；既有继承，又有创新。广播诞生之初，很多话语都是照搬报纸，按照报纸来念的，就连后来出现的电视也有报纸摘要节目，所以说模仿和效仿传统媒体是新媒体传播的一种方式。当然，新媒体也会影响到传统媒体，广播成熟以后，报纸借鉴广播更为通俗的语言，更加直白、自然，甚至许多口语表达方式、一些大白话也出现在了报纸上。当时，广播作为一种新媒体对报纸这种传统媒体有影响，既继承了报纸，又对它进行了创新。近半个世纪以来，应该说是电视称霸了传媒界，现在即使出现了新媒体，电视仍然是主流媒体。电视的产生在很大程度上继承了广播和报纸的报道方式；同时，电视又有自己的特点，增添了画面，传播方式更直观、亲切、自然，语速更快。电视这种新媒体的产生又使传播格局发生了很大变化，一部分受众继续忠实地通过报纸和广播获取信息，一部分被电视吸引。然而，受众群体并不是完全割裂开的，大多数的受众并不只依赖一种媒介，报纸、广播和电视的受众出现融合的现象。以网络为代表的新媒体的产生，使报纸、广播、电视三足鼎立的格局发生了变化。以网络为代表的新媒体继承了传统媒体新闻性的特征，继承了时效性和真实性的新闻特点，同时又有创新，时效性更强，传播主体、传播内容、传播形式和受众更广泛，互动性更强，如以微博为代表的自媒体可以互动，具有即时性、平民化、广泛性的特征。新媒体的语言更自然、更随意、更平易，但是语言的规范性减弱了，没有像报纸等传统媒体那样在用词上进行反复琢磨。同时，新媒体语言作用于报纸和广播电视，很多网络用词被用到了报纸和广播电视当中，丰富了传统媒体的语言，使其内容更加活泼，也在一定程度上影响了传统媒体语言的规范性。网络的形式也被借鉴到了传统媒体中，如网络版主，在报纸等传统媒体上也有版主。传统媒体和新媒体的传播内容和形式在相互演变影响。

新媒体的产生使传播业态发生改变，各种媒体互动形成新的传播格局，是一种规律。当前形势下的报刊、广播、电视和网络分属传统媒体和新媒体，你中有我、我中有你。网站的标题和版面在很大程度上借鉴报纸标题和版面的设置；网络音频的传播实际上就是广播电台的翻版；网站视频的传播类似于电视台节目的传播。网络媒体模仿报纸、广播和电视，是因为有传播的诉求；不光有点对点的传播，也有点对面的大众传播的诉求；不光有一对一的传播，也有一对众的传播诉求。在这种传播格局下，就有规范性的诉求，不规范就传播得不远，传播得不宽，就不像报纸、不像广播、不像电视。你中有我，就是要向报纸、广播和电视等传统媒体学习，有规范性的诉求；同时，还要我中有你，许多传统媒体，比如报社、电台和电视台，很多都建立了网站。建立网站就要遵循网络传播的规律，传播的时效性要强，语言要生动、平民化，有互动性。

研究新媒体背景下的广播电视语言，从上面的分析中看到：第一，是对规范性的诉求。无论是传统媒体还是新媒体，只要面向大众传播，就都有规范性的诉求。不能说传统媒体都是规范的，新媒体都是不规范的，不能被表面现象迷惑。第二，无论是新媒体还是传统媒体，在历史发展的进程中，在几次媒介高峰中，各领风骚数十年。在这个过程中，它们的语言和形态相互渗透、相互交流、相互补充，这都是正常的必然的。第三，语言的选择。无论是新媒体还是传统媒体，当然，新媒体更明显一些，在语言使用方面都在不断地更新。新词新语的产生，都有一个受时间和实践检验的过程。有些词语如流星一样，当时很时髦，一闪而过，抢眼之后消失在遥远的银河；有些词语经过时间的检验，不光是留在新媒体发挥作用，也贡献给了传统媒体。这就要加强新媒体背景下的语言研究，研究其产生、发展和消失的规律，顺应媒体语言发展的规律。

二

认识把握新媒体背景下的传播规律,做好广播电视语言规划。广播电视语言规划要充分认识媒体的地位、作用和融合。当前报纸、广播、电视等传统媒体和以网络为代表的新媒体并存,在现实情况下,尽管各领风骚,但还是有主有次。报纸有报纸的一席之地,广播有广播的特殊地位,电视又有主流媒体的作用,网络有新媒体的新型特点。在日常的传播过程中,电视还是占主导地位,所以新媒体背景下的广播电视语言研究,主要是研讨新媒体背景下的电视,包括我中有你的内容。电视中的网络,应该把它看成是一个综合体。新媒体背景下的电视不是过去的纯电视,应该把网络传播的功能包括进来,也应该关照你中有我的内容,我们通过网络观看的视频,如网络春晚,都应该在研究范围之内。进而言之,也应该考虑到媒体语言规划方面的问题。在我国,媒体语言是面对全国各族人民进行传播的,《中华人民共和国国家通用语言文字法》已经明确规定以国家通用语言文字为基本用语用字。同时,民族地区和方言地区经省级和省级以上广播电视主管部门批准,也可以用民族语言和方言进行传播,这是考虑媒体语言规划的一个法律依据。另外,还应该考虑到我国新时期改革开放的形势,一些广播电视有外语广播,以适应对外传播的需求和文化走出去战略的需求。就语种的规划来说,要贯彻《中华人民共和国国家通用语言文字法》,要进行大量调研、调查,根据现实情况来规划。要加强对广播电视语种使用情况的普查和调查,制定具体的政策。方言地区对方言节目的需求是多少、什么节目适合用方言播出、方言节目播出的时间有多长、黄金时间段用多长、非黄金时间段用多长、方言和普通话的比例是多少等问题都需要研究。我国幅员辽阔,人口众多,经济社会发展不平衡,仍处于社会主义初级阶段。不平衡是初级阶段明显的特征,所以,在制定政策的时候既要有大的方面统一,又不能一刀切,要根据各地具体情况进行规划。我们认为各地广播电视管理部门应根据当地的实际需求,制定规划,使传播更符合实际,更符合大众的需求。没有区别就没有政策,要注意到区分性，广播、电视、网络等媒体语言都有规范的需求，但也不应一刀切。中央电视台《新闻联播》的播音员和网站《大鹏嘚吧嘚》的主持人语言的规范性要求应该有区别，这些都需要从语言规划上研究。从语种、地区和媒体的角度来看，政策规划不能一刀切，从传播的内容来看也不能一刀切。比如，湖南卫视的综艺节目和中央人民广播电台的新闻节目，所使用的语言样态是不一样的，这边可能是聊天式的，那边可能是播报式的、宣读式的。从语言使用者的角度来讲，也不能一刀切，记者的语言和播音员主持人的语言、职业主持和嘉宾主持的语言、《新闻联播》播音员的语言和娱乐节目主持人的语言的规范要求应该是不一样的，这样才符合实际，才更能够服务于我们媒体语言的现状，体现政策服务和语言规划服务。从用词来讲，主流媒体应该是语言规范的榜样，尤其是播报样式的新闻节目应该是语言规范榜样的主体。从实际情况看，并不是所有的媒体都是榜样，也并不是所有的媒体从业人员的语言都是榜样，应区别对待。

三

新媒体背景下出现的问题及解决方法。第一，对新媒体背景下广播电视业态情况认识不清，说起广播电视就认为都是规范的，说起网络就认为都是不规范的，实际上传统媒体与新媒体是你中有我、我中有你的关系，要加强对媒体业态地位、作用、影响和融合的认识。第二，对新媒体背景下的广播电视语言应加强语言规划，对不同地区、不同的人、不同的媒体、不同的节目、不同的时间段区别对待。在制定政策和语言规划上应该更细一些，更科学一些。既要有统一的规划，又不能一刀切。因为有些法律条文说得比较概括，还需要细化，有的法律制定时，新媒体还没有出现，所以现在应该增加对这方面的语言规范的规划。从语言规划的角度应该提出语言的立法，如新媒体网络语言的立法。媒体语言规划应该从实际出发，分层次地科学规划。在媒体中，电台的语言规范化程度较高，电视处于中间层，网络媒体语言规范化程度最低，因此应该对网络媒体进行重点规划。从播音员来看，老一辈播音员语言规范化程度较高，而一些年轻同志则较低，因此，对新入行的媒体从业人员应加强国家通用语言文字培训，可以采取以老带新的方式。此外，在规划时还应细化到播音员、主持人、出镜记者，根据需要灵活作出规定。第三，从语言表达的现实情况来看，新媒体的出现一方面给语言表达增添了活力，另一方面则使语言表达不规范现象屡屡发生。在传统媒体和新媒体还没有很好融合的过程中，一些网络语言、方言、外来词语的滥用现象比较多。比如，有的央视主持人在主持央视网络春晚时，大量使用网络词语以显示自己懂网络语言。然而所使用的网络词汇既有旧的网络词汇，又有新的网络词汇，该用的时候用、不该用的时候还用，甚至还使用网民已经淘汰的词语。统计显示，中央电视台网络春晚中网络词语比网络节目《大鹏嘚吧嘚》用得多，央视主持人的语音规范比较好，但在使用网络词汇方面还存在欠缺。《大鹏嘚吧嘚》的主持人不用通过使用网络词汇来标榜自己是网络主持人，只使用比较新颖的网络词汇、一些外来语和方言，显得俏皮活泼。在传统媒体和网络媒体还没有很好地融合、没有深度融合的情况下，这是必然现象。针对这种现象，我们应该加强对语言内容的研究，使其更规范、更合理。解决这一问题，可以通过培训和轮岗的形式增强双方的融合。网络主持人，如果要上电视的话，需要加强吐字发音的练习，增加培训。并不是说网络主持就没有规范性的诉求。规范网络词汇的使用，对电视节目主持人在主持网络节目时怎样使用网络词汇、避免过度使用进行培训。轮岗的方法，电视节目主持人多去网络媒体主持，语言就更自然了，网络媒体主持人多去电视节目主持，语言就更规范了。比如，网络节目主持人小白进入央视后，语言规范性得到了加强。另外，主管部门应及时推荐新词新语，及时公布哪些词能用，哪些词不能用。统一外来语的使用，如 PM2.5 怎么念，"脸书"还是"面书"要尽快统一，及时跟进。目前，我国的网民数量已经 4 亿多，但相对于 13 亿人口而言，大部分群众还没有接触到网络，对网络词汇的知晓度还比较低。而广播电视的普及率已经达到 95% 以上。很多词汇在网络上使用适合，应该网来网去，因为一些网语应用到传统媒体上很可能会造成语义不明的问题。主流媒体在选择新词新语方面，应加以规范，尽量使用已经成熟的词汇，避免部分受众不明白，产生歧义。第四，普通话普及情况调查显示，普通话普及程度提高了，但普及的质量还有待进一步提高。2010年8月，为落实《国家中长期教育改革和发展规划纲要（2010—2020年）》，制定《国家中长期语言文字事业改革和发展规划纲要》，总结分析我国普通话普及的总体情况和特点以及阶段性规律和特征，普通话普及情况调查项目组对河北、江苏、广西三省（区）作了普通话普及情况调查。结果显示，与2000年调查数据53.06%相比，此次三个省（区）普通话普及程度均在70%以上。调查结果证明，进入新世纪10年来，推广普通话工作富有成效。然而，普及程度提高了，普及质量还有待进一步提高，能真正达到普通话水平测试标准的人群低于30%。大多数被调查者普通话水平限于能听懂状态，普通话的表达有困难、规范化程度较低。媒体是推普工作的榜样，尤其是广播电视媒体。2010年的普通话普及情况调查结果显示，广播电视媒体对普通话学习影响力上升明显，看电视、听广播是被调查者学习普通话的主要途径。媒体对于社会语言文字应用能力起到示范、促进和引领作用，媒体语言使用的规范化对社会影响巨大。《中华人民共和国国家通用语言文字法》规定："广播、电影、电视用语用字应当以国家通用语言文字为基本的用语用字；广播电台、电视台以普通话为基本的播音用语。"目前的广播电视媒体语言存在很多问题，如方言在节目中大量使用，普通话语音问题频出，网络语言、外来词及缩略语滥用，以及电视字幕中错别字频出等。造成这些不规范现象的原因有很多，首先是媒体从业者主观上对媒体语言规范的重要性和必要性缺乏深刻认识；其次是知识素养、文化素养不高；再次是节目量大，高科技的现代化手段等客观上使得工作难度增加。缺乏必要的监管体制也是一个重要原因，如缺乏针对字幕管理的相关法规，许多电视台也缺少对字幕管理的监督机制。因此我们要进一步加强对媒体语言的科学研究，加快这一领域相关条例规章建设，根据新情况科学规划媒体语言。

参考文献：

［1］姚喜双.大力推广和规范使用国家通用语言文字［J］.语言文字应用，2012（2）.

［2］姚喜双，郭龙生.媒体语言大家谈［M］.北京：经济科学出版社，2004.

［3］姚喜双，郭龙生.媒体与语言：来自专家与明星的声音［M］.北京：经济科学出版社，2002.

试析网络视频主持人语言规范问题[*]

随着互联网的飞速发展，网络视频主持人应运而生。加强对其研究，尤其是对其语言规范问题的研究，显得尤为重要。

一、网络视频主持人的界定

网络视频主持人分为两类，一类是虚假的人，我们称之为虚拟网络主持人；一类是真实的人，我们称之为真实网络主持人。由于虚拟网络主持人主要是虚拟技术的应用，是计算机图形学、计算器动画等技术发展的结果，因此不在本文研究范围之内。当前，网络视频节目种类繁多，其中有真实网络主持人出现的节目大致有三类。一是以传统媒体为依托建立的网络电视台上传的视频节目。这其中一部分是将电台、电视台制作的节目直接放到网站上播出，这些节目中的主持人实质上还是传统节目主持人，因此不将其列入网络视频主持人之列。二是由网民自行上传的原创作品，在此类节目中，主持人大多是网民或播音主持爱好者，凭借自身兴趣热情进行创作。这些节目随意性较大，主持人的职业和素质也不好估量，因此也不将这类主持人列入研究范围。三是以较有影响力的网站为依托制作的网络视频节目。例如，腾讯微博推出的 2011 年首届中央电视台网络春晚、搜狐网推出的第一档网络脱口秀节目《大鹏嘚吧嘚》（下文简称《大鹏》）等，我们将这类节目的主持人，

---

[*] 本文原载于《语言文字应用》2012 年第 2 期，与李桃合作，收入本书时有改动。

即由网站制作的原创网络视频节目主持人作为研究对象。

从外延上说，网络视频主持人与广播电视主持人是同属于节目主持人这一属概念下的两个种概念。广播从"听"的角度衡量语言是否规范，电视从"视""听"的角度把握语言规范，网络至少从"视""听"的角度对语言规范进行把握。因此，网络视频主持人与广播电视主持人有许多相同之处。从这个角度，我们在界定网络视频主持人时可借鉴这一定义，即"节目主持人是在广播电视中，以个体行为出现，代表着群体观念，用有声语言、形态来操作和把握节目进程，直接、平等地进行大众传播的人"。网络视频主持人也是以个体身份、个人言谈举止出现在网民面前，他们的一言一行也受到群体、社会的制约，代表着媒体形象，是一个网站、一个栏目的标志；同时，他们也对节目进行起着调控作用，是节目主旨、内容、效果的最终体现者和实现者。他们必须运用有声语言和副语言与网民进行直接交流、交谈、沟通、传情达意，是网络媒体中进行直接传播活动的人。

除了有广播电视主持人的共性之外，网络视频主持人还有自身的特性。互联网交互性强这一特点，使得网民拥有更多表达想法的机会，可以更充分地参与到与主持人、嘉宾及其他网友的互动中。有时网络视频主持人需要将网民的看法、问题归类，并挑选有代表性的留言进行评论，请嘉宾解答或是与大家分享。这种特性使互联网实现了具有人际传播特性的大众传播。

因此，本文将网络视频主持人界定为：在由网站制作的原创网络视频节目中，以个体行为出现，代表着群体观念，以有声语言为主干引导节目进程，直接面对网民，进行具有人际传播特性的大众传播的人。

二、网络视频主持人语言规范问题

（一）问题

目前由网站制作的原创网络视频节目种类繁多，为了便于对网络视频主持人语言规范进行更细致、更有针对性的研究，笔者选取了三类较具代表性的网络视频节目，对其主持人语言规范问题进行分析。

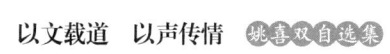

1. 晚会类网络视频节目主持语言规范问题举例

以《2011年首届中央电视台网络春晚》第一场（下文简称《网络春晚》）为例。首届央视网络春晚从大年初一至初六，每天19:30由中国网络电视台播放，受到众多网友的关注。六场共有10位优秀的央视主持人担任主持。第一场的两位主持人平时的身份是电视节目主持人，因此语音较正确，发声要领应用较灵活，语言表达较准确，语言规范程度较高。不过，还是存在一些不规范现象。

（1）语音发声问题

a.声调：将"前仰后合"（00:15:16）的"后"发成阳平，应为去声；将"路见不平，抡车相助"（00:20:54）的"抡"发成阳平，在表达手臂用力挥动时应为阴平。

b.元音发音：发"达人"（00:20:54）的"人"时，由于口腔横向开度偏大，口型较扁，元音 a 不够圆润。

（2）语言表达问题

主持人想要表达"唱一首刘德华的歌给我听听"，但说成"唱一首刘德华给我听听"（02:06:24）。"一首"修饰的是"歌曲"，而不是一个人，为词语搭配不当。

（3）网络语言的使用

主持人对网络流行语的使用较为突出，如"神马""泥"（00:07:02），"鸭梨山大"（00:08:16），"你们懂得"（00:08:28），"凡客体"（00:08:50），"浮云"（01:22:20），"萌"（02:07:36），"雷"（02:07:40），"顶"（02:07:46），"悲剧了"（02:07:50）等，其中"给力"一词的使用多达8次。

2. 脱口秀类网络视频节目主持语言规范问题举例

以搜狐网制作的《大鹏》在2011年推普周期间的节目（第391期）为例进行分析。《大鹏》是国内门户网站首档娱乐脱口秀节目，自2007年1月创办至2012年已有5年时间。主持人以其独到的"鹏氏"语言，在"歪搞斜唱"中传播信息，体现价值；但在语言规范方面也存在一些不足。

（1）语音发声问题

a.声调：将"没有派的嘛"（01:01）的"派"发成阳平，应为去声；将"质量"（08:59）的"质"发成上声，应为去声；将"好多人"（18:01）的"好"发成阳平，应为上声；将"比较多"（18:32）的"较"发成上声，应为去声。

b.元音发音：发"导演"（01:52）的"导"时，对字腹元音 a 的发音不够清晰，有从 d 直接过渡到 o 的嫌疑；将"弄一大油桶子"（19:34）的"弄"发成了 nèng，应为 nòng。

c.儿化韵：本期节目主持人大约出现了19处儿化韵现象。比如，将"后背上"（04:07）说成"后背上儿"；将"制作物"（06:38）说成"制作物儿"；将"现象"（18:00）说成"现象儿"等。

d.口腔控制：说"复杂的表情"（02:23）时，由于口腔控制力度不够，发音不够清晰有力，"复"字几乎听不到。

e.平翘舌不分：将"邹静之"（01:35）的"邹"发成 zhǒu，应为 zōu；将"这还算好的呢"（11:23）的"算"发成 shuàn，应为 suàn；将"改做成"（19:35）的"做"发成 zhuò，应为 zuò。

f.归音：发"杨澜"（02:32）的"澜"（lán）时，由于字尾归音不到位，趋向于 lái；发"只能演演戏去"（03:55）的"去"（qù）时，由于字尾弱收不到位，发成 qi。

g.刻意模仿对规范语言有损害的口音和语调：主持人说"这是我从艺四十周年来，看过最好的剧本之一"（05:25）这一句话时，故意模仿外国人，说了一段"洋腔怪调"的中文；说"你说这是为何呢"（09:46）时，主持人模仿了京剧唱腔。

h.多音字的误读：将"我唱的是梅派啊"（00:50）的"的"说成 di，应为 de。

（2）网络语言的使用

该节目主持人也少量使用了网络流行语，如"伤不起"（12:15）、"银"（18:54）、"亲"（20:17）等。

（3）外来词的使用

a. 英文重复描述中文："京剧好啊，China Opera"（00:35），"China Opera"即为"京剧"；"人家是特别的时尚 fashion"（10:43），"fashion"即"时尚"。

b. 英文直接代替中文：使用"在我还是 very young 的时候"（01:55）表示"在我还是非常年轻的时候"；使用"这不是俏江南的 LOGO 吗"（04:13）表示"这不是俏江南的标志吗"；使用"over 了"（11:36）表示"结束了"。

（4）方言问题

"咦！你这是弄啥呢"（19:27），由于是介绍一位河南朋友的事情，主持人在此处模仿河南方言，属方言问题。

在《大鹏》中，主持人常以一种夸张、戏谑、幽默、调侃的语气对新闻进行评论，主持时表情、动作丰富，语流变化明显，甚至是较夸张的抑扬顿挫，总是在嬉笑调侃中切中要害、点明主题，以娱乐精神传达媒介内容，具有独特的"鹏氏"特点。但是，主持人整体语言面貌与大部分传统媒体主持人相比仍显欠缺，较多时候口腔控制力度不够、发音不够清晰有力；并且语言相对随意，多次出现外来语。

3. 访谈类网络视频节目主持语言规范问题举例

以新浪网推出的《新浪微博秀》（下文简称《微博秀》）为例。该节目由两位主持人主持，在某一环节中会请一位明星嘉宾进行交流。主持人会不定时分享网友的微博，随机选择网友微博内容进行评论，整个节目轻松、活泼。同样采用 2011 年推普周期间的节目（第 25 期）为例。节目主持人主要存在以下几个方面的语言规范问题。

（1）语音发声问题

a. 舌面音：本期节目主持人大约出现 30 处舌面音问题。其中，舌面音 j 的误读大约有 12 处，如发"一二件"（00:45）的"件"时，j 趋近于 z；舌面音 q 的误读大约有 9 处，如发"关门之前"（00:57）的"前"时，q 趋近于 c；舌面音 x 的误读大约有 21 处，如发"心意"（01:09）的"心"时，x 趋近于 s。

b. 口腔控制：发"好人"（00:37）的"人"时，由于口腔控制力度不够，发音不够有力，几乎听不到；发"成为王者"（18:30）的"王"时，由于字头没有叼住，wáng 接近于 máng。

c. 前后鼻音不分：由于 n、l 不分，将"纳的布鞋"（40:14）的"纳"（nà）发成 là。

d. 音节连读：由于语速较快，停顿过短，将"知道"（46:57）两字连读为 zhāo。

（2）语言表达问题

a. 用词不当：主持人在表达"点歌"义时使用了"打歌"（15:09）一词。该词在不同的民族与地区有不同的含义，多指男女在结婚时跳的一种自娱性舞蹈，有芦丝、笛子、三弦伴奏，边跳边唱，与所要表达的意思不符。

b. 语气不当：主持人为了请现场观众鼓掌，欢迎嘉宾为大家清唱歌曲，使用了"现场啊，拜托，鼓一下掌好不好"（15:15）的表达，该表达从文字表面看是乞求的语气，在表达时实为命令、不耐烦的语气，均不恰当；若改为善意、动员式的语气会更合适。

c. 停连：主持人在表达"陈翔吧网宣"（18:23）时，在"陈翔"与"吧"之间作了较长时间停顿，对句意表达不准确，应将"陈翔吧"作为一个整体。

（3）网络语言的使用

主持人在节目中使用了少量网络流行语，如"hold 住"（09:35）、"盖房正缺砖，欢迎多拍"（30:54）、"伤不起"（32:10）等。

（4）外来词的使用

a. 英文重复描述中文：主持人在表达"一件新到的商品"时使用了"一个新的 new arrive"（03:13）。

b. 英文直接代替中文："地下 P3"（00:28），主持人可能希望表达"地下三号停车场"或"地下三层停车场"；主持人在表达"谁在乎呢"时使用了"who cares"（06:30）；在表达"才艺"时使用了"talent"（21:46）；在表达"地下三层"时使用了"B3"（27：18）；在表达"很明确告诉她不"时使用了"很明确告诉她 No"（33:29）。

c. 缩略词的使用：主持人使用"出了新的 EP"（14:47），"EP"是"Extended Play"的缩写，意为"小专辑"。

（5）方言问题

"八月十五有没有在屋"（19:19），主持人用甘肃天水方言为受众示范"中秋节有没有在家"这一句的说法，为方言问题。

（6）与网络相关专业词汇的使用

由于该节目主持人与网民有较多实时互动，因此出现一些与网络相关的专业词汇，如"悬浮窗"（17:39）、"拉黑"（25:05）、"右上角的叉"（46:59）等。

在《微博秀》中，主持人以近似日常聊天的方式主持节目，不仅要与自己的搭档、嘉宾进行交流，还要时刻关注网友微博，并选择符合现场气氛的微博与众网友分享。

（二）调查结果分析

通过统计三种节目类型主持人语言规范问题得出以下数据（表1）。

表1 三种节目主持人总体语言规范问题分布情况

语言问题 节目	语音发声	语言表达	网络语言	外来词	方言	网络专业词汇	总数
《网络春晚》	3	1	18	0	0	0	21
《大鹏》	34	0	3	5	1	0	43
《微博秀》	34	3	3	7	1	3	51

为了更客观地对三种节目进行横向比较，笔者选取了相同时间段内（即有主持活动的前20分钟）的相关数据（表2）。

表2 相同时间内三种节目主持人语言规范问题分布情况

语言问题 节目	语音发声	语言表达	网络语言	外来词	方言	网络专业词汇	总数
《网络春晚》	3	0	10	0	0	0	13
《大鹏》	34	0	2	5	1	0	42
《微博秀》	18	3	1	4	1	1	28

1. 三种节目主持人总体语言规范问题数据分析

结合表 1 数据可得出，《网络春晚》主持人所使用的网络语言占全部语言失范数量的 85.7%，其中主持人主动使用网络语言和被动使用网络语言（即晚会环节名称设置中含网络语言，或网友微博留言中含网络语言）的情况各占 50%；语音发声和语言表达问题共占 19%。《大鹏》主持人语音发声问题最为突出，占全部语言失范现象的 79.1%，其中 55.9% 是有关儿化的使用，14.7% 是有关声调问题，剩下的是关于平翘舌不分、口腔控制不好、元音发音等问题；其次为外来语的使用，占 11.6%；网络语言的使用占 7%。《微博秀》主持人同样是语音发声问题较多，占语言失范现象的 66.7%，其中有 88.2% 是尖音问题；其次为外来语的使用，占 13.7%；语言表达、网络语言使用和网络相关专业词汇的使用各占 5.9%。由此可得出以下结论。

（1）《网络春晚》主持人由于平时的身份为传统媒体主持人，播音主持业务素质相对较高，普通话语音整体面貌较好，因此在语音发声和语言表达方面问题较少。对于网络语言的使用，一部分是主持人主动地使用，一部分是被动地使用。主动地使用也许是主持人出于突出网络特性的考虑，出于区别于电视节目的考虑而刻意使用了一部分网络语言。这从侧面反映出传统媒体主持人主持网络视频节目时还不能充分把握、利用网络特性，更多地停留在形式上的靠近、播放环境的转变。被动地使用网络语言首先是由于晚会在某些环节的设置上直接采用了以网络语言命名的情况，如"给力温暖""给力幸福"等。这提醒媒体人制作网络视频节目时，要更充分地发掘网络特质，更准确地发挥网络优势，而不仅仅是对名称、形式的追求。另外，主持人在分享网友微博时，有些网友使用了网络语言，主持人要将微博内容转述出来，如"其他版本都是浮云"。这间接体现互联网的互动性、交互性。它使得传授双方的交流增强，使得信息的形成过程发生改变，信息不再是依赖某一方发出，而是在双方的交流过程中形成。没有信息传播的控制者，只有信息传播的参与者。

（2）《大鹏》的主持人语音发声问题最为突出，占整个语言失范现象的 4/5，其中儿化过多是该节目主持人的明显问题。虽然这些儿化现象并没有引起歧义，没有改变词语所要表达的意义，没有违反普通话儿化的要求，但是过多的儿化聚集使得主持人语言更接近老北京方言的特征，并且其中一部分是日常生活中没有儿化习惯的词语，如"制作物儿""节目儿""后背上儿"，以至于整体语言面貌给人以过于随意、口语化之感。该节目的语言表达问题不多，这可能与主持人的语言表达方式就是"唠吧"，即轻松、口语化有关，因此网民对其语句、语法的规整性并不敏感。形成这些现象主观上与主持人缺乏较强的语言规范意识有关，客观上是受到节目定位的影响。该节目中，主持人以草根民众的视角观察世界，语言平民化，将"草根文化"这一网络精神彰显得较为透彻。主持人将自身定位为一个真实存在的小人物，常用调侃的口气戏谑发生在"大人物"身上的事情。主持人的普通话存在方言痕迹，口语特征明显，对外来语的使用多半表现出"明明不太会说，却又假装洋气"的状态。主客观共同作用，使得主持人在把握语言规范与活泼之间的关系时略有偏颇。

（3）《微博秀》中，主持人语音发声问题较为突出，占整个语言失范现象的 2/3，其中尖音问题比较明显，属于语音缺陷。虽然只是个例，却反映出招收网络视频主持人的门槛偏低，主持人的语言面貌有待改善，播音主持业务素养有待提高。对于 3 处网络语言的使用，有 2 处是主持人主动地使用，1 处是主持人在分享网友微博时转述的微博内容。外来词使用 7 次，这可能与该节目的一位主持人有海外留学经历有一定关系，主持人时不时地出现中英文混用现象，对部分网民的理解造成了障碍。同时，由于该节目较前两种网络视频节目与网民有更为充分的微博互动，因此主持人语言中出现一些与网络相关的专业词汇，通俗说就是微博达人之间的"行话"，这对于有些只观看节目、不了解微博的网民，理解起来可能有困难。

2.三种节目主持人相同时间段内语言规范问题数据分析

表 2 显示，在同样的时间段内，《大鹏》和《微博秀》的语言失范现象总数分别是《网络春晚》的 3 倍和 2 倍；具体到语音发声问题，分别是《网络春晚》的 11 倍和 6 倍；具体到外来语的使用，《网络春晚》中没有出现，而《大鹏》和《微博秀》在 20 分钟内分别出现了 5 处和 4 处；关于方言的使用，

《大鹏》和《微博秀》均出现 1 次，《网络春晚》使用率为 0。这充分反映出网络视频主持人的语言规范意识、播音主持业务素质较传统媒体主持人还存在一定差距。对于网络语言的使用，《网络春晚》是《大鹏》和《微博秀》的 5 倍和 10 倍。同时，主持人对于网络语言的使用有 3/5 以上为 2010 年以前的网络词汇，如"给力""雷""神马"等；而《大鹏》和《微博秀》的主持人基本使用的是 2011 年产生的较新的网络流行语，如"银"（即"人"）、"亲"（淘宝体）、"hold 住"等。这反映了传统媒体主持人客串网络视频主持人，并没有真正抓住网络视频节目的精髓与特质，更多只是流于表面的追求，而真正的网络视频主持人由于相对充分地结合了网络特性，反倒对网络语言没有刻意地使用。

三、网络视频主持人语言失范原因

以上从节目类型角度对网络视频主持人语言规范问题进行了分析。那么，除受到节目类型影响外，网络视频主持人出现语言失范现象还有哪些共同原因呢？

（一）客观原因

1. 网络环境影响

主持人的语言表达必然受到传播媒介的影响。一方面，互联网的自由开放性使其与传统媒体相比，赋予了普通公民传播权，即所有上网的人都可以发布信息，信息的传递是双向的、交互式的、不区分发布者和受众的。这为网民、内容提供商、互联网服务提供商创造了创新、竞争、自由表达的开放环境，但是也使得信息获得和发布的门槛大大降低，各种质量的信息杂存，语言规范性降低，网络语言盛行。网络视频主持人置身于网络环境之中势必受到周围语言的"熏陶"，语言规范性受到影响。同时，网络的交互性与匿名性使网民的表达意识、参与意识、交流意识比在传统文化氛围下表现得更强烈。在与主持人互动的过程中，网民的语言会对网络视频主持人的语言表达产生直接影响。比如，主持人在分享网友微博或评论时，如果网友使用了网络语言，或是语言表达不规范，主持人就可能由于复述内容或发表风格相同的回复而忽略了语言的规范。

另一方面，互联网将人们传统的线性思维方式转化为非线性思维方式，即"超文本化"的思维方式。传统思维一般是直线的、单向的，是遵循时空顺序的，沿着一定逻辑方向发展的。而超文本化的思维方式则是非平面的、无中心的、无边缘的、跳跃的，这导致了人们思维的开放化、多样化、发散化。有些网络视频主持人认为语言中出现中英文混用、网络语言、方言等是体现此种思维的一种方式，即通过语言的"活泼"或者"幽默"反映思维的多样化、跳跃性。其实这样做没有把握实质，只是下了表面功夫，是以牺牲语言规范为代价的。

2. 选拔标准宽泛

本文开头提到网络视频主持人是伴随着互联网的发展、计算机技术的提升应运而生的新事物，其发展还处于自发的摸索阶段。关于网络视频主持人的选拔、资格认定标准还没有形成完善、科学的体系。各大网络门户、网络公司招聘网络主持人多从学历、形象、语言交际能力等方面提出笼统的要求，多以主观意向为准。一般对于学历的要求是大专以上或不限，对专业不作明确要求，外在条件多为"形象气质好"，播音主持业务能力多为"声音甜美，普通话标准"等，大多没有形成具体明确、专业性高的硬性要求。这是致使网络视频主持人语言素质参差不齐，较传统媒体主持人仍显不足的原因之一。对于传统媒体主持人，目前我国有《播音员主持人持证上岗规定》（2001年发布）、《广播电视编辑记者、播音员主持人资格管理暂行规定》（2004年发布）、《中国广播电视播音员主持人职业道德准则》（2004年发布）等文件，中央电视台2005年还制定了《播音员、主持人管理办法》。这些文件对播音员主持人的责任、品格、形象、语言，以及人员选拔、资格认定、日常管理等方面作了较为详细的规定。其中，对于播音员主持人的语言从语音、表达、语法等方面作出了论述，要求播音员主持人持证上岗，且明确规定普通话水平要达到国家《普通话水平测试实施办法》规定的标准。这些都在很大程度上保证了传统媒体主持人的语言规范水平，是值得借鉴的。

3. 对象层次多样

这里包含两个方面。一是网络视频主持人以"一对多"的形式进行传播。由于互联网的虚拟性、互逆性、即时性、海量性、全球性，主持人不仅要照顾节目现场，顾及网民，还要处理网民与现场的互动。很多时候，网络视频主持人需要一边与嘉宾交谈，一边和网民沟通，还要为网民与嘉宾的互动搭建桥梁，以"一对多"的形式传播，较传统媒体主持人"一对一"的传播形式面对的对象更多、不确定性更高。比如，在《微博秀》中，主持人要时刻关注网友的微博留言，网友可以对节目现场进行实时捕捉和评论，表达各具特色的想法。主持人要有选择地对网友留言进行点评发挥，作出即时判断，可谓"一心多用"，创作空间更大，难度也更高。

二是网络视频主持人交流对象的多元化。党政机关事业单位人员、企业公司人员、学生、工人、农民、个体户和自由职业者……各种职业、各种年龄、各种经历的网民都可以随时匿名与网络视频主持人进行零成本的互动。网络视频主持人要兼顾不同身份网民的各色言论，对象的复杂性分散了主持人的精力，使其不只将心思集中于语言的表达、节目进程的掌控，还要关注时刻更新的微博，挑选符合节目主题的微博与众网友分享，并加以评论，从客观上增添了网络视频主持人语言规范的难度；同时，交流对象的多样性，使得网络视频主持人有时照顾不到所有的网民群体，从而使用了小众语言。比如，在《微博秀》中，主持人更多地考虑了文化程度较高的网民，出现了中英文混用现象，这可能会对一些企业工人、农民、个体户和自由职业者网民造成一定理解困难；在与嘉宾的交流中，主持人使用了"EP"（小专辑）一词，歌手、歌迷对于该词可能并不陌生，但是对音乐唱片了解不多的网友却只能猜测其意了。对于因对象的多样性而产生的语言失范问题，培养主持人多层次的对象感，切实站在网民的立场上考虑问题，设想和感觉各种对象的存在和反应，从感觉上意识到他们的心理是解决这一问题的方法。

（二）主观方面

1. 规范意识缺乏

缺乏语言规范意识，分不清语言规范与刻板，将个性化语言与语言失范混为一谈，是网络视频主持人易犯的错误。有些网络视频主持人没有意识到互联网传播是一种社会行为，虽然具有人际传播的特征，但归根结底还是大众传播，是媒体与大众之间的公开交流，肩负着推动全社会实现语言文字规范化、标准化的示范责任，因此在语言规范方面降低了对自身的要求。

2. 网络规律把握不当

网络视频节目区别于广播电视节目之处不应是主持人对网络语言的使用，对言语底线的挑战，对随意化、个人化价值观的展现。而应当充分发掘网络特性，正确利用，使其成为传播可信信息、传达主流价值观、积极推广规范语言文字的强大阵地。比如，利用互联网对信息的传递是双向的、交互式的这一特征，主持人可与网民进行真正充分的互动，给予网民更多表达自己想法的机会，提高他们的参与性，使他们切实感受到自己也是节目的一部分，是信息的创造者而并非仅为"受众"；同时，主持人应当抓住互动的机会，向网民推广规范的语言文字、积极健康的核心价值观，在自然亲近的交流中潜移默化地感染网民。再如，利用互联网"超文本化"这一思维方式，主持人可开发自身开放、多样、发散的思维模式，将其渗透于对信息的编排、语言的组织上，体现网络思维的跳跃性、网络语言的活泼性。

3. 播音主持业务素养参差

互联网环境下的播音主持活动对播音员主持人的业务素养提出了更高要求。首先，由于网民的主体部分是10—39岁、具有一定文化水平的中青年人，他们一般生活节奏快、思想活跃、思维敏捷、理解力强，同时学习、工作压力大，常常希望能在短时间内放松心情、缓解压力，并获得尽可能多的信息，因此网络视频主持人往往拥有较快的语速。其次，受互联网阅读习惯的影响，网民已经逐渐接受了飞速浏览、通过链接不停跳跃、只阅读标题和短文等阅读习惯，而不像在纸媒和广播电视媒体中对长文章、长节目的阅读和欣赏。阅读方式的转变带来思维方式的改变，体现在网络视频节目上就是节目短小精悍，主持人思维转换快速，语言富于变化。再次，虽然目前计算机网络技术的进步使得网络视频节目可以流畅地播放，但是电子传播设备和网络传输技术还是具有一定局限性，为了保证信息传播的有效性，要求主持人具备过硬的业务素质。以上原因都对网络视频主持人的播音主持业务素养提出了高要求。然而，现状却不容乐观。比如，在《微博秀》中，较快的语速引起了吃字现象，主持人将"知道"两字连读为 zhāo；语速快还会引起口腔控制松懈，控制力度不够，使某些字的发音不够清晰有力。又如，在《大鹏》中，主持人在说"大家脸上那个复杂的表情"时，"复"字几乎听不到，引起字音发音不全现象。再如在《大鹏》中，主持人在表达"你们只能演演戏去"这句话时，将"去"（qù）发成了"qi"，即在对字尾归音时没有做到弱收到位，趋势鲜明。语言表达方面，快速、跳跃的思维易使主持人反应、思考时间相对缩短，造成语言表达不准确。如在《网络春晚》中，主持人在表达"唱一首刘德华的歌给我听听"时，说成了"唱一首刘德华给我听听"。而受到技术设备的限制，主持人某个发音的小瑕疵经过传输就有可能放大为一个明显的语病。如《微博秀》中，主持人在发舌面音时，由于舌尖略向前，抵到了上下牙齿中缝，使得网民可听出较明显的尖音。针对以上问题，网络视频主持人提高自身播音主持业务素养是"万全之策"。

四、影响网络视频主持人语言规范的因素

（一）对用声的要求

由于网络视频主持人是借助电子传播媒介传递信息，对其声音的要求是：（1）准确清晰，即吐字合乎规范，字音标准，语音具有较高的分辨率，即使在杂音环境中也能听清楚；（2）圆润集中，即电视节目主持人要有较好的声音音色和较高的吐字技巧，并且声音集中，易于接受；（3）朴实流畅，即语言接近生活中的讲述，且发出的每一个字、每一个音节都要融会在语流中。

（二）对表达的要求

1. 规范性

互联网作为一种大众传播工具，主持人的语言对广大受众起着典型示范

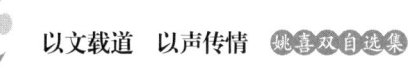

和榜样作用，是一种强势语言。这必然要求语言的规范，语言越规范，传播越广泛。张颂说："作为用有声语言来传播信息、传播文化的播音员主持人，做到'清楚明白'是最起码的要求。如果观众听不清主持人说的是'不信'还是'不幸'、是'明星'还是'民心'，那将是语言传播的悲哀。"当然，这里的语言规范不止体现在语音规范、普通话规范，还体现在从整体上把握语言规范系统，包括语音、词汇、语法的规范，语言表达样式的规范，语言内部技巧和外部技巧的规范，语言、副语言（体态语）运用的规范等。有些主持人只把规范的标准定在不读错字音、把握好词语的轻重格式、保持语句的规整上，以为做到这些播音规范的任务就完成了。还有些主持人一提到语言规范，就把规范与语言表达的"活"对立起来，结果使语言表达呆板。中央人民广播电台播音指导方明曾说："好的播音，应该让人'听清字儿，听懂事儿，听出味儿'。"

2. 对象感

对象感就是播音员主持人必须设想和感觉到对象的存在和反应，必须从感觉上意识到受众的心理、要求、愿望、情绪等，并由此调动自己的思想感情，使之处于运动状态，即要做到"目中无人，心中有人"。网络视频主持人只有透彻摸清网民的收视心理，充分了解可能的受众对所表达内容可能产生的反应，语言才会更有针对性、更贴切。

3. 分寸感

网络视频主持人作为网络视频节目制作传播的最后一环，代表着群体观念。这个"群体"中包含着制作团队、网站，有的代表了党和国家。如果网络视频主持人不能认识到这一点，只是狭隘地认为自己只是愉悦网民的"小我"，忽略了网络传播的广泛性、迅捷性，就很容易失去对网民进行正确引导、示范的职责。目前，相对于传统媒体来说，相关部门对于包括互联网在内的新媒体的监管和法规略显欠缺，这使得网络视频主持人在进行创作时比传统媒体主持人有了更大的空间和自由度。但是，网络视频主持人应当明白这种自由是有度的，必须对网络舆论的边界和底线了然于胸，在任何时候都把握好"分寸感"，掌握好"度"，绝不随心所欲、信口开河。

4. 感染力

网络视频主持人的语言表达应具有亲切感和鼓动性，以同网民平等的身份，用饱含着深刻思想、真挚感情的语言，向网民传递新鲜、易懂、真切、可信的信息。只有这样，才能以网民乐于接受的方式，起到传播信息、引导舆论、感染鼓舞人的作用。

五、促进网络视频主持人语言规范化的对策

（一）加深网情认识，提高规范意识

互联网的发展，计算机的普及对人们的生活产生着越来越广泛、深刻的影响，伴随互联网发展应运而生的网络视频主持人也将迅速发展起来。作为网络窗口的网络视频主持人拥有公共话语权，是进行大众传播活动的人，其语言对广大网民具有引导、示范作用。由于大部分网民为中青年人，随着时间的推移，他们将逐渐成为社会支柱力量，其语言也将成为社会主体语言，他们的语言规范与否将会对未来社会语言发展产生很大影响。同时，虽然当前上网者年龄结构在10—39岁的占总数的82.2%，学历结构初高中学历的占69.0%。但随着网络的普及，上网的人数会剧增，网民的成分也会日趋多样化。这对网络视频主持人的语言规范提出了新的要求，这种规范既要适应网络虚拟社区的语境，也要适合大众化；并且，网络视频主持人队伍的壮大、影响力的增强，还会波及传统媒体主持人，对传统媒体主持人的语言带来冲击。因此，网络视频主持人要肩负起引导、示范职责，正面利用网络特性，更好地传播规范语言。如果网络视频主持人将具有私语性、口语化特征的小众语言转变为具有公共性、书面语特征的大众话语，就不可避免地产生一些负面影响。比如，造成网外群体的视听困难，对青少年日常用语习惯带来负面影响，影响现代社会语言生活的健康发展等。总之，网络视频主持人的语言规范是不容忽视的问题。

（二）完善法律法规，加强行政监管

政府应积极运用政策、法律法规和技术手段加大对媒体语言规范的监管

和调控力度。法律方面，在严格遵守《中华人民共和国国家通用语言文字法》及相关法规的基础上，"将媒体语言规范写入《中华人民共和国国家通用语言文字法》或相关规定，从法治建设方面为媒体语言规范提供保障，逐步引导媒体语言从不规范到规范"。发布针对网络主持人的职业道德、资格管理、岗位要求等规定，将对网络主持人的各项要求落到实处，使各大网站、网络公司在招聘网络主持人时有据可依。政策方面，对语言规范、起到良好示范作用的网站或节目，政府应实行扶持、优惠或奖励，对有较多语言失范现象的网站或节目予以处罚。可将内容健康积极、语言规范生动的网络视频节目安排在黄金时段播出，使得较多的网民直接参与互动，受到规范语言的熏陶。

（三）制定行业规范，健全自律机制

改革和健全行业制度和自律机制，各大制作原创网络视频的网络门户应主动承担起大众传媒的示范职责。网站内部应该在制作、审查、播出等重要环节实施严格审核把关和"责任到人"制度，并对自身语言产品可能产生的结果进行评估与预测。相关部门应建立网络语言规范使用的监测机制，完善网络语言规范使用的管理制度，组织专家学者和一线工作者加强对其规范的研究，形成网络语言规范使用与研究群体之间的良好协作关系。研究者需要到实际生活中观察语言，搜集材料，发现规律，研究特性，提供对新增网络用语规范性的鉴定结果，确立规范标准，为一线从业人员提供切实可行的标准规范。2005年，历时6年编写的《现代汉语词典》第5版发行，6000余条新词被收入其中，为大家提供了新的语言规范依据。然而对于网络视频主持人来说，这样的更新速率与互联网的发展速度并不匹配，有些已经在网民中频繁使用的网络词汇并不能即时确定其规范性。因此，需要专业、权威的研究机构以更短的周期对可纳入规范语言系统的网络新词新语进行更新，为网络视频主持人以及传统媒体主持人提供即时可靠依据。同时，网络视频主持人自身也要具备较好的道德操守、全面的人文素养、严谨的职业作风和强烈的社会责任感，自觉提高自身语言能力。

（四）加强培训交流，提高队伍素质

对网络视频主持人，网络门户可定时组织其进行学习，以培训的形式提升主持人的语言能力，如对其进行岗前培训，向即将成为网络视频主持人的人员传授具体的语言规范要求，帮助其树立科学、明确的语言规范观；定期进行强化培训，交流总结工作中出现的语言不规范问题，有针对性地切实解决。增强网络视频主持人的法治意识，使其切实遵守《中华人民共和国国家通用语言文字法》，积极推广、普及普通话，不使用对规范语言有损害的口音、语调、粗俗语言、行话；用词造句要遵守现代汉语的语法规则，语序合理，修辞恰当，层次清楚，避免滥用方言词语、文言词语、简称略语或生造词语……还应为网络视频主持人提供更广阔的交流平台，开辟网络视频主持人之间、网络视频主持人与传统媒体主持人之间、网络视频主持人与专家学者之间交流学习的多种渠道。比如，召开网络主持人座谈会，互相交流主持经验；让网络视频主持人到传统媒体中担任主持人，增强其语言规范意识，让传统媒体主持人到网络视频节目中担任主持人，增添其语言活力；组织专家学者与一线网络主持人进行交流，直接向主持人传达语言规范的必要性，并了解一线工作者的困惑，解决研究与实践之间的脱节现象。对于当前网络视频主持人总数较少，且一部分是兼职的传统媒体主持人或网站工作人员这一现象，要努力培养专业、高素质的网络视频主持人队伍，以有利于网络视频主持人队伍管理，促进其语言规范，提高队伍素质。

参考文献：

［1］王洁.浅谈网络对人们生活与思维的影响［J］.科协论坛，2011（5）.

［2］俞虹.节目主持人通论［M］.杭州：杭州大学出版社，1996.

［3］姚喜双.树立"大规范"意识：播音语言规范的思考［J］.语文建设，1993（11）.

［4］姚喜双.加强媒体语言研究：需要解决的几个问题［J］.语言文字应用，2005（3）.

［5］姚喜双，郭龙生.媒体语言对青少年价值观的影响［J］.教育研究，2007（11）.

［6］张颂.播音创作基础［M］.北京：中国传媒大学出版社，2004.

［7］张颂.播音主持艺术论［M］.北京：中国传媒大学出版社，2009.

[8]张艳霜.网络主持的分类及特点[D].北京:中国社会科学院研究生院,2010.

[9]曾致.以全新的哲学范式观照当代中国播音学:读张颂教授新著《播音主持艺术论》有感[J].艺海,2009(3).

[10]黄勇.在"落实六中全会精神,加强媒体语言规范研究"会议上的主题发言[R].2011.

[11]中国互联网络信息中心.第29次中国互联网络发展状况统计报告[R].2012

媒体语言发展刍议[*]

一、媒体语言的特点

媒体是交流和传播信息的工具。无论是传统媒体，还是新媒体，都离不开语言。语言不但关系到媒体内容的传播效果，而且还是构成社会文化环境的重要元素。

随着时代的发展、科技的进步，当今媒体已从报刊、广播、电视发展到网络及其他新媒体。媒体形式的不断发展，使得媒体语言也表现了鲜明的时代特点，语言材料极大丰富，语言风格多样，人们使用与探索语言的积极性十分高涨，这些对社会语言生活产生了重大的影响。

对于"媒体语言"的定性问题，目前尚存在多种观点。有人认为没有独立的媒体语言："有媒体的存在，有语言的存在，有它们之间的关系，但很难说有一个独立的媒体语言存在。"有的学者认为，媒体语言是语言在媒体中的运用，如对网络语言的认识，"认为网络语言的存在只是语言的运用问题"。而目前多数研究新闻语言、广播电视语言和网络语言的专家、学者和业界人士都认为，媒体语言存在自身独特规律和完整系统。还有学者认为，无论是语言在媒体中的运用，还是有独特规律的媒体语言，都可以称为媒体语言。如现实生活中，许多人都称其为媒体语言。

---

[*] 本文原载于《语言文字应用》2010 年第 1 期，与张艳霜合作，收入本书时有改动。

对于媒体语言的内涵与外延问题，也存在不同的观点派别。宽派认为媒体语言包括媒体传播的符号系统。例如，黄匡宇对电视新闻语言的概括：电视新闻语言系统包括抽象语言系统和具象语言系统。抽象语言系统由抽象音响语言（播音语言、现场语言）和文字（屏幕文字、画面文字）组成。具象语言系统有客观性具象语言（造型语言：如形体语言、表情语言、着饰语言、色彩语言、空间语言、图表语言；具象声响语言：现场音响、音乐语言）和主观具象语言（线条、光线、色彩、影调、角度、景别、蒙太奇、特技）组成。窄派认为，媒体语言单指在媒体中使用的语言、文字。中派认为，媒体语言包括在媒体中使用的有声语言、副语言、体态语、文字、音响、相关图表、字母等。

从属性说，媒体语言是多质的，具有新闻、语言、艺术、技术等综合性特征。其功能同承载它的媒体一样，既具有宣传功能又具有传播功能。

媒体语言，无论是传统媒体如报刊、广播、电视的语言，还是新兴媒体如网络中的语言，在信息传播过程中都有着共同的特点：（1）传播范围的社会性；（2）传播速度的时效性；（3）传播手段的技术性；（4）传播符号的规范性；（5）传播言语的技巧性；（6）传播方式的策略性。从信息传播的最终效果来看，媒体语言对社会生活的影响及时、迅速，受众面广，对于整个社会语言生活有较强的示范、引导作用。

二、媒体语言的发展

（一）媒介的发展

新中国成立以来，新的新闻网络开始初成布局。作为第一代大众传媒的报刊，此间得到迅速发展。除《人民日报》《光明日报》等面向全国发行的报纸外，一般每一省或地级市都有一份党报，还有面向行业和某些群体的报刊。

随着电子技术的发展，第二代大众传媒——广播，在中国也逐渐发展壮大起来。1949年12月，中央人民广播电台和北京人民广播电台开始播音，这是诞生于战争年代的人民广播事业的又一个里程碑。继报纸后，各省市自治区和省会城市等的广播电台也相应建立。至 20 世纪 60—70 年代，随着家庭收音机和各种电子广播媒介的进一步发展，广播已跻身于主流媒体行列。

在我国，作为第三代大众媒体的电视发展起步相对较晚，1958 年 9 月 2 日，新中国第一个国家电视台——北京电视台（中央电视台前身），开始对首都地区正式播出电视节目。电视进入寻常百姓家并获得长足发展已是 20 世纪 80 年代，此后短短的 20 多年里发展速度异常迅速，与报刊、广播形成三足鼎立之势，在 20 世纪后半叶甚至形成了"电视冲击"，成为"20 世纪最具革命性和冲击力的媒体"。

进入 20 世纪 90 年代，网络信息技术引发了大众媒体的第四次革命，被公认为继报刊、广播、电视之后的第四媒体。我国自 1994 年接入互联网以来，也迅速踏上了全球的信息高速公路，网络媒体将我们带入了传播的崭新时代。目前，我国已有 3 亿多网民。如果说纸与笔、阅读与书写是人类社会的一种具有悠久历史的文化传播模式，那么网络传播则是一种集声光电于一身、聚音字像于一体、汇采传受于一线的新型传播模式。

在 21 世纪的最近几年，科技的进一步发展尤其是数字技术的繁荣，催生了较网络媒体更新的新一代媒体，它们在数字技术和网络技术的基础之上延伸出来，衍生出多种形式，如手机媒体、数字电视、移动电视、IPTV 等。有的学者认为它们是"第五媒体"，也有的称其为"互动式数字化复合媒体"。新媒体的"新"最根本体现在技术上，同时也体现在形式上，有的则是在传统媒体的基础上引进新技术后而形成的新旧结合的媒体形式，如电子报纸、网络电视等。

在信息化高度发达的今天，大众传媒也空前发达，形成了报刊、电视、广播、互联网四足鼎立、媒体互动的局面。

（二）媒体语言的发展

在传播学中，语言环境由"场景""方式""交际者"等组成，每一个部分的改变都可以产生新的语域。其中，"方式"包括语言采用的渠道，既包括语言表达时所采用的方法，也包括借助于何种媒体来表达。同一种语言借助于不同的媒介来表达时，会有不同的模式变体。因而，媒体的发展变化必然会相应地引起媒体语言的演变。一种新的媒体诞生，也必然会催生一种新的媒体语言，即使这种语言与之前旧媒体语言有所继承延续，但在选择、运用组合手段的方式方法上必然会有很大的不同。大众传播对表达手段与方式的运用，也必然要考虑到传播媒介和对象的特点。

媒体语言的发展演变和社会生活的变迁密不可分。语言的交际活动与时代同步向前发展，而作为信息载体的报刊，也同时代一起发展演化，并影响这个时代的语言特点、审美情趣和文风。随着社会生活内容的变化和丰富，随着受众对新闻作品要求的日益增高，随着媒体从业人员对于自身认识的提高及对新闻规律的深化，媒体语言也在不断变化，不断创新，在不同的时期呈现出不同的特征。

1. 媒体语言相对单一的时期（新中国成立后到20世纪60年代中期）

新中国的成立使全国人民当家作主扬眉吐气，革命和建设的热情空前高涨，因而这个时期的报刊语言富于激情、质朴简明、昂扬向上。报刊在鼓舞激励人民建设新中国的热情方面发挥了重要作用。但也存在某些不足之处，如报刊语言相对单一，通俗有余而活泼不足。另外，当时的报刊语言还带有较多的主观色彩，客观分析较少，有时存在讲大话的风气；语言风格多以严肃为特征，少了些亲切感。

在这个时期，人民广播事业处在一个开拓创业、发展提高的重要时期。这个时期的广播语言继承发扬了解放区人民广播的优良传统，要求广播语言要准确、鲜明、生动，同时对宣传工作者的品质和素质提出要求，强调要熟悉群众语言，即简洁、明了、清楚、通俗化的群众喜闻乐见的语言形式，并提出了对新闻播音语言的要求：要富有感情、富于鼓励性、要准确、鲜明、生动等。但此时广播语言自身的特点还不够鲜明，尤其是新闻基本沿用了报刊的语言方式，多为书面语，口语化特点不突出。

1958年，中国第一台黑白电视机在天津诞生。同年，我国首家电视台——北京电视台建成。当时，全国只有50多台黑白电视机，观众少，电视节目也非常有限，因而还谈不上具有真正意义的电视媒体语言的特点。

2. 媒体语言充斥空话套话的时期（"文革"时期）

这时的报刊俨然成为政治上的"司令员"，动辄发号施令，大做批判文章。这使得报刊语言的准确性遭到破坏，报刊已成为大量空话废话大话的豪言壮语或四六骈句的集散地，不遵循新闻传播的规律，不重视新闻价值，一切只为政治口号服务。"文革"期间是我国新闻失实严重的时期，这时期报刊语言的总体特征就是虚假单调，语言严重程式化。在这种情势下，报刊语言难有探索和发展。

这个时期的广播节目一切为政治服务，以阶级斗争为纲，广播语言中时刻不忘引用"最高指示"，句句不离开"革命""斗争"等字眼，赞颂与抨击都不遗余力，语言充满了"火药味"，大喊大叫，"空话""套话"等充斥媒体与生活各个角落，其播音语言表现为"高、平、空、冷、僵、远"，即调门儿高、语言平、内容空、态度冷、状态僵、与受众距离远。

3. 媒体语言返璞归真的时期（"文革"结束至20世纪80年代末）

从政治、思想、时代、社会等因素来看，这时期的报刊语言努力肃清"文革"流弊，让语言恢复纯洁健康，为解放思想服务。改革开放的政策，也使得报刊从业人员不断创新，促进了报刊语言的健康迅速发展。这个时期的报刊语言也与这个日趋开放的社会一样，出现了多元的趋势，在表达方面就出现了白描式、调侃式、口语式、旧体式等。报刊语言逐步向富有人情味方向发展，开始出现一些语气语调平和、亲切、温暖的谈话风味，文章也开始写得平等、友好，展现出清新的气息。

这一时期在清算"文革"极"左"思潮对广播语言影响的同时，广播语言在风格上也力求"改革和创新"。1981年，中央人民广播电台正式以主持人形式推出《空中之友》节目，这也是大陆在改革开放背景下创办的第一个广播主持人节目，并造就了大陆第一位广播主持人徐曼。《空中之友》主持人节目的开播，对于我国广播节目语言风格的深刻影响，已为广播学界所公认。这种"交谈式"的播音主持方式回归到"文革"前强调人情味的优良传统，让当时早已对"文革"时期"高、平、空"的语言感到厌倦的听众耳目一新。这种语言样态上自然交流与富有亲近感的播音主持语言风格的出现，改变了

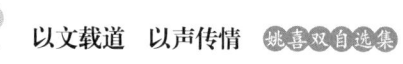

以往单一性的传播模式。

中国的电视事业,这个时期大致可以分为两个阶段:1958—1983年,这一阶段电视还不是我们现在所理解的大众媒介,受众人数很少;第二个阶段为1983年至20世纪90年代初期。1983年3月在北京召开的第十一次全国广播电视工作会议,对之后10多年的电视业发展具有深远的影响,因为这次会议制定了中央、省、地(市)和县(市)"四级办广播电视、四级混合覆盖"的方针,一改以往"两级办"的发展格局,使中国电视业出现了突飞猛进的发展。此时的电视语言尚处于初步探索阶段,但继承和发扬了广播电台节目的语言风格,以中国电视史上首位主持人沈力为代表,她主持《为您服务》节目以和蔼可亲、平易近人、真诚朴实的语言风格成为观众的知心朋友,得到了观众的认可和喜爱。《新闻联播》的出现,集中体现了中国电视语言的特点。在这个阶段以"短""快"为特点的新闻明显增多,电视评论初现荧屏,电视媒体语言也相应地朝多元化方向发展。

4. 媒体语言丰富和创新时期(20世纪90年代至今)

新的时代里媒体竞争激烈,再加上网络的冲击,报刊须不断创新才能立足发展并保持长盛不衰。用新的语言写出有新意的文章,抓住受众的注意力,让受众耳目一新、印象深刻,才能使报刊在竞争中得以不断发展。这个时期的报刊,已发展为根据受众的不同提供差异化阅读。比如,在综合性日报里,语言要规范、庄重些;而在面向市民阶层及日常生活的晚报里,语言则更具生活气息,柔和、活泼且口语化。青年报刊的语言活泼华丽,可以更多地采用新词汇;而专业类报刊的语言则更偏重于严谨、专业。信息时代报刊语言的另一个重要变化就是引入了"网语新词"。互联网的迅速发展,网民数量激增,由此而诞生的网络新词语、新用法层出不穷。它们的加入使得报刊语言的词汇得到丰富,语体更加活泼生动。但我们也看到,网络语言是特定语境的产物,其交际功能是有限的,在报刊的某些语境当中使用网络语言并不适宜,需要加以引导和规范。

这个时期广播电视事业飞速发展,科技的进步突飞猛进。电视信号从微波传送变成卫星传送,接收方式从室内天线接收变成有线电缆传送,能收视到的节目由几套上升到几十、上百甚至几百套,节目信号从模拟变成了数字,节目由录播改成了直播,声画质量从普通变成了高清。科技的每一次进步,使传播的方式、传播语境、竞争环境也都发生了深刻的变化。语言传播主体的话语方式也随之不断调整,以适应科技的进步,给受众带来的新的需求。当今的受众与10年前、20年前的受众在媒介认知、欣赏情趣、价值取向、审美水准等方面也发生了非常大的变化,这些都对广播电视语言传播提出了新的更高的要求。随着政治经济体制改革进一步深化及以人为本、构建和谐社会思想的确立,播音主持风格呈现出百花齐放、各显特色的局面。在构建和谐社会的进程中,传媒能够起到调节社会矛盾的作用,这就要求传媒的话语方式更加平等、更加人性化。播音主持样式也更为多样,超越播音主持传统样态的尝试也不断出现。一大批以口语为主的谈话节目和文艺节目的出现,使这种以口语为主的话语传播方式在当前的传媒中占了一定的空间。当然这其中也存在一些问题,那就是"港台腔"的出现。内地广播电视主持人模仿"港台腔",影响了广播电视语言的规范和纯洁,也成为推广普通话的障碍。当被称为第四媒体的互联网进入人们的生活后,它再次极大地改变了人们获取信息和娱乐的方式。适应网络要求的播音主持还显示出了有别于传统媒介的特点,诸如面对面互动、即时反馈、身份平等等。网络主持人的出现为媒体语言的研究提供了新课题。它对于媒介的话语传播方式提出了新的要求,虽然初露端倪,但网络主持的时代正在悄然到来。

(三)从媒体语言的特点看发展

1.随着媒体语言的发展,其传播的社会性更强,层次更丰厚,内容更丰富

媒体语言的传播由过去单一平面媒体报纸发展到受众覆盖面更广的电子媒体广播电视,各种文化程度、识字或不识字的受众都能够享受到获取信息的权利(报纸时代不识字的人很难从报纸文字中获得信息)。网络媒体的出现,使得原来的国内传播更加扩大乃至覆盖全球,其社会性更强,覆盖范围更广,整个世界在各种信息网络的连接下变成了"地球村"。

从我国广播电视传播语种来看,其由过去的以普通话为主,少数方言、民族语言为辅,对外传播只有英语等少数外语语种的局面,发展为今天的基本覆盖国内少数民族及方言地区的多语言传播及 50 多种对外语种的广播。另外,还有针对特殊群体的特殊语言传播。如今的大众传播更加大众化、分众化在广泛覆盖受众的同时进一步深入传播,在更细化更专业的领域里拓展传播网络。

2. 传播的时效性越来越强

平面媒体印刷周期长,信息的产生与受众的获知之间存在一个时间差。广播电视等在过去技术手段不发达的年代里多采用录播手段,也无法达到更具时效性地传递信息。随着直播技术与即时处理手段的完善与更新,现在受众与信息处于几乎共时的状态。网络媒体及更新一代媒体,使信息传播与接收环境处于一个全开放的全时状态,时效性更强。

3. 技术手段越来越先进,传播质量越来越高

过去的报刊依靠静态的文字、图片来传播信息,网络时代的报刊都纷纷"上网",采用多媒体手段传播信息,表现形式更加丰富多样。过去的广播电视采用模拟信号,随着技术的发展,如今的电子媒体都是数字、高清,信息传播在质量上有了一个很大的飞跃。

4. 语言内涵更加丰富,语言符号更加规范

过去的媒体语言多指平面的文字或者广播电视的有声语言。随着传播技术的发展与传播理念的更新,媒体语言扩大了内涵,不仅有只限于平面文字符号和有声语言,还包括副语言如形象、体态、服饰等因素。语言文字在多年的发展中进一步规范,在推广普通话、推行规范汉字等方面发挥了重要作用。《中华人民共和国国家通用语言文字法》更是以法律的形式对包括媒体语言在内的社会语言规范提供了依据。

5. 表达样式更加丰富,言语技巧更加多样

过去的媒体语言多注重书面语言的使用,随着对各类媒体的传播规律及特点的不断探索,媒体语言已不再停留在书面化的语言及宣读式的播报,已发展为更加丰富的语体和多样表达样式。报刊的文风更加贴近生活、贴近受

众,广播电视主持人的主持风格更加多样,网络语言的独特及对传统媒体的影响,使得媒体语言的发展不断满足受众对于各类信息的不同需求。

6. 传播策略从注重"宣传"发展为基于媒体传播规律的"传播"

过去侧重宣传的传播以"传"为主,传播者与受众的地位并不平等。现在的传播以受众为主体,真正做到以人为本,更加注重互动与沟通。特别是网络新媒体的出现,促成了传统媒体与新媒体的全面"捆绑",媒体更加注重从受众的关注点和兴奋点入手,在实现贴近生活、贴近群众的同时,达到宣传效果,完成传播任务。

三、影响媒体语言发展的因素

作为人类最重要的交流工具和思维工具,语言是不断发展变化的,而媒体语言的发展变化也集中体现了这种变化过程。媒体语言是大众信息传播的物质外壳,媒体语言的流变也必然是大众传播流变的某种外显和表征,一定的媒体语言总是与特定的时代需求和相应的历史条件相符合的。历史的演变、时代的发展必然推动媒体语言的变革,使之带有深刻的社会烙印和时代印记。概括来说,社会的发展变化、媒体自身的发展演进以及受众的心理需求在媒体语言的变化发展中起到了重要的影响作用。

(一)社会时代的变迁

社会时代的变迁是媒体语言的催化剂。社会生活的丰富多彩必然带来媒体语言的发展和创新。陈章太说:"自实行改革开放政策以后,我国便进入从计划经济到市场经济的新旧体制转型时期,国家从封闭、沉寂走向开放、活跃,并向现代化、市场化、一体化大踏步迈进。社会生活丰富多彩,人们观念不断更新,新事物新概念层出不穷,整个社会呈现出生动活泼、日新月异的景象。这种急剧而深刻的变化,必然促使语言发生很大变异。"社会经济、政治、教育、文化、体育、卫生等各项事业的繁荣与进步,民族、国家地区间的交流等都必然在媒体语言的变化中得到反映。稳定的社会生活、宽松的政治环境会引导媒体语言健康发展，反之则会使媒体思想僵化，语言失去生命力。

语言由语音、词汇、语法三个部分组成，其中跟社会关系最密切的是词汇。媒体语言亦是如此，每一次社会革新都会涌现出大量新事物、新观念，与之相关的新词语也涌现出来，媒体语言也丰富多彩起来。特别是应时代潮流而起的全民造词运动，规模大、变化快、质量高，充实了媒体语言，并极大地丰富和发展了汉语言。可以说，媒体语言已经成为观察中国社会发展变化的"晴雨表"。

我国在20世纪50—60年代，报刊、广播语言中洋溢着火热的建设热情，"工业学大庆，农业学大寨""全国人民学习解放军""备战备荒为人民"这些流行语折射出了那个年代的社会状态。"文革"期间，"牛鬼蛇神""黑五类""阶级斗争"等轰隆声不绝于耳，折射出当时动荡不安的政治环境。20世纪70—80年代，"解放思想改革开放""万元户""早日实现四个现代化""五讲四美"等在报刊、广播、电视中频频出现的字眼，折射出改革开放后举国上下一片欣欣向荣的景象。进入20世纪90年代以来，宽松的社会环境及受众日渐丰富多样的需求，使得新词语、流行语层出不穷。特别是随着互联网在我国的普及，掀起了全民性的造词运动，新词语、流行语遍布网络及社会生活的各个领域。国家更有专门部门发布年度新词语、流行语。例如，国家语言资源监测与研究中心等专业机构每年都会发布中国主流媒体十大流行语。由此可见，媒体语言的产生、发展与社会生活息息相关、密不可分。

（二）媒体自身的发展

科技进步和社会繁荣为媒体发展提供了必要的条件，同时催生新的媒体形态。从传统的纸媒发展到电子媒体再到信息时代的"全媒体"，媒介在发展中的每一跳都带动着语言的相应变化。新中国成立初期，报刊、广播是主要的大众传播手段，20世纪50年代末我国第一家电视台建成，但等到电视普及已是改革开放后的20世纪80年代，与此同时，报刊与广播分别处在繁荣与复兴中，报刊、广播、电视呈三足鼎立之势，我国跨进了人类信息传播的

"大众传播时代";20 世纪 90 年代初,信息传播新技术、新媒介的发展突飞猛进,源于 90 年代中期的全球信息高速公路规划和建设,更使得新一代的信息传播技术与新媒介扑面而来。大众传播媒介发展至今,已经是集载体形式、内容形式及技术平台于一身的"全媒体"。从传播载体工具上可分为报纸、杂志、广播、电视、音像、电影、出版、网络、电信、卫星通信等;从传播内容形式上涵盖了视、听、形象、触觉等人们接收信息的全部感官;从所倚重的各类技术支持平台来看,除了传统的纸质、声像外,还包括基于互联网络和电讯的 WAP、GPRS、3G 及流媒体技术等。

媒体的变化带动了媒体语言的变化。报刊语言讲求规范化,要求准确、简明,而广播电视媒体有自己的传播特点,其语言跟报刊语言有很大不同,更注意语言的生动性和立体感。起步阶段的广播电视语言可以说是脱胎于报刊语言,早期的广播电视语言是从报刊转移过来的,基本上就是把报刊上的东西拿来使用,或者模仿报刊文体,自己采写消息和评论。这时的广播电视语言应该不是真正具有特色的广播电视语言。但广播电视从业人员几乎在一开始就注意到了不同媒体中运用语言的差别。广播电视的语言传播主要是有声语言传播,"说"和"听"是制约广播电视语言的根本因素。因而一般的书面作品在广播电视上播出需要在语言词汇、句式、语音安排乃至标点符号等方面做一些必要的改动,以适应有声语言的特点。

互联网的出现催生了有别于所有传统媒体的网络传播方式,传媒业在信息化条件下发展的一个表现即网络文化的兴盛与网络语言的流行。网络语言多呈现为年轻化、趣味化、趣味性的字眼与表达,将语言文字和符号表现为一种言传式和意会式的群体语言。这种新生代的语言大多数都无法在传统媒体中达到原有的效果,因而也成为网络语言的独有特质。但与此同时,在缺乏"把关人"的网络中,语言的不规范、粗俗化现象也比比皆是,需要进一步的规范和引导。

(三)受众的需求

媒体语言来源于社会生活,来源于群众的社会实践,它总是随着社会实践和人民群众的需求而发展变化。我国在改革开放之前的大众传播活动，多服务于当时的国家政治与建设需要，社会生活相对简单，人们对于精神文化的需求还比较单一；表现在媒体语言上便是相对单一。改革开放后，丰富多彩的社会生活培育出众多的具有自主意识的受众，他们的需求不再仅仅是过去那种单一的信息，他们还需要经济、文化、科技、教育等各个领域的信息，这种变化也必然促使媒体语言日益多元化。

媒体语言的多元，首先表现在媒体语言不仅在内容上体现多样丰富，以表达受众的愿望和需求，而且在形式上活泼生动、新颖别致，为广大受众所喜爱；注重从受众心理角度考虑，以平民的视角反映生活，以具有亲和力的语言感染受众。其次，媒体语言的多元表现在传播者不仅报道新闻事实，还可以公正表达对事实的看法；受众也可以不同形式自由表达自己对新闻传播的看法。再次，随着社会结构的变化和受众的分层，这种多元还表现为媒体语言既要适应同一层次的受众多元化的需求，又要满足不同层次受众的口味。

我国在过去的新闻传播活动中，传者和受众的分工非常明确，信息流通的形式是"我传播你接受"的单向灌输式。虽然媒体语言也一直强调受众反馈，但其延迟性和间接性使得传者和受众之间并未建立起理想的互动关系。而在新时代随着受众主体地位的提升，尤其是计算机技术和国际互联网的应用，媒体语言互动性的特点日益显现。比如，在网络语言传播中，互动性是首要的基本特征，受众可以随时与传播者进行"对话"，互相传播资讯、表达观点、提出要求和随时反馈对报道内容的看法。新闻传播由过去的传播者对于受众的单向灌输式变为传播者与受众的双向互动式。一个网络传播者，身份可能是双重的，他既可能是信息的接收者，同时也可能是一个传播者。因此，在网络传播这种新型传播方式中，媒体语言的互动性特点将日益凸显。

受众的需求动机，既有受众在接触大众媒介过程中个人的心理、兴趣、环境等因素，又有他们的社会动因，包括他们现实的政治、经济和文化背景，社会地位，价值观念和群体归属关系等众多因素。受众面对大众传播并不是被动的，实际上他们总是主动地选择自己所偏爱和所需要的媒介内容，而且不同的受众还可以通过同一个媒介讯息来满足不同的需要，达到不同的目的。

总之，受众是传播活动的最终完成者，是新闻文化的主体，受众的心理需求客观上左右着大众传播的走向。在市场经济背景下，受众需求必然是影响媒体选择的重要力量。

四、媒体语言未来发展趋势

科技的发展和社会的进步，会不断催生更新的媒体形态，而原有的媒体形态不会衰亡，经过一段时间的调整后，它们会立足自身的优势，借鉴其他媒体的长处，对自身进行有效的改造而获得新的发展。这种兼容共生、互相促进、不断革新的媒体生存发展的特点，使媒体语言的发展变化也呈现一种融合的特点。

对传统新闻传媒即报刊、广播、电视来说，没有哪一种形态可以同时具备"第四媒体"的特点与功能，而第四媒体却可以囊括各类传统新闻传媒的表现形态和特点，同时具备它们所不具备的特点和功能。正因为如此，近年来不论是印刷媒体报刊还是电子传媒广播电视，都纷纷与网络"联姻"，以新的形态扩大自己的影响力。一个"全媒体"时代的到来，也使媒体语言的融合成为一种必然趋势。

海量的信息和丰富多彩的社会生活，使受众接收信息的习惯和思维方式发生了很大的变化。为了适应受众这种多元的、新的心理与思维变化，新闻传播者不能仅仅限于用单一的报刊、电视、广播或网络语言来报道，而要结合报道内容、媒体特点和受众需求，采取融合的媒体语言来传播，如纸质媒体文字的视觉化、图像化，广播语言的文字化，电视语言的广播化、口语化，网络语言的整合化等。媒体语言的融合，既体现了当下大众媒体对传统媒体语言的挑战意识，又表达了媒体个性张扬、自我发展的诉求，同时提升了新闻媒介的竞争力。

在各种媒体语言相互融合的过程中，语言的规范问题日益凸显。当今，网络语言因其活泼、幽默、随意，很快被网民接纳，在他们的日常生活中自然存在，并快速地流入报刊、广播、电视等媒体中。如果对网络语言不加鉴别,全盘接受,就会影响媒体语言的健康发展和语言文字的社会应用。所以,新媒体时代对于媒体语言的规范显得尤为重要。网络语言在给传统媒体语言注入新的活力的同时,也给传统媒体语言带来不少负面效应,需要引起媒体工作者的注意。报刊、广播、电视等媒体一直是社会语言规范化的旗帜,对于大众的语言生活有很大的影响力,在信息化时代这种示范作用不应被削弱。

作为不同的信息传播方式,网络与报刊、广播、电视等媒体虽相互影响,但又是彼此独立的。在信息高度发达的今天,我们虽然可以通过网络高效地获取所需要的信息,但这并不能说明网络媒体可以取代传统媒体。社会的信息化要求并决定了每一种媒体的存在对于社会、时代的发展都是必要的,四种媒体并行的媒体发展现状也证明了这一点。报刊语言、广播语言、电视语言、网络语言,尽管会有不同程度的交融,但仍会以各自不同的形态出现在我们的语言生活中,并且不断发展。

参考文献:

[1] 陈晓云.视频点播:网络时代的电视[J].浙江广播电视高等专科学校学报,2000(1).

[2] 陈章太.都市语言研究新视角序言[M]//邢欣.都市语言研究新视角.北京:北京广播学院出版社,2003.

[3] 王建华.信息时代报刊语言跟踪研究[M].杭州:浙江大学出版社,2006.

[4] 于根元.中国现代应用语言学史纲[M].北京:中国经济出版社,2005.

[5] 姚喜双.加强媒体语言研究:需要解决的几个问题[J].语言文字应用.2005(3).

新闻播音语言规范研究的奠基之作*
——读齐越《十天播音工作个人总结》

1948年5月,陕北台播音组开会总结工作,每位播音员都写了"十天播音工作个人总结"。其中,保存下来的时任陕北新华广播电台播音员齐越的《十天播音工作个人总结》具有代表性,它直接从新闻播音实践中来,真实地反映了当时播音员实现新闻播音语言规范的具体情况,是研究人民广播新闻播音语言规范系统和其要素形成的十分珍贵的文献。

下面具体分析齐越的《十天播音工作个人总结》(以下简称《总结》)。

先看《总结》的内容:

> 一般来说,播音已较前有进步,固定的调子基本上已克服,错误、结巴亦较前减少,速度基本适当。下列几篇播得较好,速度稳没有错字,没有结巴重复,语气表达适当。(一)社论说明;(二)中央指示[①];(三)苏联领导人士驳斥美国国务院之声明;(四)对东北国民党军奖惩办法;(五)于泽霖谈话[②]。
>
> 播音的缺点与错误:
>
> (一)个别语句不自然。

---
* 本文原载于《现代传播(中国传媒大学学报)》2007年第3期,收入本书时有改动。
① 指《一九四八年的土地改革工作和整党工作》。
② 于泽霖,国民党军官。

（二）有一些语句分断过多。

（三）某些字的四声不准（地方音）。

（四）播通讯放不开，呆板、生硬。

（五）大错误有三：

中央指示中"农民"播"人民"。

（这个错误应由我负责，看稿子疏忽——济泽）

《人民公敌蒋介石》的预告中"中华民族"播"中国人民"。

（这还不能算大错误——济泽）

呼号"XNCR"播"XNMR"。①

（这个错得不好——济泽）

犯错误原因及今后改正办法：

（一）中央指示中"农民"播"人民"是稿子上抄错的，未播音前曾想到和记录原稿校对一下，但又想：编辑部都校过了，不会有错。结果就出了错。这说明自己全面认真负责的精神是非常不够的。如果自己这样想：编辑部人少工作忙，可能出错，出了错就是我党和人民的损失，那么自己就不会不分些时间校对一下。今后应尽量掌握胡必成同志②在报告中所指示的精神："不但对自己所担任的工作负责，同时对同自己工作有关的其他工作也要负责。"今后在准备稿子时，应多加强对稿子的研究与学习，多方面校对（如果有条件的话），有问题立即向编辑部提出解决，以便减少播出的错误。

（二）预告中"中华民族"播"中国人民"，呼号"XNCR"播"XNMR"这两个错误发生在同一天内。那天未播音前，自己打算要放开一点，要播得自然些（因为前一天开技术研究会，同志们批评我播音有些不自然）。结果，自己在纠正缺点上不得法，矫枉过正，

---

① XNCR：陕北新华广播电台呼号。XNMR：东北新华广播电台呼号。

② 胡必成是周恩来在解放战争期间的代号。

一反往日的谨慎小心，流于粗心大意，以致顺口溜，将"中华民族"播成"中国人民"，自己都没有发觉。这足以说明，当时自己没有过脑子就播出去了，这种粗心大意不负责任是十分要不得的！除自己继续深入检讨外，愿接受组织的处分。

（这类错误不必处分，你能在今后保证不再错就好了。——济泽）

这次的教训，使我更深深地认识到我们的广播电台是和一般电台根本不同的，我们的电台是我党的喉舌，是服务于人民革命事业，代表党中央发言的。一个播音员应当时时刻刻小心谨慎，认真负责，不容许有丝毫错误发生，即便是一字之错，也是全党和人民的损失，影响我党的威信，对不起人民的。今后，首先应当时时刻刻坚持认真负责的精神，并将此精神贯串（穿）到播音的每一字，每一句，每一呼号中。我们在播音技术上所要求的自然，是在严肃负责基础之上的自然，而非任意放开，随随便便顺口溜的自然，否则就要发生错误。我们的播音，首先要稳重沉着，不出错误，在这样的基础上再进一步提高。今后为避免发生类似错误，要坚持认真负责的工作态度，并在容易顺口溜播错的一些名词上，在准备稿子时，作提醒注意的记号。另外，每个节目前的呼号一定写在稿子前面，看着呼叫。

（播错"XNMR"的那两天，由于你要"自然些"，但听起来则觉得不沉着，有些慌张。我记得你有一次报时报成"24点"，大约也在这两天。凑巧在同一天，邯郸台报时错得更荒唐，报了一个"32点"，我听了着急万分。由此可见，"自然"必须建立在"沉着稳重"的基础上，片面强调技术"自然"是有毛病的——济泽）

齐越在《播音员日记》"难忘的工作总结"[1]一篇中谈到了《总结》产生的

---

[1] 齐越．献给祖国的声音［M］．中国广播电视出版社，1991：25-29．

背景及时任陕北新华广播电台编辑部主任温济泽对他们的关怀、要求，赞扬温济泽忘我工作的精神。

齐越认为，这次总结对他的教育很深，是他"政治认识和业务观点的一个转折"①，所以他"抄录在日记里以备随时查看"。②

从《总结》中我们可以看到，齐越这一段时间的播音有很大进步，准确地播出了如"社论说明""中央指示""苏联领导人士驳斥美国国务院之声明""对东北国民党军奖惩办法"和"于泽霖谈话"等重要新闻稿件。但他在《总结》中还是重点分析了自己在新闻播音中存在的问题并从这些问题中总结经验教训，寻找新闻播音准确规范表达的方法、规律。

一、新闻播音始终要把准确规范放在第一位

从这次《总结》看，齐越在播音创作认识上有很大进步。他认为："新闻播音最重要的就是要把准确、规范放在第一位，离开了准确、规范，新闻播音就不能上路。"③他一直坚持"准确"是第一位的观点。他在后来写的《和青年朋友谈播音》一文中，讲道指导播音创作的基本原则时说："准确、鲜明、生动、准确是第一位的。在播音中，只有理解准确感受准确，才能表达准确、鲜明；在准确、鲜明的基础上力求生动。这样的生动才会充满活力，不致华而不实。"④

《总结》在一开头，说播音较前有进步时，就从准确、规范的角度来审视、评价："固定调子基本上已克服。错误、结巴亦较前减少，速度基本适当。"⑤讲播音的缺点与错误时，也是从准确规范的角度来检查、剖析：

---

① 齐越.献给祖国的声音［M］.中国广播电视出版社，1991：25-29.
② 齐越.献给祖国的声音［M］.中国广播电视出版社，1991：25-29.
③ 齐越给本文作者讲课记录（1984年9月26日）。齐越给作者上的第一课，就是讲他播音中的失误和教训，希望能让学生少走弯路。第一课便讲了《十天播音工作个人总结》的体会。
④ 齐越.献给祖国的声音［M］.中国广播电视出版社，1991：25-29.
⑤ 齐越.献给祖国的声音［M］.中国广播电视出版社，1991：25-29.

"（一）个别语句不自然。（二）有一些语句分断过多。（三）某些字的四声不准（地方音）。（四）播通讯放不开，呆板、生硬。（五）大错误有三：中央指示中'农民'播'人民'。……《人民公敌蒋介石》的预告中'中华民族'播'中国人民'。呼号'XNCR'播'XNMR'。"① 这里涉及了新闻播音规范的基本元素。语音规范：应注意四声不准和地方音的问题；用词要准确无误：不能把"农民"播成"人民"，把"中华民族"播成"中国人民"，把"XNCR"播成"XNMR"；表达技术的规范：如断句问题，固定调子问题，语句不自然问题，语速问题等。这里既涉及语言自身的准确，又涉及语音传播的规范；既涉及语音词汇的表达准确，又涉及语言交际的得体有效。

从《总结》中我们可以看到，播音要准确、鲜明、生动，但准确始终是第一位的，离开了准确，鲜明和生动就无从谈起。新闻播音要做到分寸得当，这也要求准确地把握稿件的内容，准确地传达稿件的精神实质。新闻播音的准确，具有其层次和系统。它不光包括读音的准确，还包括停连、重音、语气、节奏等表达手段的准确，也包括对传达对象的准确把握等。这在我们今天广播电视新闻播音当中也是非常重要的。

二、高度的政治责任感、严细的工作作风是保障准确规范的关键

为保证新闻播音语言准确规范的实现，齐越在《总结》中强调了要正确认识人民广播和播音工作的性质，树立坚定的理想、信念、强烈的事业心、高度的责任感和使命感，培养严肃、认真、细致的工作作风。

关于广播和播音工作的性质，齐越在《总结》中说："这次的教训，使我更深深地认识到我们的广播电台是和一般电台根本不同的，我们的电台是我党的喉舌，是服务于人民革命事业，代表党中央发言的。"② 这一认识，贯穿了

---

① XNCR 按照当时国际有关规定，X 是我国无线电台呼号的第一个字母，NCR 是英文 New Chinese Radio 的字头，意思是新中国的广播。
② 齐越. 献给祖国的声音 [M]. 中国广播电视出版社，1991：25-29.

 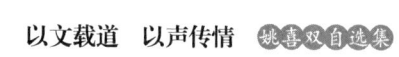

他一生的播音创作,是指导他及人民广播一代播音员实现新闻播音语言准确、规范的思想根基、信念支柱。

关于高度的政治责任感、使命感及严谨认真的工作态度,齐越在《总结》中说:"一个播音员应当时时刻刻小心谨慎,认真负责,不容许有丝毫错误发生,即便是一字之错,也是全党和人民的损失,影响我们党的威信,对不起人民的。今后,首先应该时时刻刻坚持认真负责的精神,并将此精神贯串(穿)到播音的每一字,每一句,每一呼号中。"① 这是实现新闻播音语言规范的政治保证。

的确,坚定的理想信念,强烈的革命事业心,高度的政治责任感和使命感,严肃认真、扎实细致的工作作风是老一辈广播工作者为我们留下的优良传统和宝贵财富。正是这一条法宝,使老一辈播音员在战争年代十分艰苦的条件下能够冒着敌机的轰炸、敌人的围追堵截,不惜牺牲自己的生命,准确地完成了人民广播新闻播音的任务。延安新华广播电台老播音员萧岩回忆说:"我体会到做好播音工作最重要的是要有高度的政治责任感。有了这条就能激励自己排除困难,做好播音工作。就这样,我严肃认真地对待播音工作,两年的播音生活中,从来没读错过字。"② 萧岩只有这两年的播音生涯,可以说,正是高度的政治责任感,使她在整个新闻播音创作中没有播错过字,做到了准确规范。

三、正确处理内容与技巧(技术)的关系

齐越后来在他《总结》手稿的后面又写了一段话:"要播得好,最根本的条件,是要深刻了解稿件内容,掌握它的精神实质,准备得很成熟,能够如此,播起来一定自然,一定好。在播的时候,越是专心一意想着稿件内容,播音的感情等,也会表现得越好。否则,片面注意技术,顺口溜,反而要出

---

① 齐越.献给祖国的声音[M].中国广播电视出版社,1991:25–29.
② 中国广播电视学会史学研究委员会,北京广播学院新闻传播学院新闻系.延安(陕北)新华广播电台回忆录新编[M].中国广播电视出版社,2000:113.

毛病，正因为如此，平时就应该更要加强政策学习、时事学习。这些方面学习得好，播音水平才能真正提高。"①

关于正确把握播音技术，齐越说："我们的播音技术所要求的自然，是在严肃负责基础上的自然，而非任意放开，随随便便顺口溜的自然，否则就要发生错误。"② 他强调："我们的播音，首先要稳重沉着，不出错误，在这样的基础上再进一步提高。今后为避免发生类似错误，要坚持认真负责的工作态度，并在容易顺口溜播错的一些名词上，在准备稿件时作提醒注意的记号。另外，每个节目前的呼号一定写在稿子前面，看着呼叫。"③ 温济泽在批语中对齐越的看法予以肯定，并加以强调说："'自然'必须建立在'沉着稳重'的基础上，片面强调技术'自然'是有毛病的。"④ 他也要求播音员正确运用播音技术，而沉着稳重，不出现错误，保证规范准确，是运用技术的前提和基础。

由此可见，播音创作的关键，是要从内容出发，技巧是为内容服务的。片面地、孤立地强调技巧，播音中只会分散注意力，反而容易出错，影响稿件内容的表达。

四、团结协作，保证新闻播音的准确规范

关于互相协作，全方位对稿件文字的准确性、规范性把关问题，齐越在《总结》中说："中央指示中'农民'播'人民'是稿子上抄错的。未播前曾想到和记录原稿校对一下，但又想，编辑部校过了，不会有错，结果就出了错。这说明自己全面认真负责精神是非常不够的。如果自己这样想：编辑部人少工作忙，可能出错，出了错就是我党和人民的损失，那么自己就不会不分些时间校对一下。今后应尽量掌握胡必成同志在报告中所指示的精神：'不但对自己所担任的工作负责，同时对同自己工作有关的其他工作也要负责。'今后

---

① 齐越《总结》手稿（内部资料）。
② 齐越.献给祖国的声音[M].中国广播电视出版社，1991：25-29.
③ 齐越.献给祖国的声音[M].中国广播电视出版社，1991：25-29.
④ 齐越.献给祖国的声音[M].中国广播电视出版社，1991：25-29.

在准备稿子时，应多加强对稿子的研究学习，多方面校对（如有条件的话），有问题立即向编辑部提出解决，以便减少播出的错误。"① 齐越把出了错看成是党和人民的损失，认识到不光要对自己的工作负责，还要对其他相关工作负责，正是这样高尚的精神境界和团结协作的精神，才能保证新闻播音语言的准确规范。

从《总结》中我们可以看到，温济泽同志对播音员的关心和指导，对实现新闻播音准确规范有着重要作用。齐越在《难忘的工作总结》一文中，谈到了温济泽对他们的关心和帮助。他说："上月底，播音组开会总结了5月下旬的工作，每个人都写了《十天播音工作个人总结》，送编辑部主任温济泽同志看后，今天退回来了。温济泽同志患有很重的肺病，经常发烧到39度以上，仍然坚持工作。有时医生不得不'命令'他休息几天，但有重要会议他还是带病参加，有重要稿件他还是亲自审改。他是我们的领导，参加革命的时间早，年龄比我们大，可是大家都亲切地称呼他'小温同志'。小温同志对编辑和播音员一视同仁，对编播工作同样重视。现在播音组离编辑部几十里地，中间还隔着一条滹沱河。但山高水深挡不住编播之间的密切联系，每天从电话里传来领导和编辑同志的关怀，由送稿的通讯员传递着来往书信。小温同志每天必看播音登记表和编辑监听意见，还经常亲自收听广播。凡是编辑需要知道的中央指示和宣传精神，他都及时传达给播音员；对于播音员提出的工作中或学习中的问题，他都一一解答，亲自处理。和往常一样，他看过总结后在上面写了一些批语，每条批语下面都签署他的名字。"②

齐越在发表《总结》时，将温济泽对《总结》的批注也如实发表出来，说明温济泽的批注对他总结播音工作具有重要指导作用。批注一：在齐越指出自己的播音错误，把中央指示中"农民"播"人民"处，温济泽批注，"这个错误应由我负责，看稿子疏忽。——济泽"，体现了作为编辑部主任，温

---

① 齐越.献给祖国的声音［M］.中国广播电视出版社，1991：25-29.
② 齐越.献给祖国的声音［M］.中国广播电视出版社，1991：25-29.

济泽同志主动承担错误的精神和品质。批注二：在齐越指出自己在《人民公敌蒋介石》的预告中"中华民族"播"中国人民"处，温济泽批注，"这还不能算大错误——济泽"，说明温济泽对新闻播音中出现的错误也是分层次的，有些是要注意的，有些是要坚决避免的。批注三：齐越指出自己把呼号"XNCR"播"XNMR"处，温济泽批注，"这个错得不好——济泽"。因为这是报台名，所以温济泽同志强调此处应避免出错。批注四：当齐越提出对于自己出的错，"除自己继续深入检讨外，愿接受组织的处分"处，温济泽批注："这类错误不必处分，你能在今后保证不再错就好了——济泽"，体现了温济泽同志的领导水平、处理问题的政策分寸和对播音员的培养帮助及关怀爱护。批注五：在《总结》的最后，温济泽批注："播错'XNMR'的那两天，由于你要'自然些'，但听起来则觉得不沉着，有些慌张。我记得你有一次报时报成'24点'大约也在这两天。凑巧在同一天，邯郸台报时错得更荒唐，报了一个'32点'，我听了着急万分。由此可见'自然'必须建立在'沉着稳重'的基础上，片面强调技术'自然'是有毛病的——济泽"。这里温济泽同志强调了运用播音技术（技巧）一定要建立在沉着稳重的基础上，一定要从内容出发，防止片面强调技术（技巧）的倾向。这一点，抓住了播音创作的关键。

播音员、节目主持人的语言评价*

随着我国广播电视事业的发展，播音员、节目主持人数量不断增加，质量要求越来越高；开办播音主持艺术专业的院校越来越多；许多电台、电视台公开考核招聘播音员、节目主持人；播音主持大赛也屡见屏幕。无论是学生入学考试，还是应聘者进台考核，或是选手参加大赛，主办者和主考者都期待摸索一套具有专业特色的科学合理的考核评价系统；应试者和参赛者也希望能够了解这套评价系统。

播音员、节目主持人的考核评价系统，应根据电台、电视台对播音员、节目主持人的职业要求，根据播音员、节目主持人的素质构成来确定其系统要素，一般由政治、文化、专业等方面构成。专业素质及知识结构方面又包括新闻、语言、艺术、技术等。其中，语言是专业方面的重要内容，也是考核、选拔、评价播音员、节目主持人最直接、最关键的项目。

一

目前有的地方在招生考试、入台考核及大赛选拔中还不同程度存在着忽视语言的现象，具体表现有以下几点。

（1）语言规范没有设项。一些考核和大赛主办者，在评分表中不设语言规范一项。有的选拔赛，既不看主持人的语言是否标准，也不看其是否持有

---

* 本文原载于《语言文字运用》2005 年 5 月第 2 期，收入本书时有改动。

普通话水平等级证书。某主持人大赛列出的评选标准是：①坚持正确的舆论导向，遵守宣传纪律；②主持风格鲜明，所主持的栏目在社会上具有一定的影响力；③有良好的社会形象。这几条标准中，对主持人的语言规范标准和语言基本功的要求一条也没有。再如，某全国性主持人大赛的评分标准设项为：专业素质6分，综合素质2分，外语问答1分，参赛感受1分。其中，专业素质6分中，自我白描占1分，新闻评述占1分，人物访谈占1分。专业要求是：①自我白描的语言要有个性和感染力，能打动或捕获倾听者的心；②事件评述要客观准确，见解独到，有一定的说服力和感染力；③人物访谈要提问到位，善于沟通，有把握和控制现场的能力。这里着重强调了语言的个性、感染力和语言交际，没有对普通话标准方面的评价。规范普通话、语言基本功的要求被淡化。

（2）语言项目分值很低。有些考核即使设播音员主持人语言评价一项，但其所占分值也很低。××主持人大赛，总分10分，语言项考评分值只占0.1分，1%的分值。语言项目在专业评价系统中基本不起作用。大赛中语言类评委数量也极少或者没有。

（3）语言标准片面单一。有的考核和大赛，把对语言的考核简单地等同于对语音的考核或语速的考核；有的仅看应试者是否持有普通话水平等级证书；还有的仅以说绕口令的熟练程度来判断语言水平的高低。比如，某大赛中仅用绕口令"龙生龙，凤生凤，老鼠生儿会打洞……"来考核参赛者的语言，考核项目片面单一，而且格调很低。单纯地将语言和语言练习等同起来，这样的评价标准是单一片面的，说明主办者和主考者没有正确认识语言评价的内涵、评价的系统，没有考虑到播音员主持人语言的素质综合构成和实际工作的需要。

二

我们也发现有的大赛语言评价标准定得较为全面、合理，如表1、表2所列。

表1将评分内容分为语言表达、副语言表达、综合素质测试等项,这样将播音员、节目主持人或语言艺术工作者职业或岗位要求中所需要的语言和副语言的评价标准都体现出来了。各项中又进行细化。比如,语言表达,包括语言规范度2分,使得普通话语音、词汇、语法规范等评价得到合适的分值保障。作品理解力2分,能够透过语言,考查和评价其语言与文化的结合程度,考查其文化功底、文学积累、艺术鉴赏等能力。语言表现力2分,可以考查其语言感受、语言表达、内外部技巧综合运用的能力。三项加起来,语言表达占6分,从分值的分配上,强化了语言的评价。副语言占3分,包括形象气质1分,这里既有外表形象的评价,又有内在气质的考查;辅助表现力1分和现场感染力1分,着重强调了语言和副语言表达系统运用的协调能力。把语言系统与其相关要素联系起来考查,使考评贴近实际,较为全面合理。

表1 "××杯"大赛的评分标准

评分内容	分值(满分10分)	
一、语言表达(6分)	1. 语言规范度 2. 作品理解力 3. 语言表现力	2分 2分 2分
二、副语言表达(3分)	4. 形象气质 5. 辅助表现力 6. 现场感染力	1分 1分 1分
三、综合素质测试(1分)	7. 附加试题	1分

表2,分值是100分。在这个评分系统中,既有对有声语言的评价,又有对副语言的评价;既有对语音规范程度的评价,又有对音质音色状况的评价;既有对表达能力的评价,又有对仪态仪表的评价。此评价系统既克服了语言评价的单一片面,又保证了语言基本功力、语言规范标准程度的考评。其中,所设语音项和音色项都是考查其发音的,两项为40%。这里没有按各20%来分配分值,而是其中语音为30%,音色为10%,更强调了语音标准程度所占的比重。所设表达项为30%,既包括有声语言的表达,又包括副语言的表现,

考查其语言技巧运用能力。仪态10%，这里没有采用仪表一词，说明既注意其静态的外表形象，也注重其动态的表现状况。应变项占20%，说明不光是单纯考查语言本身，还注重透过语言形式考查思维反应能力，考查驾驭语言系统的能力。这五项中，表达、语音、应变分值之和为80%，这三项都是参赛者（应试者）通过后天努力可以达到的，具有可变性。仪态和音色两项中，也有部分可变性。比如，仪态的动作是可以训练的，音色中较好的共鸣也是通过后天练习和努力可以获得的，所以此表中95%的分值都是可以通过后天努力达到的，说明语言能力和水平通过训练是可以达到比较好的程度的。

表2　××电视台主持人大赛考评表

表达	语音	应变	仪态	音色
30%	30%	20%	10%	10%

三

回顾历史，从旧中国的广播到人民广播，从延安陕北时期到改革开放的今天，相关部门和专业人员一直非常重视播音员主持人评价的语言条件。

20世纪30年代，国民党政府就以法令形式规范新闻播音语言必须使用国语。电台在挑选播音员时对应聘者的国语程度都会明确提出要求。1936年6月20日《广播周报》第九十一期上刊登《中央广播事业管理处招考技术、播音补充人员简则》，如图1所示。

这份招考简章中明确规定了播音员的语言条件是国语要有特长，而且还要"口齿伶俐，发音纯正，报考之语调又能抑扬疾徐适得其当者"，"国语报告员应于口试后，再个别各作国语演说二十分钟"。这里"发声纯正"从语音和声音上提出了要求，声音要纯，语音要正；"口齿伶俐"从口腔控制方面提出了要求，强调口齿清晰和发音的灵活度和力度；"语调又能抑扬疾徐适得其当"从语言表达及内外部技巧上提出了要求，强调语调（语气、节奏）的把握要适度，态度感情掌控得当，要有分寸感，"演说二十分钟"，从播音文体

图 1　中央广播事业管理处招考技术、播音补充人员简则

上提出要求，重点考查其评述能力，并规定了长度及时间。报考条件在语言的语音、声音、表达、文体等项目上都提出了要求，并对时间作出了规定。肖之仪在《在国民党广播电台里的见闻》里写道："九一八事变后，我流亡关内，辗转漂泊，于1936年初来到南京。这年夏天，国民党中央广播事业管理

处登报招考播音员和技术员,我以失业大学毕业生资格参加了播音员考试。经过笔试后进行口试,口试的'主考'是大家熟悉的赵元任博士。结果我被录取。"① 当时,语言学家赵元任亲自主考口试,可见其报考播音员对国语语音标准非常强调。赵元任除了担任选拔播音员的口语主考外,还在广播电台主持播讲《国语广播训练大纲》。《国语广播训练大纲》的研制和推广,使得语音有了标准,播音语言规范有了依据。选拔播音员,他在口语上把关,使所选播音员在语言素质上有了保证。

20 世纪 40 年代,人民广播电台从诞生之日起,就十分重视语言素质。当时的延安陕北新华广播电台注意招收操北京口音的人员。陕北台播音员齐越的《十天播音工作个人总结》(以下简称《总结》)重点从语言方面评价、总结播音中实现新闻播音语言规范的具体情况。《总结》一开头说播音较前有进步时,就从准确、规范角度来审视、评价:"固定的调子基本上已克服。错误、结巴亦较前减少,速度基本上已适当掌握。"② 讲播音的缺点与错误时,也是从准确规范的角度来检查、剖析:"(一)个别语句不自然。(二)有一些语句分段过多。(三)某些字的四声不准(地方音)。"③ 从这次总结后,齐越在播音创作方法上有很大进步。他认为,"新闻播音最重要的就是要把准确、规范放在第一位,离开了准确、规范,新闻播音就不能上路"④。邯郸新华广播电台的《播音技术的点滴经验》(1947 年 4 月 21 日)总结播音经验、提出努力方向时,一开头就涉及一系列新闻播音语言规范的指标:"播音技术,在总的要求上,最先提出的是:咬字清楚,口齿流利,抑扬顿挫,充满感情,快慢适当。"⑤ 这些要求,已具体涉及语言规范的发音与表达的基本层面:语音发声、口腔控制、停连重音、语气节奏、播音速度等。《陕北台播音组关于训练和培

---

① 中国人民政治协商会议陕西省西安市委员会文史资料研究委员会.西安文史资料:第三辑[G].1982:122–123.
② 齐越.献给祖国的声音[M].北京:中国广播电视出版社,1991:26.
③ 齐越.献给祖国的声音[M].北京:中国广播电视出版社,1991:83.
④ 见《齐越讲课记录》1984 年 9 月 26 日.
⑤ 中央人民广播电台研究室,北京广播学院新闻系.解放区广播历史资料选编:1940—1949[M].北京:中国广播电视出版社,1985:186.

养播音员的意见》(1948年10月7日)提出播音员应具备的条件是:"要有一定的政治水平;能操流利国语;相当于初中以上的文化程度和文艺修养。"[1]这里明确提出了"能操流利国语"是必备条件,强调了语言规范。《北平新华广播电台训练播音员的方法》(1949年8月)指出:"选择播音员标准:一、历史清白,政治可靠者;二、能操流利之普通话,音色清晰者;三、具有高中的文化程度;四、有一定的政治水平。"[2]这里不光是强调了普通话,而且进一步强调了音质、音色。

四

新中国成立后,国家及相关部门对播音语言规范更加重视,对播音员语言的要求进一步加强。1952年12月第一次全国广播工作会议期间,召开了播音工作会议,对播音员语言学习提出要求:"业务学习包括练声,录音研究,观摩话剧,电影排练广播剧或开朗诵会等多种方式。"[3]1955年4月2日,时任中央广播事业局局长的梅益在中央人民广播电台播音业务学习会上指出:"声音、语言标准化和播音技巧的问题,这些都需要锻炼的……播音员在祖国语言标准化工作中,担负着重要的使命。"[4]"播音员应该说好普通话,应该做到发音标准。"[5]1956年2月20日《国务院关于推广普通话的指示》指出:"全国播音人员……都必须受普通话的训练。"[6]1956年4月10日,文化部在《关于贯彻国务院推广普通话的指示的通知》中指出:"广播语言要保证规范化,讲究语法修

---

[1] 中央人民广播电台研究室,北京广播学院新闻系.解放区广播历史资料选编:1940—1949 [M].北京:中国广播电视出版社,1985:187.
[2] 中央人民广播电台研究室,北京广播学院新闻系.解放区广播历史资料选编:1940—1949 [M].北京:中国广播电视出版社,1985:284.
[3] 姚喜双.播音导论教程[M].中国广播电视出版社,2001:245.
[4] 梅益.梅益谈广播电视[M].北京:中国广播电视出版社,1987:71.
[5] 杨兆麟,赵玉明.八十年来家国:梅益纪念文集[M].北京:社会科学文献出版社,2005:320–321.
[6] 广播电影电视部政策研究室.广播电影电视法规规章汇编[M].北京:中国广播电视出版社,1988:6.

辞，力求发音正确……电台播音员……应比其他文化人员更早地学会说普通话。"①

改革开放以来，"广播影视系统在语言文字规范化方面有了长足的发展……但是由于事业发展很快，一些播音员、节目主持人缺乏系统的严格的训练，加之外来文化和社会语言文字氛围的影响，使广播电视的语言文字规范化方面出现了一些问题，主要是：有些同志忽视广播电视语言的规范化、标准化，播音员、节目主持人的普通话水准有所下降，广播影视中有些词汇、语调的使用不规范"②。为此，1987年国家语委和广电部联合下发了《关于广播、电影、电视正确使用语言文字的若干规定》，指出："广播、电影、电视使用语言文字应做到规范化，对社会起积极的示范作用。""广播、电影、电视使用普通话要合乎规范，应当避免读音出错。""……采取各种有效措施，使有关工作人员在正确使用语言文字方面，提高思想认识，增强业务素质。"③1992年，广播电影电视部制定的《广播电视岗位规定》，包括播音员、主持人的岗位规范，规定其岗位素质要求，包括政治素质、知识素质和能力素质。能力素质中包括语言文字能力。各岗位对语言能力要求的表述分别是：播音指导"有较高写作水平和语言文字表达能力，能撰写较高水平的业务论文或专著；播音风格在听众和专业人员中有广泛影响；能演说、讲学"。主任播音员"口头表达能力强，播音风格在听众和专业人员中有较大影响；能讲学；有较好的文字表达能力"。中级播音员"有一定的口语表达能力，文字通顺，能写出有一定水平的业务研究的心得体会或论文"。初级播音员"口头和文字表达能力良好；口语无语病，文字顺畅"。电视播音指导"能够承担重大的播音任务，具有纯洁祖国语言、规范播音员读音的能力；有较高的文字能

---

① 《新时期推广普通话方略研究》课题组.推广普通话文件资料汇编［M］.北京：中国经济出版社，2005：33，35-36.
② 全国人大教科文卫委员会教育室，教育部语言文字应用管理司.中华人民共和国国家通用语言文字法学习读本［M］.北京：语文出版社，2001：77.
③ 教育部语言文字应用管理司.新时期语言文字法规政策文件汇编［M］.北京：语文出版社，2005.

力，能够讲授播音业务课，并写出较高水平的播音业务论文；在播音中创造有个性的播音风格"。电视播音员"具有一定的文字表达能力，口语流畅，无语病；五官端正，仪表大方"。电视节目主持人"有良好的口头表达能力，掌握祖国语言准确的含义和读音，主持节目吐字清晰、发音准确，播讲亲切自然，流畅生动；撰写的节目串连词贴切生动，有感染力"。1994年10月，国家语言文字工作委员会、国家教育委员会、广播电影电视部联合发出《关于开展普通话水平测试工作的决定》(以下简称《决定》)。《决定》指出："普通话……是以汉语传送的各级广播电台、电视台的规范语言；……要在一定范围内对某些岗位的人员进行普通话水平测试，并逐步实行普通话等级证书制度。"①《决定》的附件一：《普通话水平测试实施办法（试行）》规定的应试人员有"各级广播电台、电视台的播音员、节目主持人"。《决定》要求"县级以上（含县级）广播电台和电视台的播音员、节目主持人应达到一级水平（此要求列入广播电影电视部部颁岗位规范，逐步实行持普通话等级合格证书上岗）"。1996年9月，广电部召开了全国广播影视语言工作会议，强调要采取切实有力措施，加强语言文字管理和播音员、主持人队伍建设，提出实行播音员主持人持证上岗制度。时任国家语委主任许嘉璐在会上作了《增强规范意识，提高影视语文水平》的讲话，强调了做好语言文字规范化、标准化工作的重要性。时任广电部部长孙家正在会上明确指出："选拔播音员、主持人必须把普通话作为基本的要求。说标准的普通话要字正腔圆，如果语言不过关就不具备播音员、主持人的基本素质。……加强对播音员、主持人的考核工作。……要分级制定考核标准，定期进行考核。……说标准的普通话也是一项基本的要求，一些播音员、主持人经过培训仍然不能达标，那就应该离岗改做其他工作。"②1997年3月，广播电影电视部和国家语委联合下发了《关于建立广播电影电视系统普通话水平测试工作领导小组和测试站的通知》，

---

① 教育部语言文字应用管理司.新时期语言文字法规政策文件汇编[M].北京：语文出版社，2005.

② 教育部语言文字应用管理司.新时期语言文字法规政策文件汇编[M].北京：语文出版社，2005.

以落实对播音员、节目主持人等的普通话水平测试工作。1997年12月，广播电影电视部人事司颁布的《关于进一步做好播音员主持人持证上岗工作的几点意见》第四条规定："今后新进播音员、主持人普通话必须经测试达标。三年内经测试仍不能达标的原播音员、主持人也将离岗。"[1]1997年12月，全国语言文字工作会议召开。时任国务院副总理李岚清在《做好语言文字工作，为现代化建设服务》的书面讲话中指出，要发挥新闻出版、广播、影视等媒体的示范作用。新闻出版和广电系统必须继续执行国家语言文字各项规范和标准。时任国家语委主任许嘉璐在《开拓语言文字工作新局面，为把社会主义现代化建设事业全面推向21世纪服务》的讲话中指出："有声传媒要以普通话作为播音用语，广播电台、电视台的播音员、节目主持人从1998年起，要逐步做到持普通话合格证书上岗。"[2]时任广电部部长孙家正在《努力促进全社会语言文字的规范化》的讲话中指出，实行播音员主持人持证上岗制度，对新人的选拔考核严格按照《播音员主持人上岗暂行规定》执行。他在讲话中明确提出："专业水平考试重点是测试普通话水平和言语表达能力。"[3]2000年2月，教育部语用司印发的《〈一类城市语言文字工作评估标准（试行）〉实施细则》对广播电视的评估占20分（表3），其中明确规定了对播音员主持人使用普通话情况和测试达标持证上岗情况的评价标准。

---

[1] 教育部语言文字应用管理司. 新时期语言文字法规政策文件汇编［M］. 北京：语文出版社，2005.

[2] 教育部语言文字应用管理司. 新时期语言文字法规政策文件汇编［M］. 北京：语文出版社，2005.

[3] 教育部语言文字应用管理司. 新时期语言文字法规政策文件汇编［M］. 北京：语文出版社，2005.

表3 《〈一类城市语言文字工作评估标准（试行）〉实施细则》对广播电视的评估

评估指标及要素	分值	实施要求及评分标准	评估依据
B_2 广播电视	20		
$B_{2.1}$ 主管部门和电台、电视台将普及普通话纳入行业管理内容，要求明确，制度健全，认真检查落实	4	（1）有本系统普及普通话的要求，1分 （2）各电台、电视台建立普及普通话工作责任制，1分；任一电台、电视台没有建立责任制，扣0.3分 （3）各电台、电视台对播音、主持用语采取了检查和改进措施，2分；任一电台、电视台没有措施，扣0.5分	
$B_{2.2}$ 电台、电视台自办节目（戏曲、曲艺和省政府特批使用方言播出的节目除外）以普通话为播出用语	8	（1）均使用普通话播音，2分 （2）播音时普通话水平达到一级甲等，2分；个别人没达到，扣0.5分；半数以上没达到，不得分 （3）均使用普通话作为主持、采访用语，2分；用方言主持或采访，出现一例，扣0.2分 （4）专业主持人主持时普通话水平达到一级乙等，2分；个别人没达到，扣0.5分；半数以上没达到，扣1分	
$B_{2.3}$ 播音员、节目主持人普通话水平达到规定等级，并做到持等级证书上岗	8	（1）全部参加测试，4分；80%参加，3分；50%参加，1分 （2）测试达标率80%，4分；达标率50%，2分；达标率30%，1分。已经实施持等级证书上岗制度，增加1分	

2000年，全国人大常委会通过的《中华人民共和国国家通用语言文字法》第十二条规定："广播电台、电视台以普通话为基本的播音用语。"第十九条规定："凡以普通话作为工作语言的岗位，其工作人员应当具备说普通话的能力。""以普通话作为工作语言的播音员、节目主持人……的普通话水平，应当分别达到国家规定的等级标准；对尚未达到国家规定的普通话等级

标准的，分别情况进行培训。"2001年12月31日，国家广播电影电视总局发布第10号总局令《播音员主持人持证上岗规定》第二章第六条规定了播音员主持人的基本条件，其中包括"嗓音良好，具备较好的语言表达能力"，"具有良好的公众形象；电视播音员、主持人还须具备较强的形体语言表达能力""普通话水平达到国家《普通话水平测试实施办法》规定的标准"。2004年12月，中央电视台在《播音员主持人管理办法》第三章第九条中明确指出到，该台工作的播音员主持人须具备的基本条件，在语言方面的要求是："嗓音良好，具备良好形象，并具备较强的语言和非语言表达能力"，"普通话播音主持人员，须取得经国家语委复审通过的普通话水平测试一级甲等证书"；该管理办法的第四章第十一条出镜审批程序中要求拟在播音、主持岗位从事工作、需要出镜的人员，在提交有关书面材料时"须附经国家语委复审通过的普通话水平测试一级甲等证书"。国家广电总局2005年出台的《中国广播电视播音员主持人职业道德准则》专有一个部分谈语言要求："第二十一条　广播电视播音员主持人要积极推广、普及普通话，规范使用通用语言文字，维护祖国语言和文字的纯洁，发挥示范作用。""第二十二条　除特殊需要，一律使用普通话。不模仿有地域特点的发音和表达方式，不使用对规范语言有损害的口音、语调、粗俗语言、俚语、行话，不在普通话中夹杂不必要的外文。""第二十三条　用词造句要遵守现代汉语的语法规则，语序合理，修辞恰当，层次清楚。避免滥用方言词语、文言词语、简称略语或生造词语。""第二十四条　表达要通俗易懂、准确生动、富有内涵、朴素大方。避免艰涩、易生歧义的语言和煽情、夸张的表达。""第二十五条　不追求低俗的主持风格和极端个人化的主持方式。""第二十六条　与受众和嘉宾平等交流、沟通，做到相互尊重、理解、通达、友善，赢得公众信赖。"

由此可见，无论是历史，还是现实，对播音主持语言都有严格要求，要求的内容标准都不是单一的，已涉及语音、发声、表达等各个层面。

五

播音员主持人语言评价系统主要由语言系统和副语言系统构成，包括语言、副语言本身的标准规范；语言、副语言表达规律的体现；媒体传播规律的要求等。

（1）从语言本身即普通话水平层面看，其评价包括看其普通话语音、词汇、语法等系统规范标准程度的掌握情况。可通过普通话水平测试得出结论。

（2）从语言表达层面看，是对有声语言构成要素的评价。①发声系统评价：1）发声器官：看其是否健全、健康、好用；2）发声要领：看其是否掌握科学的用声方法，获得良好的用声状态，包括气息运用的要领、口腔控制的要领、吐字归音的要领、声音共鸣的状况、声音弹性的把握等。②表达系统评价：1）内心感受和情感调动。评价核心是语言表达是否有真情实感。这里涉及语言的感受理解力，有整体感受、具体感受、形象感受、逻辑感受。2）语言表达内外部技巧。内部技巧：情景再现、内在语、对象感等，评价时看其是否能以此激起表达愿望、创作激情。外部技巧：停连、重音、语气、节奏等。内外部技巧相辅相成，内心依据、内部技巧是根据，外部技巧是手段。评价时，重点看其内心依据是否真实、准确、充分，外部表现是否得体、和谐。仅有外部形式、外部技巧表现，没有或缺乏内心依据、内部技巧的运用，是不可取的。

（3）从副语言层面看，"副语言包括眼神、面部表情、体态、服饰、时空感觉显示等。……广播中话筒的距离变化，筋肉感觉造成的气息、声音状态；电视中灯光强弱，镜头焦距，背景中季节、环境气氛显示等都是在传播中副语言的运用。"① 在播音创作中副语言主要是由体态系统和境态（与体态相关的）组成的表情达意、传递信息的符号系统。体态系统由传播主体的形象气质、面目表情、身体动作及服饰着装等组成。播音员主持人形象可分为：先

---

① 张颂.播音语言通论［M］.北京：北京广播学院出版社，1994：74.

天固有、先天遗传的相貌、体形，包括由此延伸到表情、动作的某些特点；后天养成的行为习惯，如站相、坐相、举手投足的动作幅度、速度、眼神、表情的变化，以及主持人对体态语的运用和控制能力等，其会反映其文明教养、待人接物的态度分寸，透露其家庭教养、文化背景等生活阅历、审美取向方面的信息。境态系统，由和传播主体活动相关的传播环境构成。在播音创作中，副语言具有补充、替代、强调、否定、重复、调节言语信息等功能和作用。在评价时，要看对副语言规律特点（即共通性、民族性、符号性、表意性、模糊性、可塑性、伴随性、集成性、形象性）的把握，看是否达到：利用共通性，扩大交流面；注意继承性，体现民族性；运用符号性，增强表意性；利用模糊性，加强引导性；利用可塑性，增强创造性；利用伴随性，加强协同性；利用集成性，把握整体性；运用形象性，增强可感性；把握交流时空，提高传播效率。央视播音员李瑞英提出："非语言符号的传播同样应该遵循规范化原则。"[1] 她说应对下面几点"准"原则以足够重视；即面目表情平和为好；衣着正式考究；"淡妆"强于"浓妆"；始终不忘用目光和观众交流。她说，电视播音员在镜头前不要以取悦观众为理想，而是应以不让人们产生反感或抵触情绪为目标。她认为满足"上帝"（观众）需要的有效途径是规范化播音。

（4）从媒体传播特点看，播音主持集新闻、语言、艺术、技术等属性于一身，其中新闻性是其明显特征之一。从媒体传播角度评价播音主持语言，就应从播音创作特征入手。①完成好创造和再造双重任务，按视听规律准确、及时实现对腹稿和文字稿件符号系统的转换、生成。②把握好创作素材二度性规律，能够通过想象、联想，使感受还原深入到现实生活本身。③了解广播、电视媒体的传播特性，使自己的创作手段即声、像适应媒体技术手段要求，看声是否入话筒、像是否上镜。④交流对象的虚拟性决定，真正的听众、观众是在收音机旁和电视机前，看其和虚拟对象交流的能力。⑤通过电子媒

---

[1] 李瑞英.电视新闻传播分析［M］//张颂.中国播音学.修订版.北京：北京广播学院出版社，2003：547.

体传播的声音，要更集中、更清晰、更规范。⑥感情表达是否真实且有分寸。⑦新闻媒体传播的时效性，决定其快速备稿和直播及现场反应能力等。另外，还要看语言是否与具体媒体和传播方式相适应。广播播音强调听觉规律，对声音的要求更为突出；电视通过图像、声音、文字等多种形式传递信息，播音语言要和画面、音乐等其他元素协调配合。

（5）从不同文体看，对语言的要求也有所区别。新闻播音语言以叙述、报告为主，以实声为主。要求字音准确，音色纯正；声音明快，语言干净；语意清楚，语句流畅。评论播音，语言需要有"穿透力"，以体现鲜明的态度，表现在语气上肯定果断，重音坚实，停连精恰，节奏稳健，多用实声、气息饱满。对话播音要求体现良好的语言交际功力，其基本要求是：像说话，对起来。要求播音员把稿件上的文字变成自己要说的话。要把握生活语言的规律。现场解说，比如体育解说则要求解说员具有一定的采访写作能力和现场应变能力。语言表达要准确、生动、精练，语言组织要迅速，声音要清晰，口齿要伶俐，语流要畅达、自然。解说可有不同风格样式，但是其语言样式都以介绍、说明、讲解为基础，在遣词造句上既要传达出现场气氛，又要把握分寸，客观公正。

（6）从语言的样式看，有宣读、播报、讲述、谈话等。宣读式语速稍慢，节奏稳健，语句工整，语气庄重，力度较强，适于播送公告、社论、章程、决议等。播报式语句工整，节奏明快，富于新鲜感，多用于新闻（消息）的播音。讲述式适于专题类节目，包含了讲解、说明、叙述、描写等多种特征，表达变化丰富。谈话式表达亲切、生动、自然，交流感强，多用于主持人节目和对话等的播音。播音员主持人所采用的语言样式应与节目、栏目及稿件的内容和形式相吻合。

六

对入学考试、进台考核、大赛选拔等的语言考评往往是时间紧、人数多、项目多，要求评判迅速、准确、公正。所以，应本着简洁、可行、适用的原则，既遵循语言评价规律，考虑语言评价体系的各项要素，又突出重点，抓住特点，根据不同需求，侧重评价内容。入学考试注重其可塑性；进台考核注重其可用性；参加大赛注重其可比性。

（一）入学考试

每年报考播音与主持艺术专业的考生数量多，必须分初试、复试甚至三试进行。

1. 初试

（1）朗读自备稿件（文艺类，3分钟）；（2）播读指定稿件（新闻类，2分钟）。

初试时间紧、任务重，应抓住关键环节，考查其最基本的素质。设项切忌繁杂。时间以5分钟为宜。过长，不现实；过短，无法完成考评内容。初试内容分为自备稿和指定稿，既可以考查考生充分准备后的水平，又可以考查其快速备稿能力。稿件分文艺类、新闻类，可以全面考查考生的语言表达能力。

语言、形象两大项分值并重（表4），是考虑到学生毕业后不光到电台，还要到电视台工作。随着广播电视系统改革的深入，目前一些地方已经是电台、电视台合一了。

表4 评分表（初试）

语言	形象
50分	50分
总分：100分	

评分要领：既注意多方面观察，如，在语言大项里，分小项考查其普通话语音、声音（音质、音色）、语言感受能力等；在形象大项里，分小项考查其外貌形象、五官、身高、反应能力、内在气质等，又注重整体综合评价。分数不必细化，因为每个小项的缺陷，都会以一票否决。分数细化，反而难以准确评分。

考生身高,男 1.70m、女 1.60m 以上即可。有的地方定为男 1.75m、女 1.65m 以上,这样容易将一部分优秀考生排除在外。选播音员、主持人,跟选模特应有所区别。

考官应以 3 人为宜。初试如条件不具备,可不用演播馆及录音录像设备。

2. 复试

复试 15 分钟内容为:(1)播读指定稿件;(2)主持小栏目(依据指定材料,做适当改编,设计成广播电视小栏目,用口语主持播出,3 分钟);(3)即兴评述(当场抽题,准备 5 分钟,不得写成提纲或文稿,评述 3 分钟);(4)回答问题或展示特长(4 分钟)。

复试考评设 4 大项,比初试多 2 项,可以较为详尽地考查学生。

所设 4 项,是从既重视语言基础,又考虑专业特点和考查重点而定的。语言基础,包括对普通话语音、声音、音质、音色、口腔控制、语言的感受能力、表达能力的进一步考查。看其普通话语音是否标准,声音是否干净、纯正、清晰,嗓音是否圆润,是否有较好的语言感受能力和表达能力。形象气质主要是通过屏幕观察其是否上像,五官是否端庄,体态反应是否敏捷得体,形象气质是否有亲和力等。编辑主持,主要是通过其改写、编写稿件,考查其文字写作能力,栏目创意、结构、组织能力,谈话语言样式的表达能力等;即兴评述,考查其评论语言样式的表达能力、快速反应能力和语言组织能力,考查其思想的深刻性和逻辑性,也考查其文化素质和心理素质等。

评分要领(表 5):注重考查其声音通过话筒后的效果、形象在屏幕上的效果,考查其语言组织能力和语言评述能力。给分时,也要注意各项的综合。

表 5 评分表(复试)

语言基础	形象气质	编辑主持	即兴评述
100 分	100 分	100 分	100 分
总分 400 分			

复试考官以 5 人为宜。考试应在演播馆内进行。

入学考试，注重把握其可塑性，就是既注意其专业水平、知识，更要注重其专业条件、基本素质。比如，在语音和声音上，既要求语言规范，又注重声音音质，因为音质可变性小，语音可以通过学习进一步规范；在主持栏目和评述上，既看其口语化程度，又注重反映其基本思想和文化心理素质的即兴评述。

入学考试专业项目设置，防止过于繁杂，防止简单机械，应注重把握好度。

（二）进台考核

1. 普通话水平要达标

按照《中华人民共和国国家通用语言文字法》和 2001 年国家广电总局令《播音员主持人持证上岗规定》及国家语委、国家教委、广电部《关于开展普通话水平测试工作的决定》，"县级以上（含县级）广播电台和电视台的播音员、节目主持人应达到一级水平。"[1]《普通话水平测试等级标准（试行）》中对一级的表述是："甲等：朗读和自由交谈时语音标准，词汇、语法正确无误，语调自然，表达流畅。测试总失分率在 3% 以内。乙等：朗读和自由交谈时语音标准，词汇、语法正确无误，语调自然，表达流畅。偶然有字音、字调失误。测试总失分率在 8% 以内。"[2]

2. 要达到广播电视岗位规范中的要求

要达到广播电视岗位规范中初级播音员和电视节目主持人岗位能力素质中对语言文字的要求。1992 年，广电部制定的《广播电视岗位规定》中，关于语言能力要求的表述是：初级播音员"口头和文字表达能力良好；口语无语病，文字顺畅"。电视播音员"具有一定的文字表达能力，口语流畅，无语

---

[1] 教育部语言文字应用管理司．新时期语言文字法规政策文件汇编[M]．北京：语文出版社，2005.
[2] 教育部语言文字应用管理司．新时期语言文字法规政策文件汇编[M]．北京：语文出版社，2005.

病；五官端正，仪表大方"。电视节目主持人"有良好的口头表达能力，掌握祖国语言准确的含义和读音，主持节目吐字清晰、发音准确，播讲亲切自然、流畅生动；撰写的节目串连词贴切、生动、有感染力"。

3. 要根据媒体和节目、栏目的不同，增加专业考核的比重

电台电视台考核目的是招聘，应聘者大多具备基本素质。电台考核注重声音，电视台注意形象。不同节目又有不同要求。新闻节目侧重语音标准、语言规范；现场采访对于即兴评述能力要求较高；综艺类节目要看艺术；体育节目强调语速、现场语言的组织能力等。

设计考核表既要考虑全面又不要太细。如表6是某台的主持人考评表，因其项目列得过多、过细，不具有可操作性。

表6　××电视台考核评分表

项目	得分	开放式评语
相貌、身材		
服装		
服饰		
化妆		
发型		
表情		
手势、体态		
语速、语气		
普通话语音、语调、词汇、语法		
主持人说话时的目光指向		
可信度		
亲和力		
表达能力		
应变能力		
与搭挡的配合		

后进行了改进，见表 7：

表 7　××电视台考核评分表

项目	得分	评语
语言规范程度、表达能力		
形象、可信度、亲和力		
现场应变能力		
与节目栏目配合		

这样设项，抓住了关键环节：语言规范和表达能力；形象的可信度、亲和力；现场反应和应变能力；与节目、栏目的配合。这些项目都是导演和制片及用人单位所关注的，也是播音员、主持人能否胜任节目的关键。这样设项便于评委进行评判。

（三）大赛选拔

这里主要是指电视节目主持人大赛。能在屏幕上参赛的选手一般都是已进入复赛或决赛的。有的是在前 60 名中选前 10 名再决出金银铜奖；有的是在前 20 名中进行。进入复、决赛的选手比赛起点高、水平相差小，所以评分表应在可比上下功夫，即能比出名次，决出胜负。要可比，就要可分。一般大赛设置满分为 10 分。但为了可视，不让选手比分差距过大，大赛组委会一般都要求从 9 分起打分，即最低不能低于 9 分。这样，60 人的比赛名次区分就在 1 分内浮动，分数相同现象很容易产生。为此，应规定此类比赛分数应保留小数点后两位，以便区分名次。大赛，一种类型是综合性的，不分业余或专业选手，不分节目或栏目。这种情况，评分项目应注意综合性，注重其基本的专业素质。可参考表 1、表 2。一种是分类的，尤其是分节目类型的，如有的大赛评比时按照 5 大类 7 个类别来进行：新闻类、娱乐类、谈话类、社教类和体育类。新闻类包括新闻主播（含经济、体育新闻播音员）和新闻评论，娱乐类分为综艺节目和益智节目（含游戏、趣味竞技），谈话类包括访谈，社教类包括财经、生活、服务、法制、女性、少儿等。这种情况，可参考表 7，并在"与节目栏目配合"项上加大分值的比重。

编写《百年中国播音纪事》的思考*

1923年1月23日，中国第一个广播电台——中国无线电公司广播电台开始播音，宣告中国广播播音事业诞生。1940年12月30日，中国共产党创办的延安新华广播电台开始播音，人民广播播音事业"在艰苦奋斗中创业，在战胜困难中前进，在改革开放和现代化建设中发展"①。一代代播音员、主持人作为党的喉舌，传播党和国家的声音、人民的声音和时代的声音，创造了一批批优秀的播音作品和节目，起到了传达政令、引导舆论、宣传教育等重要作用。"历史是最好的教科书"②，笔者将历史上珍贵的播音主持史料按照时间顺序编写成纪事，以便于后人从历史中汲取精神力量，继承和发扬人民广播播音的优良传统，为人民广播播音事业的发展助力。

《百年中国播音纪事》坚持马克思主义唯物史观，以重点人物、重大事件、重点作品为线索，以播音主持活动为主线，力求准确记述中国广播电视播音主持的发展历程，兼具学理价值与实践应用价值。从理论层面来看，纪事是历史研究的基础和前提。编写纪事通过系统地整理史料，防止历史研究者主观记忆可能造成的遗漏，保证历史事件的连续性和准确性。从实践层面来看，中国广播电视播音主持事业在历史发展中取得了令人瞩目的成就，这些成就有物质形态的作品、节目，也有以齐越为代表的老一辈播音艺术家们

---

* 本文原载于《中国广播电视学报》2023年第3期，与谈华伟合作，收入本书时有改动。
① 王求. 声音的回响：中国人民广播80年纪念文集：上 [M]. 北京：新华出版社，2020：2.
② 习近平. 在中央党校建校80周年庆祝大会暨2013年春季学期开学典礼上的讲话 [J]. 理论视野，2013（03）：5-8.

所具有的强烈的事业心、高度的政治责任感及严肃认真的创作态度等精神财富。播音历史纪事的出炉，能够帮助播音主持研究者、从业者、教育者澄清基本认识，树立正确的播音主持事业观、创作观，发挥"以史鉴今"的作用。

一、广泛搜集史料与严格把握标准

在编写纪事之前要确定纪事内容的收录范围，既要确保内容的全面完整，又要注意审慎甄别，力求做到"大事突出，要事不漏"。

（一）广泛搜集史料

纪事内容力求全面完整，编写人员首先要广泛取材，在资料搜集上下功夫。由于广播电视传播的易逝性，给史料收集工作带来不小的挑战。尤其是新中国成立前饱受战争之苦，早期的播音历史资料散失，缺少原始音像资料，整理难度较大，所依据的资料有限，编选者只能通过多方翻阅相关文献来弥补，对新中国成立前的播音历史资料尽量做到准确记录。笔者在广泛查阅了《解放区广播历史资料选编》《中国广播电视大事记》《当代中国广播电视回忆录》以及历年《中国广播电视年鉴》等文献的基础上，以党史、新中国史、改革开放史、社会主义发展史对历史的分期为依据，以播音主持重点人物、重大事件、重点作品为线索，广泛搜寻、整理文献资料。例如，在编写人民广播初创时期的播音历史纪事时，为了克服史料搜集的困难，笔者从这一时期的代表历史人物齐越有关的《用生命播音的人——忆齐越》《把声音献给祖国》等著作入手，以齐越的播音创作年谱为线索，"顺藤摸瓜"对应寻找与这一历史时期相关的播音代表人物、代表事件、代表作品，将零散的史料串联成有机的整体，较完整清晰地呈现出了历史原貌。

文献资料卷帙浩繁，编写者对史料广泛搜集占有后，尽量做到对不同性质、不同种类事件的全面覆盖，注意材料编排的均衡性。《百年中国播音纪事》既有对中央广播电视媒体播音主持资料的整理，又有对各地方媒体的史料收集；既包含普通话播音主持的历史资料，又有对方言、民族语言、外国语言播音主持资料的收集；既重点考察广播电视播音主持的历史，又兼顾对网络、机器智能媒体播音主持的历史梳理；既有对一般人群的播音主持研究，又有对特殊人群的播音主持研究，力图系统、全面占有史料，为编写好播音历史纪事提供有力支撑。

（二）严格把握标准

广泛搜集史料是编写纪事的第一步，在编写工作中还要注意把握具体的史料收录标准。在收录内容的合理取舍上，紧扣主题。《百年中国播音纪事》时间跨度大、史料内容多，编写者严格把握收录标准，对所收录的内容多加研究推敲，力求做到大事突出、要事不漏、记事毋滥。

编写《百年中国播音纪事》时，收录内容可从全局性、核心性、影响性、价值性四个维度进行综合评判、取舍。所谓全局性，即考察纪事收录的事件内容是否会对全局工作或发展产生影响。编写纪事时，讲大局、顾全局，与党和国家事业同命运共呼吸，自觉在思想上政治上行动上与党中央保持高度一致，紧紧围绕党和国家的中心任务开展工作。所谓核心性，是指被记录的事件、活动、作品、人物具有一定的代表性，内容能够集中反映历史发展的主要特征，才可将其确定为大事和要事。各个历史时期的播音人物、作品、事件如汗牛充栋，要想准确描绘历史发展轨迹，应当突出重点，善于抓主要矛盾，做到"要事突出"。所谓影响性，是指事件的发生具有较大意义，能对播音主持发展产生重要影响，抑或能产生重大的社会影响。例如，播音主持历史上出现的具有开创意义的事件、人物、作品，应当重点记录。所谓价值性，即纪事的内容应当符合社会主义核心价值观，能够为播音主持理论和实践发展提供有益借鉴、参考。例如，纪事中记载的：1948年9月24日，陕北新华广播电台播出毛泽东撰写的稿件《人民解放军解放济南》，该稿件由播音员孟启予、齐越播出。这条纪事内容同兼具全局性、核心性、影响性、价值性。从全局性来看，1948年9月24日，中国人民解放军处于战略进攻阶段，济南战役的战况牵动着广大人民群众的心。播音员孟启予、齐越适时播出的稿件《人民解放军解放济南》，紧紧围绕当时党为解放全中国而斗争的工作大局，向全国人民传达了胜利之声。从核心性来看，陕北新华广播电台在解放战争时期播出的大量战报消息中，《人民解放军解放济南》这条广播播音稿，由毛泽东亲笔撰写，著名播音员孟启予、齐越共同播音，且新闻稿所反映的内容是重大历史事件，能够集中反映陕北新华广播电台的播音员在解放战争时期的播音风格特点，具有较强的代表性。从影响性来看，孟启予、齐越播出的《人民解放军解放济南》这则消息，记录的是人民解放军首次攻克敌10万重兵据守大城市济南的战役，标志着人民解放军实现从农村包围城市到攻克大城市的作战方针转变，历史地位和作用特殊而重大。陕北新华广播电台在播发《人民解放军解放济南》这则消息时，首次打破惯例，加播号外，及时向广大人民群众传达了胜利之声，起到了振奋人心、鼓舞斗志的作用。从价值性来看，孟启予、齐越播出的《人民解放军解放济南》这则消息是人民广播播音的重要代表作品，对于研究解放战争时期的播音历史具有重要借鉴、参考价值。

二、真实客观记述与简明恰切评价

编写者在编写过程中力求坚持实事求是的编写态度，尊重历史、尊重客观事实，唯真、唯实，按照事件客观真实的面目叙述，尽力做到在真实客观记述事实的基础上简明恰切地评价历史事件和历史人物。

（一）真实客观记述

纪事是对已经发生事实的客观记录，确保收录内容的客观与准确，是编写纪事的基本要求，也是衡量纪事编写质量的重要标尺。强调纪事编写的真实客观是坚持马克思历史唯物主义基本观点的重要表现。历史唯物主义认为，人类在认识自然、改造自然的过程中，要坚持真实客观的原则，做到主观与客观的有机统一，才能正确认识世界、改造世界。纪事编写要做到真实客观具体可从两个方面把握：对大事、要事记述的内容真实客观；文字表达真实客观。

首先，对大事、要事内容的真实客观记述。编写者在编写纪事过程中，对收录内容的时间、地点、人物、经过、结果及背景、影响意义等要素均经得起核对，符合客观实际。在编写《百年中国播音纪事》的过程中，最难的是核查时间要素。一些历史事件发生时因无确切时间记载，久而久之更难以考证事件的确凿时间。对这类时间不明的历史事件，编写《百年中国播音纪事》时，编写者多方求证，尤其涉及影响重大的事件，尽力做到时间上的精确无误，"日不清者附于月末，月不清者附于年末"①。

其次，文字表达真实客观。纪事的内容多来源于年鉴、人物传记、回忆录等文献资料，编写纪事不能照搬、照抄历史资料的表述。《百年中国播音纪事》在编写过程中，重点核查不同事物在特定历史时期的称谓，避免混淆。1950年4月10日，中央人民广播电台对国外广播开始用"北京广播电台"的呼号播音。这里的"北京广播电台"与"北京人民广播电台"名称相似，容易混淆。还有同一事物在不同历史阶段有不同的称谓，如1940年12月30日，中国共产党创办的"延安新华广播电台"，曾迁址改名为"陕北新华广播电台""北平新华广播电台"。另外，还有一些播音员因工作需要常使用不同于真实姓名的播音名，编写者在整理文献时会注意比对，如播音员虹云本名冯云，其在早期的历史资料档案中使用的是本名，后期多使用的是播音名。遇到以上几类情况，编写者应尊重历史，尽量与历史事件发生时所用的称谓一致。在编写纪事时，为防止混淆，可用备注的方式加以解释、区分。

（二）简明恰切评价

对历史事件与历史人物进行评价是认识、研究历史的重要环节。人们研究和认识历史，其意义不仅在于通过搜集、整理史料，探明历史真相，更在于认识历史事物对于认识主体所产生的历史的与现实的价值，也就是历史评价。②纪事记述着重于客观记述，一般不加主观评议，不做任何带有褒贬情

---

① 郑文.档案管理学原理[M].云南：云南科学技术出版社，1999：463.
② 尹正达.以唯物史观指导进行历史评价的原则、标准和方法[J].江西科技师范大学学报，2017（4）：34-65.

感色彩的主观评论，确保纪事内容的客观真实。但根据现实需要，编写者可以在准确客观的基础上，对历史事件、历史人物进行简明恰切的评价。例如，中国播音主持历史上的一些重要的会议、重要的历史人物的意义和影响，倘若加以少量的评议，点明编者的观点，则可加深读者的理解。又如，《百年中国播音纪事》中记载的：1941年年初，中国共产党开展延安整风运动。此间毛泽东的重要批示和讲话，对人民广播的播音风格和播音创作文风的形成具有重要指导意义和影响。该条目在客观陈述事实的基础上，简明恰切评价了延安整风运动对人民广播播音的影响。这样的评价使重要历史节点更为明晰、历史脉络更为清晰，起到了"画龙点睛"的效果。

纪事中的历史评价，以马克思列宁主义、毛泽东思想、邓小平理论、"三个代表"重要思想、科学发展观、习近平新时代中国特色社会主义思想为指导，对历史事件的评价要符合党的路线、方针、政策，涉及历史上某些具体政策、措施、事件、历史问题，用符合当下主流价值观的观点书写。评价尽量寻找权威出处，做到有据可查、有理可循；评价根据事实本身，不宜长篇大论。

三、朴实行文风格与统一体例规格

纪事是史料文献的汇编，是记事性的应用文，其文体不同于学术论文、机关公文，也不同于新闻通讯、报告文学等体裁的文章，更不同于小说、散文等文学作品。纪事要做到朴实行文风格与统一体例规格。

（一）朴实行文风格

纪事是对历史的缩写，编写者通过对史料的概括和汇集，记述历史发展的概貌，揭示历史发展的客观规律。编写者在保证纪事内容要素完整的前提下，力求简明扼要，通俗易通。在遣词造句、谋篇布局中下功夫，以精练的文字承载丰富而有价值的信息。编写《百年中国播音纪事》时，重点围绕与播音主持活动直接相关的历史人物、历史事件进行阐释，舍弃与主题不相关的内容。例如，1979年8月18日，首届全国电视节目会议在北京召开。这次会议的召开在中国电视和播音主持历史均具有重要地位，原始史料的编写者从不同的视角对该会议有不同的阐释。若从中国电视发展视角来看，应重点突出会议提出的"电视台要独立自主办节目，摆脱长期'要饭吃'的状况"[①]等内容。若编写者以播音主持发展的视角总结这次会议，应紧紧围绕会议与播音主持相关的论述，可加入"根据会议精神，中央人民广播电台播音部提出，要从稿件内容的需要出发，注重解决内容和形式的完美统一，加强情、声、气的结合，提高表达技术和技巧"[②]的表述，舍弃与纪事主题无关的内容。

行文风格的朴实除了体现在内容的简明扼要外，还体现在遣词造句上。编写《百年中国播音纪事》过程中，原始素材中常有某个群体或某个历史时期社会曾流行的缩略语。例如，"中央台"过去指代"中央人民广播电台"，这一称谓随着媒介机构的变迁，并不具有普遍意义，编写者在编写纪事时，应当以完整准确的"中央人民广播电台"替代缩略语"中央台"，避免因意思指代不明产生歧义。另外，行文风格的朴实还体现在修辞手法的运用上。《百年中国播音纪事》行文不用文学创作笔法，不追求华丽辞藻，不使用比喻、隐语、反问、排比等修辞手法。

（二）统一体例规格

为便于阅览，纪事的编写体例规格具有统一的结构形态。由于纪事收录的内容来源复杂，篇幅大小不一，如果没有统一的体例规格，恐难以形成有机的整体。《百年中国播音纪事》采用编年体的体例，依照条目事件发生的先后顺序依次排列，逐年、逐月、逐日加以记载，每一个大事条目是一个独立的结构单元。这样依年记事的编排方式次序分明，便于考查历史事件发生的具体时间，可集中收集反映同一历史时期发生的史料，使读者容易从整体把握历史发展的轮廓，全面反映历史概貌和事物运动发展的轨迹。

---

① 中央电视台研究室.全国电视工作会议资料汇集1［G］.1984：54.
② 中央电视台研究室.全国电视工作会议资料汇集1［G］.1984：54.

《百年中国播音纪事》除了在形式上遵循编年体的统一体例规格外，在内容的记述上也同样做到体例规格的统一。具体体现在以下两个方面。首先，同类属的大事、要事的记述要素协调一致。例如，《百年中国播音纪事》中记载齐越教授逝世的条目为"1993年11月7日，我国老一辈播音艺术家，我国人民广播事业的第一位著名男播音员，新中国广播事业奠基人之一，新中国第一位播音专业教授、北京广播学院教授齐越因病逝世，享年71岁"[1]。在编纂之后出现的夏青、沈力、罗京等播音员逝世条目时，也保持体例的统一，不要添加过多修饰语。又如，纪事中出现"1982年5月16日，华东地区6省1市广播电台播音业务座谈会第二次会议在安徽太平县举行"[2]。编写者为了保持体例的一致，补充记录华东地区广播电台播音业务座谈会第一次会议的相关条目。再如，华东地区的播音业务座谈会被记载，为了保持规格体例的协调统一，其行政区域层级相当的区域播音业务座谈会同样被纳入纪事条目中。其次，大事、要事的常规要素在记述中的顺序前后一致，如纪事中多次并列出现"中央人民广播电台、中国国际广播电台与中央电视台"三家中央级广播电视媒体机构的名称，编写者参照权威资料的表述确定三家媒体机构的顺序，并保持前后文内容一致。

总之，编写《百年中国播音纪事》是一项开创性的工作，兼具学理价值与实践应用价值，我们在编写中收集了大量的历史素材，并从中提炼、筛选反映中国人民广播电视播音主持发展的大事、要事，尽力做到广泛搜集史料、严格把握标准、真实客观记述、简明恰切评价、朴实行文风格、统一体例规格，期望发挥纪事独特的、不可替代的作用，为未来构建中国特色社会主义播音史学研究奠定坚实的基础。

---

[1] 徐进. 中华人民共和国大事记1989—1994 [M]. 北京：科学技术文献出版社，1995：554.
[2] 方汉奇. 中国新闻事业编年史：下 [M]. 福州：福建人民出版社，2000：203.

中国播音高等教育 60 年发展流变*

从 1963 年到 2023 年，中国播音高等教育走过了 60 年的辉煌历程。作为高等教育特色案例，梳理中国播音高等教育的发展历程，总结其办学经验，探索其教育规律，具有重要意义和价值。

一、中国播音高等教育 60 年发展历程

中国播音高等教育筚路蓝缕，在 60 年的办学历程中，为繁荣中国特色艺术教育和语言传播教育贡献了力量与智慧。概括起来，中国播音高等教育的发展历程，可分为以下 5 个阶段。

（一）奠基时期的萌芽初始（1954—1963 年）

1954—1963 年，播音培训班的开办及其教育理念的提出，被视为中国播音高等教育的萌芽阶段。1954 年，面对全球传媒事业的兴起和新中国成立初期对于广播专门人才紧缺的问题，原中央广播事业局开办"中央广播事业局技术人员训练班"，培养初步掌握广播专业理论知识的技术人员，标志着我国广播电视系统开始创办自己的教育培训机构。1956 年，中央广播事业局开办第一期播音员训练班，为培养新中国成立初期的播音员作出了尝试。1959 年，为了加快培养广播电视领域专门高级人才，在国家相关部门的大力支持

---

* 本文原载于《现代传播（中国传媒大学学报）》2024 年第 2 期，与魏博伦合作，收入本书时有改动。

下,北京广播学院(现中国传媒大学)正式成立,由此开启了我国广播电视高等教育事业的新阶段。1960年起,北京广播学院正式开设播音培训班。虽然该培训班不是完整意义上的高等专科教育,单期授课时间不足1年,但该培训班一直坚持按照高等教育模式设置课程、培养播音专门人才。后经多方努力,该培训班学员在工作职称评定中,学历被认定为大专,这从侧面说明社会各界对中国播音高等教育萌芽期作出的努力和取得的成绩总体持认可与肯定态度。

(二)学历教育的正式开办(1963—1978年)

1963—1978年,中国播音教育步入高等学历教育阶段。1963年,北京广播学院正式设立中文播音专业,该专业系普通高等学校大专学历教育,此举标志着中国播音高等学历教育正式启动。同时,1964—1965年,北京广播学院播音专业继续开设,连续两届招生。1966—1973年,受"文革"影响,北京广播学院被迫停办,播音高等教育因而被迫停止。1974年,北京广播学院正式恢复办学,并于1974—1976年,连续招收了三届工农兵学员攻读播音专业。1977年,在全国恢复高考的时代背景下,北京广播学院播音专业通过全国统考招收新生。需要特别说明的是,1977级播音专业学生按照三年制大专学历被招生录取,但为适应学校与社会对于播音高等教育的更多期待,培养一批高素质专门人才,1977级学生入学后经校方向原中央广播事业局和教育部提出申请,同意该级学生转为四年制本科学历继续培养。

(三)提高层次与逐步拓展(1978—1996年)

1978—1996年,中国播音高等教育培养层次从专科提升为本科,并开始培养硕士研究生。除北京广播学院外,其他院校相继开办播音专业,教学与实践内容以广播播音为主,同时适当融入电视播音的教学内容。具体而言,自1978年起,北京广播学院播音专业正式确定为普通高等学校本科层次学历教育,学制由大专层次的三年制改为本科层次的四年制。特别值得注意的是,北京广播学院在 1978 年取得播音专业硕士研究生的招生资格，并于 1980 年起，招收了首批播音基础理论方向的硕士研究生——此举标志着中国播音高等教育迈入更高台阶。可以说，中国播音教育已然不满足初级的教育教学和实践的早期模式，转而开始寻求学科建设的主体地位，并由此延伸出对播音领域的科学研究工作。1980 年，北京广播学院正式在新闻系播音教研室基础上单独设立播音系。1986—1996 年，浙江广播电视高等专科学校（现浙江传媒学院）、天津师范大学、上海戏剧学院等院校相继开办播音主持相关专业，中国播音高等教育逐步扩大办学规模。

（四）持续推进与稳步提升（1996—2012 年）

1996—2012 年，开设播音专业院校数量和招生人数持续扩大，中国播音高等教育持续推进并得到稳步提升。在此期间，中国播音高等教育的教学目标主要是为电视、广播和网络节目输送播音主持高级专门人才。具体而言，1996 年，北京广播学院成立播音主持艺术学院，这也标志着中国播音高等教育规模、体量和重要程度日益增强，标志着中国播音高等教育需继续加强内涵式、高端化的培养模式。1998 年，徐州师范学院（现江苏师范大学）招收播音语言学专业硕士研究生。1999 年，北京广播学院播音主持艺术学院取得博士招生资格，随后开始招收播音方向的博士研究生。由此，中国播音高等教育已经具备本、硕、博全链条、多角度的完整人才培养体系，中国播音高等教育的科学研究成果得以继续向纵深推进。此外，2000—2012 年，多所院校相继开设播音专业，中国播音高等教育规模、体量逐渐扩大，成为中国高等教育发展的一个缩影。

（五）拓宽路径与特色发展（2012—2023 年）

2012—2023 年，开设相关专业的院校在规模持续扩大的基础上，面对媒体融合向纵深发展、人工智能越发精进的时代背景，各院校加大教学改革力度，拓宽人才培养路径，如教学内容中增设融媒体播音主持教学与实践、开设科技前沿课程丰富学生体验感，助力中国播音从传统高等教育向未来高等教育迈进。具体而言，2014年，中国传媒大学播音与主持艺术专业"十二五"规划教材出版，为播音师生的教学与培养提供了参照。2016年和2017年，教育部语言文字研究所联合中国传媒大学播音主持艺术学院，先后在欧洲和美洲多国建立中国国家普通话水平测试海外培训测试中心，助力中国播音高等教育和有声语言事业的国际传播、跨文化传播。2019—2021年，教育部启动实施一流本科专业建设"双万计划"，多所院校的播音与主持艺术专业入选国家级和省级一流本科专业点，播音高等教育实现了更大范围的普及，彰显了其独特的时代魅力。

二、中国播音高等教育60年发展成就

经过60年发展，具有中国特色的播音高等教育体系已经建立，推动中国播音高等教育向着专业化、精细化继续前行。概括起来，中国播音高等教育的发展成就大致可分为以下三点。

第一，中国播音高等教育规模持续扩大，播音专业成为全国艺术高等教育中的重要组成部分。一是面对中国播音高等教育的教学建制持续升级和院校数量不断拓展的背景，如今的播音高等教育已然形成了从"一花独放"到"百花齐放"的办学规模跃升。播音主持从最初以一所院校的"培训班""专业"为教学的基本单位，到以"系"和"学院"为办学的实体化机构建制，目前已发展成全国300余所院校共办的高等教育格局。二是中国播音高等教育的人才培养规模扩大，师资队伍扩充，实现了过去年培养人数从不足百人到数以万计的提升。在60年的办学历程中，中国播音高等教育已培养和培训了60余万人，其中包括学历教育、在职培训、专项培训等各种方式，为播音人才和播音爱好者提供了广泛的平台。三是中国播音高等教育的课程数量丰富、类型多样，拥有"播音主持语音发声"和"播音主持创作基础"主干课程，发展了新闻播音和综艺播音两大方向的课程，普通话、方言、少数民族语言、外语、手语等语种课程，体育解说、影视配音、文学作品播读等类型

课程。

第二,中国播音高等教育持续上升层次,播音专业形成了本硕博一体化培养的学科体系。一方面,中国播音高等教育具有了完整培养体系,学历教育实现了从专科、本科、硕士,到博士层次的提升。如今,播音专业已培养出大量媒体领域实践型人才,大批毕业生成为中央级、省级和市级广电媒体、网络媒体及相关领域的业务骨干和优秀管理者。另一方面,中国播音高等教育具有完善的研究生教育科研体系,培养了一大批专业型硕士和学术型硕士、博士,同时部分师资人才和研究人员具有与播音相关的博士后科研工作经历,拥有了一定数量的理论和学术人才,填充了师资队伍和科研队伍。播音教学团队中具有硕士和博士学位的人员占比显著增多,形成了教学、实践、科研于一体的师资队伍。

第三,中国播音高等教育持续提高水平,播音专业的科学研究取得一系列重大突破。一是中国播音高等教育形成了自主知识体系和理论架构。作为具有科学性和规律性的理论成果,以《中国播音学》为代表的一批专著和教材填补了播音理论空白,使播音高等教育得以立足和发展,也为我国高等教育增域扩容;以国家社科基金重大项目"百年中国播音史"为代表的一批国家和省部级科研项目和重要横向项目相继开展或完成。二是中国播音高等教育教学水平不断提高,形成了较为科学、别具特色的人才培养模式,在整个艺术门类中独具一格。探索并延承大课与小课、有稿与无稿、感性与理性、教书与育人相结合的教学特色;配套硬件设备更新换代,多功能实验室和虚拟演播馆满足教学和科研需求;搭建高校与媒体间的人才培养通道,鼓励学生从学校小课堂走向社会大课堂,使理论教学与实践教学有效对接。三是中国播音高等教育文化功能和社会价值不断深化,关注公众表达体系中的各种口语表达活动,向社会各界提供播音主持、语言艺术、媒介素养等咨询和指导,为各级政府部门、各类媒体平台、部分少数民族地区中小学等机构和单位提供语言能力培训,开展海外汉语教师及汉语学习者语言培训测试、学术研究及文化交流活动,为推进中外语言文化交流作出了重要贡献。

三、中国播音高等教育 60 年：不忘本来

回溯 60 年历史，面对中国社会、文化、经济、传播、媒介环境不断变化，中国播音高等教育始终不忘初心，坚守育人的核心和使命。

第一，坚定理想信念贯穿于教学全过程。人民广播事业诞生初期，齐越等老一辈播音工作者秉持服务人民的理念，做党和人民的喉舌，坚持正确的舆论导向，恪守职责、记录历史、传播文化，用声音宣传党的方针政策，将时事送达给祖国人民，以实际行动践行新闻工作者的责任和担当。

中国播音高等教育事业孕育于中国人民广播播音事业，自诞生之日起，就肩负着培养播音主持人才的任务。中国播音高等教育始终坚持正确的政治方向和办学导向，遵循正确的播音创作道路，依照播音员、主持人的成长规律，为国家各级媒体平台和相关单位培育和输送人才。

播音专业在教学过程中，注重联系人民广播播音史，根据专业特点和课程内容开展教学。播音史学课通过对人民广播播音史中典型人物和经典作品的讲解，引导学生学习前辈身上的精神品质，感受播音作品中呈现的风格特色。新闻播音主持课按照教学内容，结合新近消息和热点话题及时更新训练稿件，通过新闻播读和评论练习，培养学生关注新闻和社会动态的意识，掌握挖掘新闻背景和理解政策的能力。

此外，育人不仅要传播理论知识，也要引导学生形成良好的品德。塑造美好的心灵，拓展思想的深度，这也是整个高等教育的初心和使命。中国播音高等教育将思想、政治、道德、价值观培育融入专业教学，贯穿教育教学全过程，使学生通过耳濡目染、亲身实践的方式，在潜移默化中树立正确价值观、人生观。

第二，继承传统的同时创新培养模式。中国播音高等教育为了发扬人民广播的优良传统和工作作风，遵循专业实践性强的特点，在开展理论教学的同时，以实践教学为抓手，探索和创新人才培养模式。

人民广播播音形成了字正腔圆、堂堂正正、具有中国特色的新闻播音风

 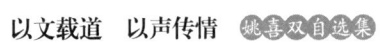

格。新闻播报始终是中国播音高等教育的教学重点,新闻播音教学创新离不开对传统的坚守和对基本功的锤炼。例如,中国传媒大学播音主持艺术学院等院校与业界搭建实践教学平台,与中央及省级媒体平台深度合作,在校内和校外导师共同指导下,学生以实习播音员的身份参与新闻播报和新闻评论节目。通过实践教学改革项目,提高播音主持人才的培养质量,发展高水准播音人才,充实传媒一线人才储备。

同时,人民广播事业具有情系人民、服务社会的优良传统,影响着中国播音高等教育事业的发展。中国播音高等教育始终将"培养什么人"的教育理念向"怎样培养人"的具体实践进行转化和落实,通过课堂理论学习和深入社会实践,做到知行合一。例如,中国传媒大学播音主持艺术学院连续七年举办以全国政协重点提案为议题的"辨与论公开课",先后聚焦农村土地确权、精准扶贫、传统村落保护、乡村振兴等议题。学院党政领导班子和教师团队组织带领学生多次开展乡村实地调研,深入田间地头,脚踏泥土,独立思考,用脚步丈量祖国大地,俯下身、沉下心、察实情、说实话。结合调研情况,聆听专业讲座,阅读书籍资料,探讨交流,培育当代大学生的思辨能力和社会责任感。

第三,积蓄传承中华优秀传统文化的人文底蕴。中华优秀传统文化积淀着中华民族最深沉的精神追求,代表着中华民族独特的精神标识,滋养着中国播音高等教育的发展。中国播音学的理论知识和教学模式饱含着中华民族的文化底蕴,中国播音高等教育也在发展中践行着对传统文化的传承与弘扬。

汉语是中华民族传统文化的基石,代表了民族的精神和气质。播音创作理论以汉语文化和审美特征为根基,从传统文化中汲取营养,发展出播音的呼吸原理、气息控制和创作方法。在注重引导学生在深度理解文本的基础上,激发真情实感、产生思想共鸣,使用恰当的表达技巧呈现作品,通过声音呈现汉字的音律美和韵律美,诠释丰富的思想和情感内涵。

此外,中国播音高等教育的教学方法和授课形式,蕴含了中华民族传统文化中代表身份关系、社会关系和伦理关系的师徒文化。播音专业课通常采用师生面对面、一对一形式展开,教师通过听评、演示、指导,与学生互动交流，以此增进播音专业师生之间的情感底色，这种情感底色促进了播音理论与实践的发展与传承。

综合而言，中华优秀传统文化历史悠久、源远流长，浩瀚的文学经典为后人提供了丰厚的精神滋养。中国播音高等教育关注有声语言艺术领域，开设经典作品诵读、文艺作品演播等课程，举办了一系列诵读实践活动。"齐越朗诵艺术节暨全国大学生朗诵大会"已有 30 个省、自治区、直辖市和特别行政区在内的 300 余所高校参与，已发展为全国性大学生诵读品牌活动。此外，中国播音高等教育致力于用有声语言传承民族文化，塑造民族精神气质，以文学为载体、以声音为桥梁，引人思考，给人启发，实现对人的教育。

四、中国播音高等教育 60 年：吸收外来

中国播音高等教育之所以不故步自封，不局限在单一维度，其根本是以播音实践经验和理论为基础，消化并融汇众家所长，开阔视野，兼收并蓄，在汲取中转化、在借鉴中突破，使自身理论在交融与碰撞的"合奏"中实现创造性转化和创新性发展。

第一，中国播音高等教育应借鉴多学科的知识生产模式。播音专业研究的是有声语言，虽然不对书面语言进行专门研究，但也涉及语言学相关知识，如从"语调"概念发展出中国播音学外部技巧"语气"。中国播音学理论也借鉴了语言学专家关于语音和发声的相关研究，如周殿福与吴宗济采用 X 光照相、颚位照相和唇形照相绘制了《普通话发音图谱》，其对语音研究和普通话语音教学具有实用价值。周殿福的《艺术语言发声基础》用语音学原理阐明了艺术语言发声要领，结合传统民族发声法，提出了一套艺术语言练习方式，帮助有声语言工作者掌握科学的练声方法，对播音发声理论具有参考价值。

同时，艺术在表达思想感情方面有许多共通之处。语言艺术触类旁通的奥妙，也决定了它有一种海纳百川的气质。中国播音高等教育理论的发展，不局限于播音实践的经验和理论，还借鉴了姊妹艺术的吐字发声、气息、共鸣和语言表达技巧。中国播音高等教育在早期办学时，理论知识、教学方法、

配套教材亟待丰富，教学团队积极学习曲艺、戏曲、声乐、话剧、电影等传统艺术和传媒艺术形式，开设"发声教学""语言逻辑"等课程，不断充实本专业教学内容。

可以说，以播音实践经验为理论基础，保持发展眼光，借鉴相关专业知识，汲取姊妹艺术精华，是中国播音高等教育坚持的传统。中国播音高等教育在发展过程中始终延续这项传统，如中国传媒大学播音主持艺术学院持续举办"文化名家系列高端讲座"，已邀请我国百余位新闻传播、戏剧影视及文学、哲学、历史学、艺术学、经济学等领域专家学者举办学术讲座，丰富和拓宽学生视野。

第二，中国播音高等教育应重视对海外理论的参考与转化借鉴。中国播音高等教育的理论发展立足我国播音实践，拓宽国际视野，关注其他国家播音主持实践成果，参考有益经验和相关理论，结合本土文化和我国传播特点，对其创新转化，融入中国播音学理论体系，有助于拓宽中国播音高等教育的研究视野，提升其国际化办学水平。

20世纪50年代，播音培训班教材翻译和借鉴了罗马尼亚等国家广播工作的经验文章，中央人民广播电台播音组也借鉴和总结苏联播音工作经验，翻译和出版了《苏联播音经验汇编》，促进了我国播音理论研究。苏联播音创作中强调"内心视像"，该说法借鉴于苏联体验派戏剧理论"斯坦尼斯拉夫斯基体系"。在此基础上，借鉴德国戏剧家布莱希特提出的"渐离效果"理论，将"内心视像"发展成为中国播音学中的内部技巧，即"情景再现"。日本播音界提出"一对一"传播理念，将听众对象设定为单人，中国播音学理论将这一概念发展为播音创作的内部技巧"对象感"。此外，美国加利福尼亚州旧金山州立大学海德教授的《广播电视播音概论》，也对我国播音理论发展具有一定的参考价值。

综合而言，坚定理论自信、秉持包容开放、拓宽国际视野、不断探索创新，中国播音高等教育以跨学科及交叉学科定位，融汇新闻传播、戏剧影视、艺术学、语言学、文学、哲学、美学等学科体系，使自身理论体系和教学内容得以发展，使中国播音高等教育的整体体量、视野、影响力等得到巨大的提升与拓展。

五、中国播音高等教育 60 年：面向未来

面向未来是一个发展理念，也是一个动态概念。中国播音高等教育与时代发展的媒体环境、技术手段紧密结合，其理论建设、课程体系、培养模式需要依时而变，顺势作出调整，继而保持自身的生机与活力；同时也应坚守理性判断，秉持人文理念，分析当前矛盾和实际需求，以高质量办学作为未来发展目标。

第一，以现实需求为导向，关注和解决实际问题。20 世纪 60 年代以来，中国播音高等教育始终紧跟社会需求，服务现实所需。20 世纪 60—80 年代，广播是主要的传播媒介，中国播音高等教育关注广播节目发展，研究广播播音理论；到了 20 世纪 80—90 年代，电视媒介加速发展并进入大众视野，中国播音高等教育及时将电视播音融入教学内容，研究电视播音理论。主持形式出现后，播音理论研究关注主持形态，研究不同类型节目的主持形式，增设了类型化节目主持课程。

同时，播音主持人才培养数量不断满足行业需求，播音高等教育从规模化培养转向专项型和个性化培养。拓展教学领域，增设方言播音主持、少数民族语言播音主持、外语播音主持等方向。根据学生特长探索垂直化培养路径，开设了体育解说、电子竞技解说、网络直播等课程。贯彻共享发展理念，播音专业在研究生教育中增设手语主持培养方向。媒体融合背景下，众多院校推出融媒体课程和实践教学活动，推进网络媒体和融媒体播音主持理论研究。

此外，中国播音高等教育与时代发展紧密相连，需要结合当前形势，展望未来趋势并作出调整。新兴互联网内容媒体和有声语言创作领域日趋多元，数字技术影响下的传播形态、传播方式、传播频率、传播速度、传播效果和传播反馈都产生了明显变化，跨平台、跨界主持现象成为常态。因此，中国播音高等教育需要及时更新业务理论和培养模式，思考办学应坚持哪些特色、调整哪些环节，针对融媒体播音主持呈现出的特征、变化和规律，研究培养

融媒体播音主持人才的教学规律。此外，人工智能技术快速发展，相关技术已应用于播音主持领域，因而中国播音高等教育也应关注人工智能等技术手段的发展动态，在教学和科研工作中重视人机协同和人机适配的问题。

第二，以高质量办学为目标，巩固和提高教育水平。高质量发展教育是实现中国式现代化的重要支撑，建设教育强国是以支撑引领中国式现代化作为核心功能。针对中国播音高等教育未来发展，应以高质量办学作为发展目标，为中国式现代化提供坚实的人才支撑和理论引领，本文有以下几点思考。一是中国播音高等教育的人才培养需要支撑和满足中国传媒业对人才数量和质量的需求。面对不断变化的媒体环境和形势，需要继续培养高质量播音主持人才。二是中国播音高等教育应在语言教育方面支撑和引领基础教育和国际中文教育。三是中国播音高等教育需要支撑和引领民族语言文化，促进国家通用语言文字推广普及。目前，我国境内参加普通话水平测试的人次累计超过9000万，中国播音高等教育在推广普通话方面具有重要引领作用，未来应在推广语言标准和规范化使用方面继续当好排头兵。四是中国播音高等教育应推进理论建设，增强学科智力支撑。五是中国播音高等教育应着眼新兴技术和学术前沿，提高数字化和人工智能化教学能力，满足现代媒体需求。六是中国播音高等教育应继续加强国际交流合作，提高中国播音高等教育的国际影响力，为世界高等教育贡献中国智慧、中国力量、中国主张和中国方案。

下 编
语言文字应用研究

推普工作的重要抓手*
——谈依法推进的普通话水平测试

2000年10月31日,中华人民共和国第九届全国人民代表大会常务委员会第十八次会议通过了《中华人民共和国国家通用语言文字法》,这是我国第一部关于语言文字的专门法律。该法的颁布,对促进语言文字的规范化、标准化,提高国民素质,增进各地区、各民族之间的交流与沟通,增强中华民族的凝聚力具有重要意义。同时,该法对推广普通话,依法开展普通话培训测试,提高国民的普通话水平也具有重要意义和作用。

一、普通话水平测试的法律保障

《中华人民共和国国家通用语言文字法》规定,国家推广普通话,公民有学习和使用国家通用语言的权利,国家机关以普通话为公务用语;学校及其他教育机构以普通话为基本的教育教学用语;广播电台、电视台以普通话为基本的播音用语。该法第十九条明确规定:"以普通话作为工作语言的播音员、节目主持人和影视话剧演员、教师、国家机关工作人员的普通话水平,应当分别达到国家规定的等级标准;对尚未达到国家规定的普通话等级标准的,分别情况进行培训。"第二十四条明确规定:"国务院语言文字工作部门颁布普通话水平测试等级标准。"《中华人民共和国国家通用语言文字法》明

---

* 本文原载于《语言文字应用》2010年第3期,收入本书时有改动。

确了普通话的法定地位、作用和使用范围，提出了普通话应有国家规定的等级标准，明确了国家语言文字工作部门颁布普通话水平测试标准。该法指出，凡以普通话作为工作语言的岗位，其工作人员应当具备说普通话的能力。该法还明确了必须使用普通话并且达到相应等级标准的人员，即播音员、节目主持人、影视话剧演员、教师、国家机关工作人员等，这就以法律形式明确了普通话水平测试的对象，这也为相关行业的资格准入制度提供了法律依据。该法提出对尚未达到国家规定的普通话等级标准的，分别情况进行培训，这为普通话的培训提供了法律保障。

《中华人民共和国国家通用语言文字法》颁布10年来对普通话推广和普通话培训测试工作意义深远而重大，其强有力地保证和促进了推广普通话和普通话培训测试工作。过去推普依据宪法，而具体怎么做好这项工作，光靠宪法中的一句话还不够，有了《中华人民共和国国家通用语言文字法》就清楚了。过去推普工作是靠政策、靠宣传、靠学术，现在有了具体的法律依据。依法推普，依法培训和测试，这样推普和培训测试工作才能健康、持续、科学地开展。

普通话培训测试工作实际上是伴随着《中华人民共和国国家通用语言文字法》的孕育而产生的。《中华人民共和国国家通用语言文字法》酝酿产生的历史，也是普通话推广工作不断深入的过程，在这项工作不断的调查研究中产生了普通话水平测试的形式。《中华人民共和国国家通用语言文字法》把普通话水平测试相关内容和要求以法的形式确定下来，在我国语言测试史上是第一次，在世界范围内也可以说是第一次。这说明普通话水平测试不是一般的学术性的测试，不是可有可无的，而是关系到推普大业的一项测试。这项测试的相关内容和要求写进《中华人民共和国国家通用语言文字法》，充分肯定了测试的性质和重要性，它是具有中国特色的一项测试。它不是民间的、自发的，而是国家的行为。《中华人民共和国国家通用语言文字法》对普通话培训测试的对象进行了规定。"播音员、节目主持人、影视话剧演员、教师、国家机关工作人员"，这是普通话水平测试的基本对象。把测试对象以法律的形式确定下来，非常不容易，说明这些人必须要参加这项测试，必须要持证上岗，必须要有这个资格准入的条件。这为测试工作的顺利开展提供了保障。该法对测试对象的排序也很明确。播音员和节目主持人，包括影视话剧演员，排在最前面，也就是说，这些人的普通话水平应该是最高的，最应该参加测试。这为播音员、节目主持人、影视话剧演员的普通话水平达到一级奠定了法理的基础。教师要达到二级水平，排在第二位。国家机关工作人员，要求达到三级。这种排序根据测试工作的实际、根据不同行业对其应该分别达到的等级标准作出了规定。其同时也提出，对未达到普通话水平等级标准的，分别情况进行培训。也就是说，培训不是可有可无的，而是国家规定的，有法可依。这为以测带训、以训保测提供了法律的依据。《中华人民共和国国家通用语言文字法》对普通话培训工作的促进作用，既是根本性的，又是很具体、很直接、具有可操作性的。正是因为有了《中华人民共和国国家通用语言文字法》，普通话水平测试才成为国家级的测试，成为依法开展的测试，从而确定了普通话水平测试的地位。不仅测试，培训工作也得到了法律的保障。测试和培训依法开展，引起了各级领导的重视，提高了人们对普通话培训和测试的认识，进而提高了人们对推广普通话、对推广国家通用语言文字的认识。由于有了法的保障，使得领导重视，各级测试实施机构进一步健全和加强，国家培训测试工作取得了显著成效：培训了5万名测试员，其中包括5 000名国家级测试员，测试人数达3 000万人次。所以《中华人民共和国国家通用语言文字法》对普通话培训测试工作产生了巨大的推动和促进作用，尤其是保障作用。

  普通话培训测试相关内容写进《中华人民共和国国家通用语言文字法》，也使该法更有特色，更切合中国的实际，更具有针对性和可操作性，使该法在社会语言生活中发挥的作用更直接、更明显、更具体、更突出。普通话水平测试相关内容写进《中华人民共和国国家通用语言文字法》，无疑是这部法律的一个亮点。各地在语言文字的地方立法中，也都把对相关人员的普通话等级要求写进去，这使得普通话水平测试得到了法律体系的保障。国家语委和各省语委在近年来的城市语言文字评估中，把相关人员参加普通话水平测试的情况及达到的等级作为一项主要内容和评估指标，国家语委和地方语委近年来组织的执法调研中,也把相关人员的普通话等级达标情况作为一项内容,这些都有效地促进了《中华人民共和国国家通用语言文字法》的贯彻落实,促进了普通话培训测试的依法开展。

二、普通话水平测试的成效

普通话水平测试从酝酿、实施至今,可分为三个阶段,即酝酿研制、组织实施和发展创新阶段,在不同阶段不断获得发展,取得显著成效。

(一)酝酿研制阶段(1982—1994年)

1. 专家提出普通话分级的研究设想

1982年起,一些语言文字工作者开始探讨普通话等级标准和水平测试等问题。较有影响的主要有:北京市语言学会一些专家学者组织的普通话等级标准研究小组提出了《普通话等级标准条例草案》。1983年9月,时任国家语委副主任的陈章太先生在美国夏威夷举行的"华语社区语文现代化和语言计划学术会议"上提出了普通话规范水平分三级要求的设想。此外一些语言学家也都从不同方面以不同形式提出普通话分级和水平测试的设想。

2. 国家相关部门提出普通话分三级

在1986年的全国语言文字工作会议上,时任国家语委主任的刘导生在题为"新时期的语言文字工作"的报告中提出普通话的标准只有一个,但要求可以不同。根据不同的要求可以将普通话分为以下三级:"第一级是会说相当标准的普通话,语音、词汇、语法很少差错;第二级是会说比较标准的普通话,方言不太重,词汇、语法较少差错;第三级是会说一般的普通话,不同方言区的人能够听懂。"这就从学术层面的研究设想上升到国家语言文字工作部门明确提出确立普通话分级的要求,具有很强的政策指导性。

3. 普通话水平测试研制小组成立

1988年,教育部推普办和国家语委语用所有关人员,在孙修章、于根元主持下,组成了"普通话水平测试标准研究"课题组,开始研制普通话水平测试标准，拟定普通话水平分为三级六等。1991 年，课题组研制的《普通话水平测试等级标准》通过了国家语委组织的专家鉴定，由国家语委推普司印发各地试用。

4. 三部委发文颁布测试大纲

1992 年，国家语委组织了专门的学术委员会，由国家语委原副主任王均任主任，并成立了以国家语委推普司司长刘照雄为负责人的课题组，开始论证和研究编写《普通话水平测试大纲》（以下简称《大纲》）。1994 年 11 月，《大纲》正式出版。《大纲》包括普通话测试总论、语音分析、常用词表、朗读作品、说话题目等。《大纲》还规定了测试的目的、性质和方法，确定了测试的内容、范畴和题型，明确了应试人员的行业范围。1994 年，国家语委、国家教委、广播电影电视部联合发文颁布了《关于开展普通话水平测试工作的决定》；同时发布的还有《普通话水平测试实施办法（试行）》《普通话水平测试等级标准（试行）》《普通话等级证书（样本）》。

5. 普通话水平测试等级标准的确立

《普通话水平测试等级标准（试行）》将普通话水平分为三级六等。

一级：甲等　朗读和自由交谈时，语音标准，词汇、语法正确无误，语调自然，表达流畅。测试总失分率在 3% 以内。乙等　朗读和自由交谈时，语音标准，词汇、语法正确无误，语调自然，表达流畅。偶然有字音、字调失误。测试总失分率在 8% 以内。

二级：甲等　朗读和自由交谈时，声韵调发音基本标准，语调自然，表达流畅。少数难点音（平翘舌音、前后鼻尾音、边鼻音等）有时出现失误。词汇、语法极少有误。测试总失分率在 13% 以内。乙等　朗读和自由交谈时，个别调值不准，声韵母发音有不到位现象。难点音（平翘舌音、前后鼻尾音、边鼻音、fu—hu、z—zh—j、送气不送气、i—ü 不分、保留浊塞音和浊塞擦音、丢介音、复韵母单音化等）失误较多。方言语调不明显。有使用方言词、方言语法的情况。测试总失分率在 20% 以内。

三级：甲等　朗读和自由交谈时，声韵调发音失误较多，难点音超出常见范围，声调调值多不准。方言语调较明显。词汇、语法有失误。测试总失分率在30%以内。乙等　朗读和自由交谈时，声韵调发音失误多，方音特征突出。方言语调明显。词汇、语法失误较多。外地人听其谈话有听不懂的情况。测试总失分率在40%以内。

（二）组织实施阶段（1994—2001年）

1. 组建测试机构

1994年，作为国家测试实施机构的国家语委普通话培训测试中心（以下简称"国家测试中心"）率先成立，后云南、上海等省级普通话测试机构相继建立。有的省级培训测试中心是独立建制，有的则是语委办同时承担测试机构的职能。另外，各地市、院校也成立了测试站。这样就形成了国家、省级、地市或高校三级测试机构体系，构成了全国测试的网络。

2. 培训测试员

《普通话水平测试实施办法（试行）》要求，测试员应熟悉和拥护国家语言文字工作方针、政策，热心语言文字工作，熟练掌握汉语拼音，普通话水平达到一级乙等以上，具有大专毕业文化程度和三年以上工作实践，并有较高的语音分辨能力。由国家测试中心培训考核国家级测试员，由各省级测试机构培训考核省级测试员。测试员队伍遍布全国，大部分为兼职人员，其中很多是教师。高素质的测试员队伍是普通话水平测试顺利实施的必要条件。

3. 确定测试对象

《普通话水平测试实施办法（试行）》规定，一定年龄范围内的下列人员应接受普通话水平测试：（1）中小学教师；（2）中等师范学校教师和高等院校文科教师；（3）师范院校毕业生（高等师范院校首先是文科类毕业生）；（4）广播、电视、电影、戏剧，以及外语、旅游等高等院校和中等职业学校相关专业的教师和毕业生；（5）各级广播电台、电视台的播音员、节目主持人；（6）从事电影、电视剧、话剧表演和影视配音的专业人员；⑦其他应当接受普通话水平测试的人员和自愿申请接受普通话水平测试的人员。

同时对一些岗位和专业人员提出了普通话等级要求：教师和师范院校毕

业生应达到二级或一级水平；专门从事普通话语音教学的教师和从事播音、电影、电视剧、话剧表演、配音的专业人员，以及与此相关专业的毕业生应达到一级甲等或一级乙等水平。后来对国家机关工作人员、窗口服务行业人员等也提出了相应的等级要求。

（三）发展创新阶段（2001年至今）

1.深入贯彻《中华人民共和国国家通用语言文字法》，加强管理，提高质量

《中华人民共和国国家通用语言文字法》实质上以法律形式肯定了普通话水平测试国家级考试的地位，使普通话水平测试具有了权威性。《中华人民共和国国家通用语言文字法》颁布后，各省、市、自治区的立法机构结合本地实际，先后制定了贯彻《中华人民共和国国家通用语言文字法》实施办法，其中大都把普通话培训测试的相关内容纳入进去。为深入贯彻《中华人民共和国国家通用语言文字法》，教育部于2003年5月颁布了《普通话水平测试管理规定》(以下简称《规定》)。《规定》进一步明确了国家和省级语言文字工作部门、测试机构的职责，重新规定了国家级和省级测试员的申请条件、资格认定、聘用考核和违纪处理办法，严格规定了对测试证书和测试收费的管理。为配合《规定》贯彻，教育部语用司印发了《普通话水平测试规程》和《普通话水平测试工作评估指导标准》，发布了《关于印发〈普通话水平测试规程〉的通知》。同年10月，教育部、国家语言文字工作委员会发布了《关于印发〈普通话水平测试大纲〉的通知》。一系列相关文件的颁布和印发，促进了普通话水平测试工作的顺利开展，使这一工作初具规模，成绩显著。2004年7月，国家语委在太原召开全国普通话水平测试管理工作会议，时任教育部副部长、国家语委主任的袁贵仁作了题为"再接再厉，团结奋进，开创普通话水平测试工作新局面"的主题报告，对全国测试工作的科学发展提出了新的目标和要求。这些都有力促进和保障了普通话水平测试依法推进、健康发展。

2. 修订颁布新《大纲》，研制并启用《实施纲要》

为了贯彻落实《中华人民共和国国家通用语言文字法》，适应新时期普通话水平测试的需要，教育部和国家语委决定重新研制《普通话水平测试大纲》（以下简称《大纲》）。新《大纲》研制列入了国家语委"十五"科研规划，组建了新《大纲》研制学术委员会，教育部语用司司长杨光、语信司司长李宇明为顾问，刘照雄、姚喜双为召集人。新《大纲》规定了测试的名称、性质、方式、内容和范围，对评分办法作了必要的调整和修订，更具科学性和可操作性。新《大纲》对于进一步规范评分标准、提高测试质量具有重要意义。新《大纲》于2003年10月颁布。2004年1月，根据新《大纲》和测试工作需要，国家测试中心研制、教育部语用司审定的《普通话水平测试实施纲要》（以下简称《纲要》）出版发行。"研制《纲要》是在刘照雄、姚喜双的指导下完成的,《纲要》对原有的测试用词语表、朗读作品、说话题目等内容，都作了必要的调整和修订，成为普通话水平测试国家指导用书。几年来的测试实践证明，新《大纲》的颁布和《纲要》的出版受到各地业内人士的欢迎和好评。"

3. 大力提高测试的现代化水平

随着普通话水平测试发展规模日益增大，随着信息化时代的到来，全面推进普通话水平测试现代化的需求与日俱增。实现普通话水平测试的现代化，一个是实现管理手段的信息化，一个是实现测试手段的现代化。21世纪初，上海、湖北、黑龙江等地率先研制并应用普通话水平测试信息管理系统。之后国家测试中心联合湖南测试中心承担国家语委"十五"科研规划项目"国家普通话水平测试信息管理系统"的研制，并通过鉴定。2009年国家测试中心与安徽省教育厅在合肥联合建立了"国家信息管理资源中心"。2010年6月全国普通话培训测试信息资源中心和信息网建成，教育部副部长、国家语委主任李卫红出席会议并讲话，这标志着管理的信息化已经初步实现。测试手段的现代化正在逐步实现。在与相关技术部门的合作下，目前普通话水平测试试卷的前三项试题已经实现由计算机辅助完成，全国15个省市已经成为计算机辅助普通话水平测试的试点。测试手段的现代化需要依靠语音技术的进步,随着语音技术的不断发展,测试手段现代化正在逐步推进。

4. 积极合作开展海外测试

普通话水平测试以其良好信誉,赢得境外的需求,10多年来在海外合作测试也取得可喜的进展。目前,国家测试中心与港澳地区合作的院校已经有13所。港澳地区参加普通话水平测试的人数已达到6万人次。国家测试中心为港澳地区培训普通话教师1000多名,培训测试员120多名。普通话水平测试在港澳地区具有较高的知名度,享有很好的声誉。另外,国家测试中心也与新加坡有关单位举行了合作测试。在这以前,与加拿大、马来西亚等地相关单位也签过合作协议。今后将适应需求,进一步推动普通话水平测试在海外的联合开展。

5. 加强测试科研

科研是测试的重要支撑,随着测试工作的全面开展,科研工作也随之开展并取得显著成果。国家测试中心除完成《大纲》《纲要》等重大科研项目外,还承担并完成了国家语委"十五"科研总课题"普通话水平测试研究"项目中的相关子课题,包括"国家普通话水平测试题库系统""国家普通话水平测试信息管理系统"等重要项目。与此同时,国家测试中心开始举办两年一届的全国各省普通话培训测试中心主任论坛,既讨论工作也探讨学术。截至2009年,已举办4届全国普通话培训测试学术研讨会,会后将优秀研究成果结集出版,促进和带动了全国普通话水平培训和测试的研究。现在国家测试中心每年出资30万元用作普通话水平测试科研专项经费,支持战线申报立项,开展科研。各级测试部门也都意识到加强普通话培训和测试科研工作的重要性,把科研作为推进普通话水平测试的重要抓手和突破口,设立普通话水平测试各种专项课题,召开各类普通话水平测试学术研讨会,编辑出版学术论文集。

6. 促进学科建设

在普通话水平测试这一宏大测试实践规模基础上,为加强应用语言学学科建设,指导实践,我们首创普通话水平测试博士专业方向和语言文字测试学硕士点。2007年开始在中国社会科学院招收普通话水平测试方向的博士研究生，目前已招收博士生4届，毕业1届。同时还招收语言文字测试学专业的硕士研究生，语用所还招收访问学者。专业学科建设和人才培养工作的开展使普通话培训测试教材编写工作也得到进一步加强。

7. 构建测试体系

在继续加强普通话水平测试的推广和实施工作的同时，也开始与境内外相关单位合作，建设和开发立体的普通话测试体系。比如，跟香港高校及相关部门合作开发香港中文书面语水平测试项目，开发针对中学生的普通话水平测试；合作研制开发针对外国人的测试等。未来也可以考虑开发汉语拼音、文字测试等不同门类、满足不同需求的测试，构建立体的测试体系。此外，汉字测试、语言文字能力测试等也已开发，正在与普通话水平测试相互补充，发挥着推广普通话、促进语言文字发展的重要作用。

8. 测试机构形成网络

随着测试工作的深入发展，各地普通话水平测试站相继建立、日趋完善。据不完全统计，全国已建立地市级、高校和行业测试站点达2000多个，基本建成了由国家测试中心、省级测试中心和地市、高校、行业测试站组成的测试体系。各级测试机构依法开展工作，形成了良性运作的工作机制和上下贯通的测试机构网络、保证了普通话水平测试和推普工作的开展。

三、依法推进的普通话水平测试对推普工作的贡献

（一）普通话水平测试是推普的重要抓手

普通话水平测试是新时期推普工作的重要举措和创新，使推普由宣传、倡导变成了依法推进的工作，也使普通话的评判有了科学依据和量化标准，为相关岗位从业人员持证上岗提供参考依据，使推普工作扎实、有效，推普手段具有可操作性。所以，普通话水平测试是推普工作的一个重要抓手。普通话水平测试也是新时期语言文字工作的三个重要措施（普通话水平测试、推普宣传周、城市语言文字工作评估）之一，并且是其中很重要的一项。

（二）普通话水平测试促进了测试对象

普通话水平测试的目的是以测带训。通过普通话水平测试，促进了测试对象普通话水平的提高，推动了推普工作的广泛、有效开展。目前已测 3000 万人次，相关领域人员都已经持证上岗，使国家四大领域人员普通话水平有很大提高。同时，通过测试使推普工作家喻户晓，促进全社会公民语言规范化意识的普遍提高，学习和推广普通话的热情和愿望得到广泛增强，公共领域普通话水平也有明显提升。

（三）普通话水平测试促进了普通话教学及应用语言学学科建设

在普通话水平测试实践的基础上建立起来的普通话教学体系、教材、内容有扎实的实践基础，教学具有针对性。在此基础上所设立的普通话水平测试的博士专业研究方向、语言文字测试学硕士专业有其扎实的实践基础和实际保障，如招生来源、教材建立、实践基地、就业出路等，这些也丰富和促进了语言学及应用语言学学科建设。

（四）普通话水平测试促进了科研和学术交流

普通话水平测试 3000 万人次的测试实践为进行全面深入的测试和推普的科研奠定了坚实基础，搭建了宽广的平台，提供了海量数据，积累了大量语料，获得了宝贵的经验。其促进和保障了我们建立有声语料库和联合实验室。

（五）普通话水平测试支持和促进了国家语言文字工作的开展

普通话水平测试工作的开展推动了各地测试实施机构的建立和全国普通话水平测试员队伍的建立，这使测试有了实施机构和队伍的保障。其机构既是测试实施机构，也可承担推普工作，所以也可以作为推普机构；其队伍既是测试员，又可以承担推普任务，所以也是推普员。全国普通话水平测试拥有一支 5 万人的测试员队伍。在实际工作中，他们不单是测试员，同时又是推普工作的宣传员，也是普通话培训工作的教师。他们积极参与推普周的宣传工作、城市语言文字评估工作，普通话教学工作等，投身到测试、培训、教学、宣传等语言文字工作中。我国各级测试机构既是测试中心、测试站，也是推普中心、推普站。这不仅促进了普通话测试本身的发展和提高，同时在推动国家语言文字工作发展方面发挥了积极的作用。

（六）普通话水平测试为汉语国际推广作出贡献

普通话水平测试工作也为汉语国际推广作出了贡献。要取得对外汉语教师资格的条件之一就是普通话水平达到二级甲等以上。全球500多个孔子学院的建立和孔子课堂的开设，需要大量的普通话教师。侨办的57所学校也有提高普通话水平的要求。这就使得普通话水平测试在汉语国际推广的新形势下发挥着日益重要的作用。

四、依法推进的普通话水平测试需要解决的问题

要探讨需要解决的问题，首先要充分认识普通话水平测试的基本矛盾、基本规律、基本特征，以及在今后推普和语言文字工作中的重要作用。（1）普通话水平测试的基本性质和特征：标准参照型测试；口语测试；汉语作为母语的测试；主观性测试；综合性（测试内容）；科学性（水平测试）；简便性（操作方式）；现实性（适合国情）；权威性（法定考试）。（2）普通话水平测试的基本矛盾。基本矛盾是需求和满足需求的矛盾，处理好这一矛盾，就是把握规律，很好地满足普通话水平测试科学发展的需求。推普仍是当前和今后一个时期我们国家语言文字工作的主要任务。国民对普通话推广仍有很大需求，所以对普通话水平测试也有需求。21世纪初，根据国家语委的调查显示，我国能用普通话交流的人数占总人口的53.06%，经过10年的努力，据专家统计，现在实际比例可能为60%，但是距离建设高水平小康社会的要求仍有很大差距。所以，推普工作仍有需求，仍是当前的重要工作。普通话水平测试作为推普工作的一个重要组成部分，仍有很大的发展空间，是一项长期任务，必须促进其科学发展，可持续发展。

普通话水平测试活动包含四个构成要素：测试员（测试队伍）；测试对象；测试手段；测试依据（标准）。普通话水平测试发展出现的问题也集中反映在这四大要素上。

（一）测试队伍发展需要解决的问题

测试员是测试活动基本矛盾的主要方面，如果没有测试员，就无法实施测试，所以加强对测试员的管理和培训非常重要。只有测试员的水平提高了，才能准确、有效地测出符合实际的成绩。测试员的业务水平、政策水平、心理素质、职业道德、工作阅历、教师与非教师、专职与兼职等都是需要考虑和分析的内容。长期以来，我们拥有一支素质优良、乐于奉献的测试员队伍。尽管计算机辅助测试已试点，但情感、综合方面的判断还需要测试员来进行，最高等级的测试评分还需要人工完成，测试员队伍不是要削减，而是要加强。目前加强对测试员的培训是一项紧迫任务。这里，除了需加强对测试员的政策培训、业务培训外，还应对测试员进行网上评测等信息化手段的培训，使测试员能够迅速适应信息化测试的要求；同时，还要鼓励测试员从事科研活动，要为其创造条件，使其多出科研成果。要建立奖励机制，开展多种形式的科研和学术交流活动，促进测试员队伍整体科研水平的提高。此外，随着推普工作的加强，不仅测试在推普工作中发挥重要作用，培训和宣传等工作同样需要测试员。测试员不仅是测试队伍，也是推普队伍、宣传队伍、舆情监测队伍。

（二）测试对象拓展需要解决的问题

（1）已测人员。现有的已测人员分布在社会的相关行业，在已测人员中有人存在着"证书一到手，方言就开口"的现象。推广普通话贵在坚持。因此，为保证普通话水平测试的持续发展，保证已测人员都能自觉使用和推广普通话，应该探索相关保障和激励措施，加强对普通话等级证书的管理，加强对相关行业人群使用普通话的检查和监督；并注意积极有效地采取多种手段开展推普活动，发挥已测人员坚持说普通话的带头作用。

（2）公务员群体。随着测试对象的范围不断扩大，有些地方开展了对公务员的测试，也有的地方尚未开展，地区和行业间存在着发展不平衡的现象。由于公务员是行业龙头，在各方面具有表率作用。所以，国家应该制定国家通用语言文字法的实施细则，依法全面推进公务员普通话培训和测试工作，以此带动全社会的普通话推广工作。

（3）大学生群体。大学生的普通话水平提高了，国家未来公共领域工作人员的普通话整体水平就会普遍提高。在这方面上海市政府作出了榜样，其为上海全体大学生普通话水平测试制定地方法规，提供经费支持，有力地推进了上海高校普通话水平测试的发展。各地市如果有条件的话，应该加大高校推普工作投入的力度，为大学生测试提供法规和经费的保障和支持，这样会事半功倍，对推普必将产生良好的、深远的影响。

（三）测试手段现代化要求解决的问题

测试手段就是实施测试的方式方法。随着普通话水平测试发展规模的扩大，测试手段现代化的需求与日俱增。加强测试手段现代化是今后的一个工作重心。首先，继续加强管理手段现代化。目前全国普通话信息资源中心已建立，资源网已开通，管理手段现代化已初步实现，但各地区发展还不平衡。应该研讨和制定相关措施，大力支持不发达地区的信息化建设。要逐步实现测试手段现代化。当前已在全国15个省市开展了计算机辅助测试试点工作，积累了经验，在此基础上应逐步实现全国范围的测试手段现代化。同时，当前计算机辅助测试只在试题前三项应用，而说话项还无法实现机器测试，这有赖于语音技术的进步。在已实现机测的试题部分，应该保证质量，做好信度、效度研究，总结测试中遇到的新问题，认真研究对策，提高测试的有效性和科学性，确保测试质量。

（四）测试标准需要思考的问题

测试依据是保障测试活动有效进行的重要因素。普通话水平测试的测试依据就是《普通话水平测试大纲》，依据《大纲》研制出的题库和计算机生成的试卷来实施测试，依据测试等级标准进行评分定级，这些测试标准是实现普通话水平测试良好信度和效度的基础。随着普通话水平测试业务领域和测试对象范围的不断扩大，制定适合不同地域、不同母语背景、不同行业、不同年龄测试群体的测试标准细则成为时代的需求。对此，应该根据测试条件和对象，积极调研，对未来需求的测试标准进行研究，构建既有共性又有个性、适合新形势的测试体系和测试依据，使测试服务跟上时代发展的需求。

上述四点是测试活动中要解决的问题。而测试事业或测试工作当前最迫切的问题，就是要进一步加大法律法规保障机制，依法督促各地普通话培训测试实施机构的建设。我们必须清楚地看到，机构建设在一些地区仍是薄弱环节；同时也要依法保障普通话水平测试和推普工作最基本的经费投入。目前，从全国普通话水平测试调研的实际情况看，机构建设和经费投入，仍是当前普通话水平测试和推普事业发展最急需、最迫切需要解决的问题。

总之，随着国家通用语言文字法的颁布和实施，普通话水平测试获得了长足发展，在推普工作中成绩突出、成效显著。随着全面建设高水平小康社会，构建和谐语言生活对推普的要求，随着汉语国际传播的开展，普通话水平测试在国家语言文字生活中的作用越发重要。我们希望，国家能够根据推普和测试的实际需求，及时出台相关法规细则，以保障普通话水平测试在新时期胜任更多的责任、担负更重的使命，为推普事业作出更大的贡献。

参考文献：

［1］陈章太.略论汉语口语的规范［J］.中国语文，1983（6）.

［2］国家语言文字工作委员会普通话培训测试中心.普通话水平测试实施纲要［M］.北京：商务印书馆，2004.

［3］韩其洲.国家普通话水平测试回顾与展望：纪念开展普通话水平测试15周年［M］//国家语委普通话培训测试中心，普通话水平测试研究会.第四届全国普通话培训测试学术研讨会论文集.北京：语文出版社，2009.

［4］刘照雄.普通话水平测试大纲（修订本）［M］.长春：吉林人民出版社，1994.

［5］姚喜双.《大纲》修订和《纲要》研制的思考［J］.语言文字应用，2004（3）.

［6］中华人民共和国国家通用语言文字法［EB/OL］.（2005-08-31）［2010-06-10］https://www.gov.cn/ziliao/flfg/2005-08/31/content_27920.htm.

《语言文字规划纲要》与国民语言能力提高[*]

2012年12月4日，教育部、国家语委颁布了《国家中长期语言文字事业改革和发展规划纲要（2012—2020年）》（以下简称《语言文字规划纲要》），这是指导当前和今后一个时期语言文字工作的重要纲领。《语言文字规划纲要》在指导思想中指出要"提高国民语言能力"，并提出到2020年，实现"国民语言能力明显提高"的目标。提高国民语言能力对加快人才强国建设和人力资源强国建设，基本实现教育现代化，提升人力资源开发水平，促进人的全面发展具有重要意义。

国民语言能力是一个由若干子能力构成的立体能力体系。其核心能力是指国民履行《中华人民共和国国家通用语言文字法》所赋予的学习和使用国家通用语言文字的能力，即国民学习与使用普通话和规范汉字的能力，这是国民应具备的基本语言能力。此外，国民语言能力还包括："语种能力"，即指掌握多种语言文字的能力；"现代语言技术能力"，即指能够熟练运用现代化手段处理语言文字的能力；"行业语言应用能力"，即指具备部分行业语言的应用能力。

根据《语言文字规划纲要》指导思想和总体目标的要求，纲要把"提高国民语言文字应用能力"作为六大主要任务之一，并提出了有针对性的三项重点工作。

一是构建语言文字应用能力测评体系。推进和完善普通话水平测试、汉字应用水平测试和汉语能力测试；加快推进普通话培训测试的信息化建设和

---

* 本文原载于《语言科学》2016年7月第15卷第4期，收入本书时有改动。

资源建设，推进计算机辅助普通话水平测试；适时修订《普通话水平测试大纲》；编写系列普通话学习教材，研制和推行中小学生普通话水平测试标准；修订和完善《汉字应用水平等级及测试大纲》，完善测试系统，加大汉字应用水平测试推进力度；总结试点经验，修订和完善《国际汉语能力标准》和《汉语能力测试大纲》，推进汉语能力测试。

二是提升学生语言文字应用能力。提升幼儿普通话水平，加强学生语言文字应用能力培养，建立并完善学生语言文字应用能力评价标准；加强学生语言文字应用能力培养；中小学校要依据语文课程标准组织教学，加强识字与写字、口语交际、阅读、写作等方面的教学，加强中小学规范汉字书写教育，注重语言文字的综合运用，全面提高中小学生听说读写能力；中等职业学校和高等学校要科学设置语言文字相关课程，以提高语文鉴赏能力、文字书写能力和语言表达与交际能力为重点，全面提升学生的语文素养及语言文字综合运用能力；建立并完善学生语言文字应用能力评价标准；分级分类制订高校学生和中小学生语言文字应用能力评价标准和测评办法，将口语表达、汉字书写纳入语文教学和评价范围。

三是提升国民语言文字应用能力。提高教师及相关职业人群的语言文字应用能力；在教师资格标准中明确国家通用语言文字应用能力要求，将语言文字纳入教师培养和培训的重要内容，全面提高教师的语言文字应用能力；健全学校、机关、新闻出版、广播影视和公共服务行业等相关行业从业人员的语言文字应用能力职业标准；建立并支持国家手语和盲文研究中心、中国盲文手语推广服务中心建设，推动开展手语主持人才培养工作；组织专家完成《语言文字知识集锦》编撰工作，对中国语言文字基本情况、语言文字中长期规划纲要、汉语汉字知识以及应用中的主要问题等内容作出详细介绍；推进国家语委语言文字应用培训基地建设；委托相关基地承担面向西部地区的语言推广培训、中华经典资源库资源收集整理等工作任务；提倡国民发展多语能力，在发挥国家通用语言文字主导作用的前提下，根据需要，合理规划，为提升国民多种语言文字应用能力创造条件。

加大国家通用语言文字推广力度*

习近平总书记在党的二十大报告中明确提出"加大国家通用语言文字推广力度",为新时代国家语言文字事业的发展、语言文字工作的重点、国家通用语言文字推广普及指明了前进方向、提供了根本遵循。国家通用语言文字在经济、政治、文化、教育、科技、民生等国家发展各领域都发挥着重要作用。党的二十大报告中提出"从现在起,中国共产党的中心任务就是团结带领全国各族人民全面建成社会主义现代化强国、实现第二个百年奋斗目标,以中国式现代化全面推进中华民族伟大复兴"。语言文字事业的发展对中国式现代化建设起到基础性、战略性支撑作用。党的二十大报告提出"加快构建新发展格局,着力推动高质量发展",这既是中国式现代化的本质要求之一,也是全面建成社会主义现代化国家的首要任务。构建高水平社会主义市场经济体制、建设现代化产业体系、全面推进乡村振兴、促进区域协调发展、推进高水平对外开放都离不开国家通用语言文字这一桥梁与工具,语言文字事业高质量发展为构建新发展格局、实现中国式现代化奠定坚实基础。当前,国家通用语言文字已经在全国范围内基本普及,面临着加快实现全面普及的重要任务,这就要求我们深入贯彻落实党的二十大关于"加大国家通用语言文字推广力度"的重大战略部署,全面推进国家通用语言文字高质量推广普及,为中国式现代化建设提供有力保障支撑。

---

* 本文原载于《语言文字应用》2022 年第 4 期,收入本书时有改动。

一

语言文字事业是党和国家事业的重要组成部分，语言文字工作具有基础性、先导性、社会性、全局性和全民性特点。推广普及国家通用语言文字是我国的基本语言政策，是关乎国计民生的基础性事业，是语言文字事业的核心任务。国家通用语言文字推广普及对国家统一、民族团结、经济发展、社会进步、历史传承和文化认同都具有重要作用，党和国家历来高度重视，加大国家通用语言文字推广力度具有重要的理论意义、实践意义、历史意义和现实意义。

党的十八大以来，习近平总书记高度重视语言文字工作，多次作出重要指示批示。习近平总书记关于语言文字工作的重要论述运用战略思维、辩证思维、历史思维、创新思维、精准思维、法治思维和底线思维等，系统回答了语言文字事业发展的一系列重大问题，开辟了马克思主义语言理论中国化时代化新境界，为新时代语言文字事业发展指明了方向，是新时代中国特色社会主义语言文字事业发展的根本指针。

加大国家通用语言文字推广力度，实现国家通用语言文字高质量推广普及，是新时代新征程国家语言文字事业的首要任务。统一的语言文字是国家建设和治理的重要工具，高质量推广普及国家通用语言文字有利于维护国家统一、民族团结和社会稳定，对铸牢中华民族共同体意识和构建人类命运共同体起到重要的战略支撑作用；有利于充分发挥语言的功能，更好为社会服务，对促进经济、文化、教育、科技等发展有重要作用。加大国家通用语言文字推广力度，高质量普及国家通用语言文字，是推进国家治理体系和治理能力现代化的必然要求，是助力全面建成社会主义现代化强国、以中国式现代化全面推进中华民族伟大复兴的客观需要。

国家通用语言文字推广普及关乎国计民生，是文化交流、文明传播的基础，是中华民族团结统一的基础，高质量普及国家通用语言文字是中国式现代化不可或缺的重要内容。在中国共产党坚强领导下，经过百年奋斗，我国全面建成小康社会，国家通用语言文字推广普及取得了历史性成就，实现国家通用语言文字在全国范围内基本普及、语言交际障碍基本消除的历史性目标。迈上全面建设社会主义现代化国家新征程，向第二个百年奋斗目标进军，要紧紧围绕新时代新征程党的中心任务，坚定不移推广普及国家通用语言文字，加大国家通用语言文字推广力度，全面提升普及程度和普及质量，实现各地区、各民族、各个群体均衡而有质量的普及，助力全面建成社会主义现代化强国、实现第二个百年奋斗目标，助推以中国式现代化全面推进中华民族伟大复兴。

党的二十大报告中提出"高质量发展是全面建设社会主义现代化国家的首要任务"。高质量推广普及国家通用语言文字是实现这一首要任务的前提条件之一。国家通用语言文字虽然已经在全国范围内基本普及，但推广普及不平衡不充分的问题依然存在。2020年全国普通话普及率达到80.72%，但全国仍有2.7亿多人口不能用普通话进行交流，普及人口中还有1.8亿多人口普通话较差（即达不到普通话水平测试60分的水平），全面提高普通话普及程度和普及质量的任务仍然艰巨。面对新形势新任务新要求，在国家通用语言文字已经"基本普及"的基础上，继续加大国家通用语言文字推广力度，加快实现国家通用语言文字"全面普及"的发展目标，是铸牢中华民族共同体意识的需要，是铸就社会主义文化新辉煌、丰富人民精神文化生活的需要，是加快建设高质量教育体系、推进教育强国建设的需要，是加快构建新发展格局、推动高质量发展和促进人的全面发展、增进民生福祉的需要，与全面建成社会主义现代化强国的宏伟目标相适应。

二

党的十八大以来，以习近平同志为核心的党中央高度重视语言文字工作，习近平总书记统筹中华民族伟大复兴战略全局和世界百年未有之大变局，多次对语言文字工作发表重要论述、作出重要指示批示，强调"推广国家通用语言文字，努力培养爱党爱国的社会主义事业建设者和接班人"，强调"文化认同是最深层次的认同,是民族团结之根、民族和睦之魂。要认真做好推广普及国家通用语言文字工作,全面推行使用国家统编教材",强调"要推广普及国家通用语言文字,科学保护各民族语言文字,尊重和保障少数民族语言文字学习和使用"。《中共中央关于党的百年奋斗重大成就和历史经验的决议》提出"全面推行国家通用语言文字教育教学"。习近平总书记关于语言文字工作的重要论述和重要指示批示,深刻阐明了语言文字工作的基础性地位和作用,为新时代国家通用语言文字高质量推广普及提供了根本遵循和行动指南。

习近平总书记在党的二十大报告提出"继续推进实践基础上的理论创新,首先要把握好新时代中国特色社会主义思想的世界观和方法论,坚持好、运用好贯穿其中的立场观点方法"。我们要深入学习贯彻习近平新时代中国特色社会主义思想和党的二十大精神,深入学习领会习近平总书记关于语言文字工作的重要论述和重要指示批示,深化对推广普及国家通用语言文字的基础性、战略性作用的认识,加大国家通用语言文字推广力度,始终做到"六个必须坚持"。

一是必须坚持人民至上。全面建成社会主义现代化国家,必须坚持以人民为中心的发展思想,不断实现发展为了人民、发展依靠人民、发展成果由人民共享。语言文字来自人民,语言文字事业的发展为了人民、造福人民,人民的创造性实践是语言文字事业发展的不竭源泉。高质量推广普及国家通用语言文字的根本目的,是为了服务人民认识世界和改造世界。人民是语言文字创造、使用、发展的主体。在中国共产党领导语言文字事业发展的光辉历程中,我们党始终将人民作为语言文字事业服务的主体,将服务人民、造福人民作为语言文字事业发展的出发点和落脚点。新民主主义革命时期,我们党积极倡导和推动新文化运动、白话文运动、新文字运动,积极开展识字教育、推行新文字、扫除文盲;新中国成立后,党中央部署推进简化汉字、推广普通话、制定和推行汉语拼音方案,广泛开展扫盲运动;改革开放以来,党领导和推动语言文字规范化、标准化、信息化、法制化建设,大力推广国家通用语言文字;党的十八大以来,以习近平同志为核心的党中央高瞻远瞩,坚持全面推广普及国家通用语言文字,不断满足人民对优质语言教育和语言

服务的需求。目前，我国已建成世界上规模最大的教育体系，教育普及水平实现历史性跨越，这离不开国家通用语言文字的有力支撑。加快建设教育强国、科技强国、人才强国，还需要国家通用语言文字高质量普及作为坚实基础，作出更大贡献。

二是必须坚持自信自立。国家通用语言文字既是中华文化的载体，也是中华文化的重要组成部分。在中华优秀传统文化传承弘扬和对外传播过程中，坚持中国特色社会主义文化发展道路，就需要在加大国家通用语言文字推广力度过程中，坚持自信自立。国家通用语言文字作为中华文明传承的重要载体，其本身具有优越性。在表意上，中文比世界上其他语言具有言简意丰的独特优势；在审美上，规范汉字具有结构美与形态美，标准普通话具有节奏感和韵律美。发展社会主义先进文化，弘扬革命文化，传承弘扬中华优秀传统文化，在今天都以国家通用语言文字为最主要的依托，实现其传承、创新与发展；国家通用语言文字在中华文明赓续中发挥着特殊作用，是坚持走中国特色社会主义文化道路、增强文化自信的基础；在悠久历史中传承发展而来的国家通用语言文字，其本身就是中华文明五千年传承的优秀成果。2022年10月28日，习近平总书记在河南安阳殷墟遗址考察时指出，殷墟出土的甲骨文，为我们保存了3000年前文字，把中国信史向上推进了1000年。中国的汉文字非常了不起，中华民族的形成和发展离不开汉文字的维系。我们要增强文化自信，增强做中国人的自信心自豪感。同时，国家通用语言文字在推动中华优秀传统文化更好走向世界的过程中发挥着重要作用，"既不能刻舟求剑、封闭僵化，也不能照搬照抄、食洋不化"，要不断创新发展。要加快构建中国话语和中国叙事体系，向世界讲好中国故事、传播好中国声音，展示可信、可爱、可敬的中国形象，离不开国家通用语言文字高质量推广普及，必须坚持自信自立，坚守中华文化立场，加大国家通用语言文字推广力度。

三是必须坚持守正创新。国家通用语言文字高质量推广普及，就是在加大国家通用语言文字推广力度的过程中坚持守正创新。守正才能不偏离正确方向，创新才能把握时代、引领时代。加大国家通用语言文字力度过程中坚持守正，就是要坚持国家通用语言文字主体地位不动摇，坚持规范使用国家通用语言文字这一原则。加大国家通用语言文字推广力度过程中坚持创新，就是要紧跟时代步伐，顺应实践发展，实现创新发展，全面推进国家通用语言文字高质量推广普及。要始终坚持并不断丰富发展党领导语言文字事业的宝贵经验，坚定不移全面推广普及国家通用语言文字，坚持发挥好党政机关的龙头作用、学校的基础作用、媒体的榜样作用、公共服务行业的窗口作用，坚持通过开展普通话水平测试、"啄木鸟行动"、城市语言文字评估等方法进行检测评估和督促推进。新时代新征程上，加大国家通用语言文字推广力度，要贯彻落实"聚焦重点、全面普及、巩固提高"的新时代推广普通话工作方针，聚焦重点地区和重点人群精准服务，加强国家通用语言文字在网络空间、虚拟空间的推广普及和规范使用，积极适应国家通用语言文字在网络购物、人机交互、智能终端等新领域、新行业、新产品中的应用，用好信息化、智能化、数字化技术、平台、手段，有效推进国家通用语言文字高质量推广普及。

四是必须坚持问题导向。当前，国家通用语言文字已经在全国范围内基本普及，但推广普及不平衡不充分的问题依然突出。加大国家通用语言文字推广力度，要聚焦民族地区、农村地区、边远地区等重点区域，聚焦学前儿童、在校学生、中小幼儿教师、青壮年劳动力和基层干部等重点人群，聚焦提升服务能力和水平，着力解决国家通用语言文字推广普及不平衡不充分的问题。要进一步健全完善国家通用语言文字管理体制机制，尤其要针对网络语言不规范等问题，加强网络空间、虚拟空间语言文字使用的监管和治理。要坚定不移贯彻总体国家安全观，要牢固树立语言安全观，在保证国家通用语言文字安全的同时，还要发挥国家通用语言文字在坚定维护国家政权安全、制度安全、意识形态安全方面的支撑作用。要积极主动服务国家战略，充分发挥国家通用语言文字在铸牢中华民族共同体意识、构建人类命运共同体中的重要作用，为中国式现代化提供有力的语言文字支撑保障。

五是必须坚持系统观念。国家通用语言文字本身是一个完整系统，普通话和规范汉字的推广普及是普遍联系、全面系统的工作，既要从普通话和规范汉字推广普及的角度把握，也要从普通话与规范汉字在推广普及中的内在关联进行把握。普通话水平是能力，规范汉字的使用主要靠态度，要两手抓两手硬，继续提高普通话普及率和普及质量，加强对规范汉字使用的监管。要用发展的观点加大国家通用语言文字推广力度，突出工作重点，把握工作全局，坚持新发展理念，从拓宽领域、长远规划、加快速度、加大强度来系统谋划推进国家通用语言文字高质量推广普及。要善于通过历史看现实、透过现象看本质，把握好全局和局部，站在党和国家事业发展全局的高度，统筹国内国际两个大局，系统做好现实空间和虚拟空间的国家通用语言文字推广普及。要把握好当前和长远、宏观和微观的关系，系统把握国家通用语言文字在经济、政治、教育、科技、民生等方面的功能与作用，系统、全面认知国家通用语言文字事业的性质与特点，发挥其在维护国家总体安全、促进民族团结、增进民生福祉等方面的系统作用。要坚持运用系统观念制定具体举措，通过宪法和国家通用语言文字法等法律手段加大国家通用语言文字推广力度，完善相关地方性法规与政策措施，加大国家通用语言文字推广普及工作经费支持等。

六是必须坚持胸怀天下。语言文字是文明传播的重要载体，国家通用语言文字高质量推广普及是中华文明传承传播的重要基础。加大国家通用语言文字推广力度，必须坚持胸怀天下，充分考虑国际社会不同群体、不同领域对我国国家通用语言文字的实际需求，充分发挥国家通用语言文字在加强国际传播能力建设中的重要作用。国家通用语言文字高质量推广普及，有利于保障和促进语言文字对外交流与合作，向世界讲好中国故事、传播好中国声音，深化中外文明交流互鉴；有利于保障和促进国际中文教育创新发展，为世界各国民众学习中文提供帮助和支持；有利于保障和促进"一带一路"建设，以语言互通增进理解沟通，推动构建人类命运共同体。要全面提升国家通用语言文字普及水平，进一步促进中文的国际使用，不断提高中文的国际影响力，为国际社会提供高质量的语言服务。

三

加大国家通用语言文字推广力度，要坚持以推动高质量发展为主题，坚持以创新、协调、绿色、开放、共享的新发展理念推广普及国家通用语言文字，努力构建国家通用语言文字推广普及新发展格局，全面提升国家通用语言文字普及程度和普及质量。

贯彻创新发展理念。党的二十大报告强调"创新是第一动力"，强调要"坚持创新在我国现代化建设全局中的核心地位"，要深入实施创新驱动发展战略，开辟发展新领域新赛道，不断塑造发展新动能新优势。新时代新征程上，我们要深入学习贯彻习近平总书记关于推广普及国家通用语言文字的重要论述和重要指示批示，坚持把推广普及国家通用语言文字作为语言文字事业发展的首要任务，树立创新思维，贯彻创新发展理念，深入推进国家通用语言文字推广普及政策创新、理念创新、实践创新。要牢固确立国家通用语言文字的主体地位，完善国家通用语言文字推广工作方针政策和法律制度，健全完善国家通用语言文字规范标准，加快构建国家通用语言文字测评体系，坚持"聚焦重点、全面普及、巩固提高"，坚持提高普及程度和提高普及质量兼顾，坚持运用好数字化技术、平台和资源，把国家通用语言文字推广普及工作有机融入国家战略，为推进乡村振兴战略和粤港澳大湾区、自由贸易试验区、"一带一路"建设等提供语言服务，不断提高国家通用语言文字服务水平和质量，努力开拓国家通用语言文字推广工作新局面。

贯彻协调发展理念。协调发展促进高质量发展，高质量发展也是协调发展的结果。加大国家通用语言文字推广力度，推进国家通用语言文字高质量推广普及，要着力推动各民族、各地区、各领域、各行业推广普及协调发展。一是加大民族地区、农村地区国家通用语言文字推广力度，促进推广普及城乡、区域协调发展。要全面加强民族地区各级各类学校国家通用语言文字教育教学，大力加强民族地区学前儿童普通话教育，推进义务教育阶段和高中阶段国家通用语言文字教育，加大民族地区教师国家通用语言文字教育教学能力培训力度，开展民族地区国家通用语言文字教育质量检测与督导评估。要提升农村地区国家通用语言文字普及水平，巩固拓展推普助力脱贫攻坚成果，接续实施推普助力乡村振兴战略，推动农村地区国家通用语言文字推广普及深入开展。要加强对普通话普及率低、推普工作基础薄弱地区的帮扶和支持。二是加大各领域、各行业国家通用语言文字推广力度,促进不同领域、不同行业推广普及协调发展。在现实空间,要加强语言文字规范化标准化建设,加强语言文字使用监管治理,特别是加强重点行业、重点领域用语用字的监管力度;要明确相关部门职能分工,加强社会用字综合治理。在虚拟空间,要推动语言文字信息技术创新发展,提升语言文字信息处理能力,推行语言文字的融媒体应用;要大力推动语言文字与人工智能、大数据、云计算等信息技术的深度融合,加强自然语言处理等关键问题研究和原创技术研发,加强语言技术成果转化及推广应用,支持数字经济发展。学校、机关、新闻出版、广播影视、网络信息、公共服务等不同行业系统的从业人员,国家通用语言文字水平应达到国家规定的等级标准。开展国家通用语言文字示范培训,提高教师、基层干部等人群国家通用语言文字应用能力。

贯彻绿色发展理念。国家通用语言文字高质量推广普及,要求我们贯彻绿色发展理念,努力创造良好的语言生态环境。要加强对现实空间国家通用语言文字使用的监管力度,促进社会规范使用;加强对网络空间国家通用语言文字推广普及与使用的监管,打造清朗网络空间;加快提升语言文字治理体系和治理能力现代化水平。要提升全社会语言文明程度,加强国家通用语言文字法律制度和规范标准宣传解读,增强全社会国家通用语言文字法治意识、规范意识、文明意识;加大行业系统语言文字规范化建设力度,将语言文字规范化要求纳入行业管理、城乡管理和文明城市、文明村镇、文明单位、文明校园创建内容。要完善语言文字规范标准体系,加强地名用字及拼写管理;要加强对网络语言、新词新语、字母词、外语词及其他新语言现象的监测研究和规范引导,建设健康文明的网络语言环境。要指导地方根据《中华人民共和国国家通用语言文字法》的规定,完善相关地方性法规,将语言文字规范化要求纳入相关行业法规规章和规范标准。

贯彻开放发展理念。服务国家战略、坚持开放发展,是国家通用语言文字高质量普及的内在要求。国家通用语言文字的开放发展,是面向中华优秀传统文化和历史的开放,积极推进中华优秀语言文化传承发展,传承弘扬以语言文字为载体的中华优秀传统文化。通过实施中华经典诵读工程等项目,加强中华优秀语言文化的研究阐释、教育传承、资源建设及创新传播；通过推动社会各界和各级各类学校开展中华经典诵写讲活动，加强中小学经典诗文教育、规范汉字书写教育。国家通用语言文字的开放发展，是面向不同地区的开放，要巩固深化拓展内地与港澳的语言文化交流合作，支持港澳开展普通话教育，巩固发展普通话测试及培训合作，服务普通话在港澳的推广应用。要加强大陆与台湾的语言文化交流合作，推动两岸共同弘扬中华文化，促进两岸同胞心灵契合。国家通用语言文字的开放发展，是面向不同国家、面向国际社会的开放。要加强与有关国家、国际组织语言文字工作机构的交流合作，拓展双边和多边语言政策及语言文化交流合作，推动语言文字交流合作纳入政府间人文交流机制、"一带一路"文化交流与合作工程。要促进国家中文教育创新发展，构建国际中文教育标准体系，加强标准应用与推广；加大国际中文教育学科专业、教师、教材、教学等基础资源建设力度，加强国际中文水平考试、国际中文教师奖学金、汉语桥、新汉学等品牌建设等。

贯彻共享发展理念。让人民共享发展成果是推动高质量发展的根本目的。国家通用语言文字高质量推广普及是广大人民群众共享改革发展成果的基础和条件之一。要围绕满足广大人民群众对优质语言教育和语言服务的需求，立足发展公平而有质量的教育、加快建设教育强国，立足促进人的全面发展、增进民生福祉，全面推进国家通用语言文字高质量推广普及。要建设高质量语言服务体系和机制，提升乡村社区语言服务能力，提高进城务工经商人员语言服务质量，推广国家通用手语和国家通用盲文，为来华国际友人提供优质语言服务，加强各类语言人才培养，建设语言服务志愿者队伍。要大力传承弘扬中华优秀语言文化，为不同群体提供高质量国家通用语言文字艺术作品，满足人民日益增长的精神文化需求。

高质量推广普及国家通用语言文字是党和国家的一项长期任务，要主动融入和服务党和国家事业发展全局，统筹规划和部署推进国家通用语言文字高质量推广普及工作，推动国家语言文字事业持续健康发展。要建立健全管长远的体制机制和法治保障，健全完善"党委领导、政府主导、语委统筹、部门支持、社会参与"的管理体制，加快修订国家通用语言文字法。要加快

推进语言文字数字化建设，用好数字化技术、资源和平台，大力推广和规范使用国家通用语言文字，满足全民终身学习的需求，为建设学习型社会、学习型大国提供强有力支撑。要全面推行国家通用语言文字教育教学，持续有效推动学前儿童普通话教育，充分发挥学校的国家通用语言文字推广普及主渠道作用，科学引导家庭语言教育，开展国民语言教育，帮助少年儿童学好、用好国家通用语言文字，提高青年学生的国家通用语言文字应用能力，促进全民语言文化素养不断提升。

高质量推广普及国家通用语言文字，是全面建成社会主义现代化国家的客观要求。新时代新征程上，要充分发挥国家通用语言文字推广普及的先导性作用，充分认识国家通用语言文字高质量推广普及的紧迫性，深入贯彻落实党的二十大关于加大国家通用语言文字推广力度的战略部署。要坚持和加强党对语言文字工作的全面领导，紧紧围绕新时代新征程党的中心任务，全面推进国家通用语言文字高质量推广普及。要统筹国内国际两个大局、兼顾现实和网络两个空间，做好国家通用语言文字法治化、规范化、标准化、信息化建设。要着力解决国家通用语言文字推广普及不平衡不充分的问题，发挥国家通用语言文字对铸牢中华民族共同体意识的重要作用。要积极为世界各国民众学习和使用中文提供帮助，发挥中文在促进国际经贸、深化中外文明交流互鉴中的重要作用，助力构建人类命运共同体。要积极适应社会发展和科技进步要求，以国家通用语言文字高质量推广普及助推数字中国建设。要深入研究阐释宣传国家通用语言文字政策法律制度，健全完善国家通用语言文字法律法规体系，健全语言文字依法管理和执法监督协调机制，为加大国家通用语言文字推广力度提供有力保障。

习近平总书记在党的二十大报告中强调，要"坚定历史自信，增强历史主动，谱写新时代中国特色社会主义更加绚丽的华章"。我们要深入学习贯彻党的二十大精神，把握好习近平新时代中国特色社会主义思想的世界观和方法论，深刻认识加大国家通用语言文字推广力度的重要理论意义、实践意义、历史意义、现实意义，不忘初心、牢记使命，自信自强、守正创新，奋力推进国家通用语言文字高质量推广普及，为中国式现代化建设作出新的更大贡献！

参考文献：

[1] 刘朋建.新中国语言文字事业发展的成就和经验［J］.语言文字应用，2020（4）.

[2] 姚喜双.新时代语言文字事业发展的根本指针［N/OL］.中国教育报，2020-10-15［2022-11-15］.https://m.gmw.cn/baijia/2020-10/14/34266284.html.

[3] 姚喜双.高质量普及国家通用语言文字［N/OL］.中国教育报，2022-02-24［2022-03-26］.http://paper.jyb.cn/zgjyb/html/2022-02/24/content_605761.htm?div=-1.

诗词诵读传承中华经典　创新传播助力教育公平*

——《课本中的苏轼》系列电视节目创作谈

习近平总书记2022年在四川省眉山市三苏祠考察时指出："一滴水可以见太阳，一个三苏祠可以看出我们中华文化的博大精深。我们说要坚定文化自信，中国有'三苏'，这就是一个重要例证。"①"一门父子三词客，千古文章四大家。"三苏文化是中华优秀传统文化的瑰宝，是珍贵的历史文化遗产。其中，苏轼作为北宋中期的文坛领袖，是著名的文学家、书法家、美食家、画家和治水名人，他在诗、词、散文、书、画等方面取得很高成就。中小学教材中有许多苏轼的经典诗词，深受广大师生的喜爱。如何以苏轼的经典诗词为朗读教学范例，提高广大师生对诗词的理解力和诵读水平，做好中华优秀传统文化的传承与传播？《课本中的苏轼》系列节目正是应广大师生对苏轼诗词的喜爱和学习诵读的需求，采用学生、教师（朗诵专业）、主持人和摄制团队真人出镜，实地实景围绕朗诵中的实际问题，详细讲解中小学教材中12篇苏轼代表性诗词的内容和朗诵方法、技巧，回答并帮助解决学生和教师在朗读和朗读教学中遇到的实际问题，以专家示范、现场提问和答疑、学生朗读等形式切实提高这些能力。在节目制作过程中力求体现以下几个特点。

---

* 本文原载于《教育传媒研究》2023年第5期，收入本书时有改动。
① 余如波. 从一滴水里见光芒［N/OL］. 四川日报，2022-06-08［2023-09-15］. https://epaper.scdaily.cn/shtml/scrb/20230608/295481.shtml#.

一、创新性

一是节目创作观念的创新。《课本中的苏轼》以"六个必须坚持"[①]的世界观和方法论指导节目创作全过程，即必须坚持"人民至上、自信自立、守正创新、问题导向、系统观念、胸怀天下"。节目将镜头对准师生，以增强青少年及全社会对中华优秀传统文化的自信为导向，节目制作与包装既保持经典诗词古风古韵的风格气派和平仄韵律，又以普通话这一国家通用语言字正腔圆的音韵美表现其现代审美价值；既坚持以解决诵读教学与学习中的实际问题为导向，又充分考虑电视媒体传播的规律与技巧；既面向教师、学生和家长，也面向海外华人和留学生等群体进行节目的整体策划与制作。二是节目创作角度的创新。《课本中的苏轼》以"苏轼"这一人物为纲、以中小学统编教材中的 12 首苏轼诗词为目展开。通过穿插讲述苏轼的人物故事，使广大师生更加深刻地理解苏轼的诗词；通过详细讲解苏轼的诗词，使广大师生更加全面地了解苏轼这一人物；通过对苏轼与其诗词的学习和诵读，使广大师生真切感受苏轼的文学风采与精神风貌和以苏轼诗词为代表的中华优秀传统文化的丰富意蕴和深刻内涵。三是节目创作方法的创新。不同于以往准备好"脚本"再拍摄和写清楚"知识点"再教学，《课本中的苏轼》在录制过程中强调现场感和问题导向，强调表现学生学习和现场教学的全过程。后几期节目大多是在"无稿"的情况下完成拍摄的，做到了真正的"即兴表达"和"真人秀"；同时，节目团队坚持将镜头对准学生，强调师生之间的即时互动，以增强节目整体的真实感和沉浸感。四是节目传播方式的创新。虽然《课本中的苏轼》是系列电视节目，但同时也留存了丰富的录制花絮、幕后故事等视频资料，为后期开展新媒体、短视频等社交传播做了充分准备。节目除了面向使用教材的中小学生，还能作为大学生课程思政学习的数字化课程、播

[①] 习近平.高举中国特色社会主义伟大旗帜 为全面建设社会主义现代化国家而团结奋斗——在中国共产党第二十次全国代表大会上的报告［N/OL］.人民日报，2022-10-26［2023-09-15］.人民数据－人民日报图文数据全文检索系统．

音与主持艺术专业的教学范例及各层次院校中华传统文化校本课程的素材，力求创新的多渠道应用与传播为实现更好的传播效果奠定基础。

二、系统性

《课本中的苏轼》以"真实授课"的形式录制，在策划时强调节目内容的架构、传播形态的多元等系统要素的兼顾。一是教育教学的完整系统。从教学要素的系统来看，教学场景、教学内容、授课重难点、示范与互动等要素都在一期节目中有所呈现，做到了"看是一档节目，学是一堂课程"。从课程育人的系统来看，《课本中的苏轼》系列节目不仅仅是一档节目，其对"读书正业、孝慈仁爱、非义不取、为政清廉"苏氏家风等内容的体悟与学习，更是一堂思政课、美育课和人文教育课。二是传播形态的多元系统。节目遵循影视传播的规律与手段，通过多机位、多角度、多变化的拍摄，加上航拍等先进设备实现小环境和大场景的切换，保证了大屏制作的高水准。同时，所有的过程性节目素材都提炼出精彩部分，以30秒以内短视频的形式进行小屏的网络传播，引起观众对节目重点、亮点和关键点的关注，激发其观看大屏节目的兴趣。节目除了在传统媒体中国教育电视台播出外，还将在国家级相关新媒体平台播出。三是文化传承的系统把握。苏轼的诗词本身自成独具一格的风格体系，节目通过对诗词朗诵的系统学习，培养学生深厚的文化底蕴与气质，以更加生动、更高品位的文化教育节目实现对中华优秀传统文化的传承与传播，充分展现我们的文化自信。

三、真实性

中华经典诗词的朗诵教学不是一个"新命题"，这类节目在形式上怎样创新才是关键，《课本中的苏轼》以突出的"真实性"表现节目内容和意涵。一是真实场景。节目在北京、四川凉山等地中学校园内的操场、图书馆、教室等实景中录制，让参与的师生置身于真实的教学场景学习与朗诵，也让节目的观众沉浸式体验诵读课堂。二是真实问题。节目团队在录制前就调研了大量师生对诗词诵读的相关问题，确定节目的推进围绕"解决问题"展开。主创团队在录制时依然坚持真实课堂教学，针对诗词理解、语言表达与语音规范等问题都是学生在现场提出的，老师直接即兴回应更显自然、真切。比如，有学生提出"重音是不是都得突出""诗的第二句第二个字是不是都得重读""怎么才能读出古诗中春天万物复苏的情景呢""古诗中的句号、逗号停顿时间有不同吗""我的声音不够好听，怎么才能把古诗读好""抒情类诗词读得越慢越能代入感情吗""词牌和题目哪个要读得更重些""《卜算子·黄州定慧院寓居作》这个题目应该如何断句？"等，还有语文老师提出"学生在个别朗诵时都能够对语速和情感有很好的把握，但是背诵时就容易语速过快，应该如何帮助学生调整"。三是真实过程。电视传播少不了蒙太奇式剪辑，但文化类真人秀节目应尽力展现真实的过程。为此，节目团队决定将摄制组拍摄的过程以另外的视角予以真实呈现。这一视角能让观众更为新奇和直观地感受节目录制的真实性，也增加了对传播内容的信任。

四、经典性

中华经典诗词是我们文化自信自立的重要基础和表现，具有丰富音韵美、节奏美的普通话是展现文化自信自立[①]的重要载体和工具，以朗诵这一"经典"艺术语言形式表现苏轼的经典诗词，能激发学生对传统诗词的审美兴趣和文化自信。从节目来看，一是选择苏轼这一经典人物。对现在的中小学生乃至成年人来说都从课本中接触过苏轼，观众都可以通过节目激活我们内心关于文化经典的记忆。这种经典不只是背诵过的文字，更是承载苏轼的人生经验、情感和品格，观众也可以通过不同阶段的人生经验与苏轼的文学作品产生碰撞，充分释放经典中的价值和文化意义。二是所选篇目经典。节目所

---

① 习近平. 担负起新的文化使命 努力建设中华民族现代文明［N/OL］.人民日报，2023-06-03
［2023-09-15］.人民数据 - 人民日报图文数据全文检索系统.

选用的 12 篇苏轼诗词，如《题西林壁》《饮湖上初晴后雨》《惠崇春江晚景》《六月二十七日望湖楼醉书》《浣溪沙·游蕲水清泉寺》《水调歌头·明月几时有》《卜算子·黄州定慧院寓居作》《念奴娇·赤壁怀古》《记承天寺夜游》《江城子·密州出猎》《定风波·莫听穿林打叶声》《赤壁赋》[①] 等都是中小学统编教材中的经典篇目，具有较高的学习价值与传承意义。三是节目制作经典。节目组力求每个环节都做到精心设计、用心制作，从策划、录制到包装、宣传都以高标准、高质量自我要求，如每段示范都以标准的普通话配上中国传统音乐朗诵，节目团队以创作"经典"的要求细化到节目摄制的每个环节。

五、公平性

教育公平一直是我国教育事业高质量发展的基本要求，《课本中的苏轼》在传播效果上力求凸显教育公平，节目团队希望通过对中华优秀传统文化诗词经典的创造性转化和创新性发展，让不同地区、不同学校的孩子都能在朗诵中感受到中华优秀传统文化的魅力，进一步提高国家通用语言文字的推广质量。一是实现地域上的"公平"。节目团队除了选择北京的几所中学，还穿山越岭远赴四川凉山雷波县等地，走进大山深处的学校录制节目，"送课进山"让山区的孩子也能感受到诵读之美、体验电视节目录制。二是实现内容上的"公平"。节目的受众群体不仅是参与拍摄学校的师生，更适用于全国中小学生诗词诵读的教学，尤其是一些缺乏专业师资的偏远地区学校和学生。《课本中的苏轼》系列电视节目通过"诵读"这一形式创新传承以苏轼诗词为代表的中华优秀传统文化，以"大屏+小屏"多渠道传播的方式强化传播效果，以体现节目的创新性、系统性、真实性、经典性和公平性的特点，力求在中华优秀传统文化创造性转化和创新性发展上做些探索和尝试。

---

① 选自中小学统编语文教材，人民教育出版社 2019 年版．

网络语言与语言规范*

"菜鸟""粉丝""BT""PK""雷人"……随着互联网的发展，一些网络新词汇层出不穷。这些新词汇不止在网上盛行，有些甚至"跳"出了网络，出现在大众传媒上，出现在中小学生的作文中。

面对这种网络语言的泛化，有人认为，网络语言丰富了汉语的语言词汇，应当促进其发展；也有人认为，网络语言是一些年轻网民自娱自乐，应任其自生自灭。但不管如何见仁见智，有一点是确凿的：这些网络新词一旦脱离了网络环境和特定的受众，会让很多人不知所云。

网络语言的产生，既有经济发展、社会进步、文化繁荣带来的新事物、新观念的社会背景，又源于网民们追求标新立异，以及网络交流所需要的迅速、简单等特征。对网民们这种追求新颖时尚的自由，应予以尊重；但同时，也不应放任这种语言直接出现在孩子的作业、媒体的报道，甚至政府公文中。如果随便把一些奇怪费解的语言文字引进来，不仅很多人不懂，而且也会影响现代汉语的纯洁性。

试想，如果孩子们对网络语言比对标准的现代汉语都熟悉，不仅会让语言变得混乱，而且会产生新的文盲。这种现象给我们加强语言规范、促进汉语的健康发展提出了新的挑战。

语言的发展离不开规范。在语言发展的历史长河中，不同时期、不同阶段，都会有新词新语涌现，只有那些符合语言发展规律和规范的、符合社会

---

* 本文原载于《人民日报》2008 年 12 月 9 日第 4 版 "人民论坛"，收入本书时有改动。

需求的新词新语，才会被吸收，纳入语言体系中，进一步促进语言的丰富和发展；而那些不规范、不符合语言发展规律、不符合社会需求的词语，只能是短期内在小范围内流传，转瞬即逝。

现实生活中运用的标准现代汉语，是经多年的提炼和规范而发展成的。很多语汇甚至是经过千锤百炼才得以流传。千百年来，语言就是在这种发展—规范—发展中不断演进的。只有规范才能为语言的发展提供更大的空间和平台，才能拓宽交流沟通的渠道，才能促使语言健康发展。任何语言词汇莫不遵循这个规律。网络的语言词汇同样如此。

面对网络时代语言中的不规范现象，我们要树立科学的语言规范观，正确认识新时代面临的新问题，积极寻找对策加以引导和解决。国家语言文字工作部门应根据信息化社会的发展和网络时代的特点，及时制定新的规范和标准，对于新出现的失范现象及时加以规范和引导。充分利用网络这个信息化的手段和平台，大力宣传倡导语言规范。政府及企事业单位的公文尤其要注意语言规范，对于字母词、外语词、异体字、繁体字、网络语言的使用应严格遵照国家通用语言文字法的规定。媒体要做语言规范的表率。媒体承担着传播语言规范的功能，应通过加强自我规范，从而对全社会起到积极引导和示范作用；学校应当成为语言规范的主要阵地，积极推广普通话，使用规范字，注重培养学生的语言听说、书写能力，对出现在课堂上、作业中的网络语言文字等失范现象更要积极引导，加以规范。

语言是打开未来之门的钥匙*

> 语言作为国家和民族的象征，它既是国家发展的硬实力，也是国家强大的软实力，国家语言能力水平的高低影响着国家整体实力的强弱

14日，第十八届全国推广普通话宣传周正式启动，2015年的主题是"依法推广普通话，提升国家软实力"。其宗旨不只是调动社会各个方面的资源积极参与国家通用语言文字的推广普及工作，更在于把它们应用到经济、社会、文化等多个领域。这个活动，也让人进一步体会语言的重要，思考语言的问题。

"人之所以为人者，言也。"语言是人类表达思想、获取知识、沟通交流的基本工具，在我们生活中发挥着重要的桥梁和纽带作用。

语言是打开一国之门的钥匙。习近平主席2014年3月在柏林会见德国汉学家、孔子学院教师代表和学习汉语的学生代表时指出，"沟通交流的重要工具就是语言。一个国家文化的魅力、一个民族的凝聚力主要通过语言表达和传递。掌握一种语言就是掌握了通往一国文化的钥匙"。在世界多极化、经济全球化、文化多样化、国际关系民主化的时代背景下，人与人沟通在国与国合作中起着重要作用。掌握不同语言有利于进行有效的沟通，可使不同文化、不同种族、不同国家的人们在感受不同文明深刻内涵的过程中相互认知、相互理解，从而拉近人与人、国与国之间的距离，促进世界文明的彼此包容、

---

* 本文原载于《人民日报》2015年9月15日第5版"新论"，收入本书时有改动。

和谐共生。尤其是在当前建设"一带一路"的大背景下,以语言的互通带动"一带一路"共建国家的文化互通,继而促进"民心相通",在某种程度上与物质文明的互联互通同等重要。

语言是打开智慧之门的钥匙。随着"互联网+"、工业4.0和新硬件时代的到来,大数据、云计算、物联网、移动终端等科学技术快速发展,家庭、城市和社会智能化程度越来越高。过去很多必须亲力亲为的事情,在智能社会里只需一个口令或一个按键,就能轻松搞定。比如,给某人拨电话,只要说出对方的姓名就能把电话拨出;买火车票,只需准确说出目的地的名称,自助售票机就马上出票;关掉家中电器设备,只要说出相关口令或验证码,就立即断电……在智能社会中只有通用、标准和规范的语言才有效用,语言的规范化建设与规范语言的推广普及在我们的生活中尤显重要。可以说,在互联网虚拟空间中,语言的有效表达,对于我们智能家庭、智能城市和智能社会的健康运转起着非常关键的作用。

语言是打开未来之门的钥匙。未来的国际竞争中,语言问题已经从一般问题上升到了国家层面,语言已经成为维护国家利益与安全的战略武器。语言能力作为一种生产力,也已经在语言产业发展中产生了极大的促进作用。统计显示,我国语言产业从业人员约120万人,翻译和本地化业务年产值约120亿元。事实表明,语言产业已经成为未来经济发展中的一个新的增长点。充分挖掘和合理利用语言资源的文化价值和经济价值,大力开发语言资源,支持发展语言产业,在为社会提供多样化语言文字服务的同时,也一定可以为经济发展提供新动力。

语言作为国家和民族的象征,它既是国家发展的硬实力,也是国家强大的软实力,国家语言能力水平的高低影响着国家整体实力的强弱。语言的健康发展影响着国家未来政治、经济和文化的发展,赢得语言的未来也才能赢得国家的未来。我们应该重新认识语言的功能和作用,全社会都应该更加关注语言与发展问题,大力加强国家和国民语言能力建设,建设语言强国,提升国家软实力。

以语言文字凝聚文化自信[*]

语言文字是文化的基础要素和鲜明标志，是文化传承、发展、繁荣的重要载体

国务院将进一步清理整治"大洋怪重"等不规范地名，这一消息引起了人们的共鸣。最近这些年，越来越多的楼盘、商场、酒店热衷起洋名，"曼哈顿""威尼斯"到处都是，"瑞士小镇""加州广场""爱丁堡""安纳溪"，让人傻傻分不清是干啥的。

与本土品牌喜好洋化刚好相反，可口可乐、奔驰都是洋品牌汉化的好例子。深究洋名走红，个中缘由，是对中国语言文字缺乏自信的表现。

语言文字的传播是文化传播最直接、最便利、最有效的途径。汉语文字意蕴深长，在国际文字中具有重要地位。曾经，因为计算机技术的发展，汉字的输入、输出使一些人一度丧失自信。但汉字激光照排系统及汉字输入法等技术，不仅使汉字走上了数字化道路，也屹立于国际舞台。据联合国有关部门统计，在如今联合国常用的 6 种文字的文件和书籍中，汉字版往往是最薄的版本。

对民族语言的轻视和文化自信的缺失，曾一度让汉语边缘化。而今，运动员姚明的名字从"MingYao"变成"YaoMing"；"Kongfu（功夫）""Pinyin（拼音）"等已被收录于英语词典；产品、药品说明书上须配备中文说明；

---

* 本文原载于《人民日报》2016 年 7 月 18 日第 5 版"新论"，收入本书时有改动。

APEC（亚太经合组织）、PM2.5（细颗粒物）、ICU（重症监护室）等字母词有了经审定的规范中文译名……语言文字是文化的基础要素和鲜明标志，是文化传承、发展、繁荣的重要载体。

在中华民族的文明进程中，语言文字更是我们独特的精神标识和文化印记。习近平总书记曾强调，"民族文化是一个民族区别于其他民族的独特标识"。汉字必然是其中的重要组成部分。近年来，我们通过《中国汉字听写大会》《中国成语大会》《中国诗词大会》等电视节目，通过在春节、清明、端午、中秋等传统节日举办"中华经典诵读"节日晚会等活动，让全社会更加重视语言文字的魅力。还通过开展"中华经典资源库"项目建设，分批遴选体现中华民族优秀文化传统和革命传统、体现社会主义核心价值观的典籍佳作。

无论是汉语的国际传播，还是传统文化的涵养传承，都离不开语言文字基础教育、离不开普通话的推广普及。经过60多年努力，我国普通话普及率已达到70%，但仍有约4亿人不能用普通话交流。"十三五"期间，还需进一步落实好普通话普及攻坚工程，在农村、民族、边远地区加大国家通用语言文字推广力度。

"一个国家文化的魅力、一个民族的凝聚力主要通过语言表达和传递。"我们应该清醒地看到，语言文字是文化的基础要素和鲜明标志，是文化传承、发展、繁荣的重要载体。无论是构建中华民族共有精神家园，还是提高我们的文化软实力，都需要做好语言文字工作，为更基础、更广泛、更深厚的文化自信提供有力源泉。

让传统文化浸润时代人心*

传统诗词穿越时代而仍有浸润心灵、启迪人心的力量，需要让传统文化与现代生活更好对接

中国诗词是我们独有的文化瑰宝，是沉淀在每一位中华儿女血脉里的文化基因，能唤醒每个人心底最温暖的记忆。丁酉新春，第二季《中国诗词大会》的热播，成为一场现象级的文化盛宴，像一道清流直入人心、浸润心灵。

中国诗词，是中国人的精神礼赞。诗经、楚辞、汉魏六朝诗、唐宋诗词、明清诗词、近现代经典诗词……这些耳熟能详、打动人心的篇章，浓缩了中华文化的精华，展示了几千年来中国人的精神风貌，让观众在触摸中国诗歌的宏伟版图之时，不自觉地唤起渗透于每个人心中的诗歌情怀，油然地生长出文化自信心和民族自豪感。这正体现出习近平总书记所指出的："中华文化源远流长，积淀着中华民族最深层的精神追求，代表着中华民族独特的精神标识，为中华民族生生不息、发展壮大提供了丰厚滋养。"

传统诗词，穿越时代而仍然有着浸润心灵、启迪人心的力量。拥有强大内心的独臂女孩张超凡，人生处处是诗意的修车大爷王海军，"千磨万击还坚劲"的抗癌农民白茹云，自信返场的北大工科博士陈更，横跨汉字听写大会、成语大会和诗词大会的全才彭敏，拥有古典气质的夺冠才女武亦姝……100余位诗词大会的选手都是普通人，是诗歌让他们在或浮躁纷扰、或艰难困苦的

---

* 本文原载于《人民日报》2017年2月13日第5版"新论"，收入本书时有改动。

环境中仍能保持一份心中的恬淡、宁静,也让观众感悟到古典诗词滋养的诗意人生。在春风化雨、润物无声中,汲取我们民族生生不息、发展壮大的丰厚滋养。

如何让传统文化与现代生活对接?《中国诗词大会》也给我们有益启示。在诗词大会中,竞猜、"飞花令"等对抗性安排,增加了节目悬念;超大演播室、水舞台、大屏幕意境展示等全新舞美设计,增加了节目观赏性;手机摇一摇等新媒体互动、多屏传播等技术手段应用大大提升了节目的趣味性和参与性。诗歌与传媒、文化与科技的有机结合,为传统文化搭起了一个最大的、最接地气儿的课堂。身边的朋友纷纷反映,节目精彩的环节设置让人了解到更多诸如历史背景、出处典故等诗词本身以外的东西,并对中国诗词文化产生了更加浓厚的兴趣。许多教师同行都认为,节目的内容、形式及思维的创意与创新,对于推进当前语文教学改革具有重要的启发和借鉴意义。

从成语大会到诗词大会,近期汉语文化类节目的火爆,充分展示了年轻一代在传承传统文化方面有理想、有情怀、有能力。近几年,国家语委和中央电视台联合主办、持续推出的汉字听写大会、成语大会和诗词大会等大会系列,充分体现了公益、文化、原创的特点,选用的汉字、成语、诗词等展现了中国语言文字的魅力,为增强文化自信、提升文化软实力作出了引领和示范,在公共平台、大众传播中培育着社会主义核心价值观。

第二季《中国诗词大会》落幕,古典诗歌的热潮却再次兴起。这不是偶然,而是先贤诗人几千年的智慧与情感集结,是社会对传统文化的长期热爱与广泛积累。结合新的时代条件传承和弘扬中华优秀传统文化,也必将有效提升我们的文化自信,为中华民族伟大复兴创造条件。

在"语同音"中增强文化自信[*]

> 语言文字,是民族文化的重要组成部分,也是打开文化的一把钥匙

党的十九大报告指出,"满足人民过上美好生活的新期待,必须提供丰富的精神食粮。"进入新时代,作为精神食粮的重要载体,语言文字尤其是国家通用语的普及推广工作十分重要。贯彻落实十九大精神,以此为契机推动我国语言文字事业发展,应是当前和未来的重要任务。

党的十八大以来,语言文字战线认真贯彻习近平总书记系列重要讲话精神,语言文字工作格局从单口径向宽口径和全口径拓展。从制定颁布《国家中长期语言文字事业改革和发展规划纲要(2012—2020年)》《国家语言文字事业"十三五"发展规划》,明确普及国家通用语的时间表、路线图,到出台《关于进一步加强学校语言文字工作的意见》,狠抓重点领域国家通用语工作;从深入基层、农村、民族地区,加强国家通用语推广培训力度,到打造汉字听写大会、中国诗词大会等国家通用语系列文化品牌,拓展汉语国际传播……国家通用语普及工作取得可喜成绩。目前,全国普通话普及率达70%以上,语言文字法律法规逐步完善,有效巩固了国家通用语的主体地位,促进国家语言能力和国民语言能力快速提升。

书同文、语同音,是中华民族几千年来的梦想。今天,"书同文"的目标

---

[*] 本文原载于《人民日报》2017年11月7日第5版"新论·共话新征程",收入本书时有改动。

基本实现，但大力推广普通话、实现中华民族"语同音"的历史任务，还需要接续奋斗。比如，城乡区域推广普及还不平衡，农村和民族地区普及程度还不高，普及质量在不同地区、不同人群之间还不够均衡，社会语言文字服务供给还不能完全满足需求。同时，新时代普及国家通用语工作，不仅要注重国家通用语的本体研究，还要注重与其相关的科技攻关和社会应用；不仅要注重普及国家通用语的区域攻坚，还要重视国际推广；不仅要关注国家通用语的学习使用，还要重视国民多言多语能力的发展等。

破解国家通用语普及不平衡不充分问题，充分发挥普及推广国家通用语在促进人的全面发展、社会全面进步中的基础性作用，需要坚持新发展理念，促进国家通用语普及工作高质量进行。要创新发展，以观念创新带动工作内容、体制机制创新，大力发展语言信息化前沿技术；要协调发展，正确处理城乡区域协调发展关系，国家通用语普及与提高之间的关系；要绿色发展，强化重点领域语言文字监督、监测与引导，加强新兴语言现象的研究与规范；要开放发展，加大中文国际推广，实施语言文字筑桥工程；要共享发展，服务特殊人群语言文字需求，以语言共享促进就业机会共享、社会资源共享、发展成果共享。

文化自信是一个国家、一个民族发展中更基本、更深沉、更持久的力量。语言文字，是民族文化的重要组成部分，也是打开文化的一把钥匙。发展新时代中国特色社会主义语言文化，还需要充分发挥国家通用语的文化功能。比如，大力推进中华优秀语言文化传承发展；深化内地和港澳、台湾地区的国家通用语言文化交流合作；加强语言文化国际交流传播，积极配合中国特色大国外交战略的实施，开辟多层次语言文化交流渠道等。

新时代要有新气象、新作为。每一位语言文字工作者，都是实现中华民族"语同音"事业的推动者，要坚定民族语言文化自信，担负起自己的工作责任和文化使命，将新时代普及国家通用语事业不断推向前进。

在诵读中感悟诗词文化*

"一门父子三词客",三苏文化是中华优秀传统文化的瑰宝和珍贵的历史文化遗产。苏轼作为北宋文坛巨匠,在诗文书画等方面取得很高成就。中小学教材中有不少苏轼经典诗词,深受广大师生喜爱。系列节目《课本中的苏轼》对接广大师生学习诵读需要,根据朗诵中普遍存在的实际问题,实地实景详细讲解中小学教材中 12 篇苏轼诗词及其朗诵技巧,以专家示范、现场问答、学生朗读等形式,帮助观众从苏轼诗词的音韵美、节奏美、意境美中,体悟中华优秀传统文化的独特魅力。

为还原教学中的实际场景,创作团队深入教学一线,在北京、四川等地校园内的教室、操场、图书馆等实景录制。节目强调师生之间的即时互动,展现现场教学全过程。后几期节目大都在"无稿"情况下拍摄,做到了即兴表达和真实互动。创作团队在录制前,大量调研了中小学师生在诗词诵读中遇到的难题和感兴趣的话题,为节目录制提供了充分参考。录制过程中,诗词理解、语言表达和语音规范等各个角度的问题,均由学生在现场提出。"重音是不是都得突出""一些古诗描写的都是柔美的景色,是否都要用柔美的声音诵读"……对这些问题,老师和诵读专家的回答既具有针对性、知识点满满,又自然真切、易于理解,引发观众共鸣。

"看是一档节目,学是一堂课程。"每期节目都是一个诵读教学的完整系统。在启发式教学的活跃氛围里,学生们不仅提高了诵读水平,还主动思考,

---

* 本文原载于《人民日报》2023 年 7 月 28 日第 20 版,收入本书时有改动。

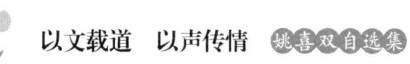

悟出了诗词中的哲理，提升了阅读理解能力。朗诵《题西林壁》"不识庐山真面目，只缘身在此山中"两句，节目嘉宾启发学生主动结合生活实际来具体感受。一位同学说："观察立体几何图形时，如果只从一个角度、一个面或一条边来看，不能看出立体形态，只有跳出来，从多个视角来观察，才能认识到它的全貌。"将对生活的观察和体验代入诗词朗诵中，学生立刻就找到了"变换视角认识事物"的具体感受。有了这种切身感受，学生在诵读时就能基于综合理解，表达出诗词蕴含的情感。

节目不仅重视诵读能力的培养，还注重发挥诗词诵读的美育功能。古典诗词是中华文化的重要标识，凝聚着中国人的丰富情感，具有跨越时空、历久弥新的文化内涵和精神感召力，是美育的重要载体。节目选取的《饮湖上初晴后雨》《惠崇春江晚景》等十多篇作品，都是苏轼诗文中的经典篇目，具有较高的学习价值和美育价值。对这些作品细致入微的讲解，连缀起苏轼波澜起伏的人生经历，展现了读书正业、孝慈仁爱、非义不取、为政清廉的苏氏家风，帮助学生感受苏轼的精神风貌和人格魅力，从而见贤思齐，树立正确的世界观、人生观、价值观。

作为一档电视节目，《课本中的苏轼》没有止步于电视播出，创作团队甄选了丰富的录制花絮、幕后故事等视频资料，与多个专业单位进行合作开发，探索"大屏+小屏"多渠道传播。在源远流长、博大精深的中华文化中，不只有诗词，也不只有苏轼。期待更多创作者投入这座内容宝库，用心用情创作精彩的视听作品，滋养青少年健康成长。

推广普通话任重道远[*]

作为一个拥有多民族、多语言、多文种、多方言的人口大国，在我国推广国家通用的普通话，是增进民族间、地区间交往，促进经济、文化等各项事业发展的必要条件。广义的"普通话"自古有之，从春秋时期的"雅言"、汉代的"通语"、隋唐时代的"正音"韵书，到元代的"天下通语"、明清时期的"官话"、民国时期的"国语"，最后形成新中国成立后确立的"普通话"。统一的民族共同语是"合四外为一心，联万方为一气"的"立国之要素"。

自 1956 年国务院发出《关于推广普通话的指示》以来，推广普通话工作已经开展了 60 年。60 年来，尤其是党的十八大以来，语言文字工作取得可喜成绩，我国的文盲率从新中国成立之初的 80% 下降到 4.08%，普通话普及率提高到 70% 以上，识字人口使用规范汉字的比例超过 95%。语言文字为新中国开基创业发挥了基础性和关键性作用；对快速扫除文盲、普及基础教育、提高人民群众的文化知识水平，具有最直接和最现实的意义；在传承传播中华优秀传统文化、提升国家软实力方面的作用日益凸显；为国家统一、民族团结、社会发展作出了重大贡献。

国家语言文字事业要在"十三五"期间实现"基本普及国家通用语言文字"（全国能够用普通话沟通的人口比例达到 80%）的目标。这一目标的提出具有里程碑意义，将基本实现中华民族几千年来"书同文、语同音"的梦想，

---

* 本文原载于《光明日报》2016 年 9 月 18 日第 7 版，收入本书时有改动。

但这还需要付出艰苦的努力。虽然现在全国普通话普及率已经超过70%，可是东西部之间、城乡之间的发展很不平衡。据国家语言文字工作委员会调查，西部和东部普及率的差距有20%，大城市的普及率超过90%，但很多农村和民族地区只有40%左右。

实现这一目标，重点在农村地区、难点在民族地区。要在缩小城乡差距、显著提高农村普通话水平和大幅提高民族地区普通话普及率上下大力气，通过实施国家通用语言文字普及攻坚工程，打赢这场攻坚战。

要结合国家精准扶贫、精准脱贫基本方略，结合新型城镇化、社会主义新农村和农村文化公共服务体系建设，以促进农村青壮年劳动力就业和科技应用为导向，大力提升农村地区普通话水平。民族地区要以提升学校师生、基层干部和青壮年农牧民的语言文字应用能力为重点，加大对双语教师的普通话培训力度，帮扶青壮年农牧民学习掌握普通话，坚定不移推行双语教育，全面开设国家通用语言文字课程，确保少数民族学生基本掌握和使用国家通用语言文字，加快提高民族地区国家通用语言文字普及率。同时，要强化学校语言文字教育，加强社会语言文字规范化建设，营造有利于国家通用语言文字推广普及的良好社会环境。

推广普通话工作任重而道远。面对时代变革和国家发展创新的迫切需求，大力推广普及普通话，有利于我国先进生产力和先进文化的发展，也有利于各地各行业的自身经济、文化和社会发展。我们要发挥好语言文字在国家发展大局中的基础性、全局性作用，为全面建成小康社会筑桥铺路。

以语言文字助力中华文化创新发展[*]

习近平总书记在党的十九大报告中指出,"没有高度的文化自信,没有文化的繁荣兴盛,就没有中华民族伟大复兴",提出了"建设社会主义文化强国"的伟大历史任务。同时鲜明指出,发展中国特色社会主义文化,要"坚守中华文化立场",要"坚持创造性转化、创新性发展,不断铸就中华文化新辉煌"。

语言文字,既是文化的重要载体,也是文化的基础要素和鲜明标志。语言的诞生,标志着人从动物世界走出,开启了文明进程。文字的出现,加速了人类文化的进程,极大地促进了人的发展和社会进步。闪烁着民族智慧光芒的中华语言文字,记录着中华民族五千多年文明历史所孕育的中华优秀传统文化,书写着党领导人民在革命、建设、改革中创造的革命文化和社会主义先进文化,构筑着中华民族的精神家园。

伴随中华民族几千年的发展历史,汉字字体形态不断适应书写工具、书写材料、使用功能及自身内部体系的发展,不断进行继承基础上的创造性转化和创新性发展。从殷商甲骨文到今天的网络语言,汉字都在适应不同历史时期的社会文化条件和时代要求,继承文化基因而又不断演进自身体系和形态,立足文化潮头又反映时代新貌。正因如此,在世界几大古老文明中,中华文明是唯一从未出现文化断层的文明,这与作为"雅言""通语"的汉语汉字及其表征的中华文化所具有的顽强文化基因和自适应能力,以及旺盛的文

---

[*] 本文原载于《光明日报》2017 年 11 月 19 日第 12 版,收入本书时有改动。

化创新品格有着密切的关系。

20世纪早期的白话文运动，倡导汉语书面语要适应口语的变迁，完成了汉语书面语和口语的统一，成为新文化运动的重要成果，也极大地推动了新文化建设。新中国成立后，为了适应国家政治经济特别是社会文化建设的直接需要，国务院专门设立中国文字改革委员会，认真总结汉语汉字发展的历史规律，结合新中国文化建设的新要求，提出简化汉字、推广普通话、制定和推行汉语拼音方案三大历史任务，为迅速扫除文盲、普及教育、发展科技开辟了宽广道路。这三大历史任务的推进，也是主动适应时代要求、继承传统、开放发展中的创新创造。特别是制定和推行汉语拼音方案，既汲取了汉语的切音智慧，又借鉴拼音文字符号元素，使其不仅成为学习汉语汉字的重要辅助工具，而且在改革创制少数民族语言文字、编制辅助语、文献检索、汉语拼音输入等诸多领域发挥重要作用，同时还被联合国和国际标准组织认定为拼写中文的国际标准，堪称新中国文化建设乃至中国文化发展史上具有代表性的成就，是中华优秀传统文化的继承和创新。

党的十八大以来，以习近平同志为核心的党中央号召全党要坚定中国特色社会主义文化自信。坚定文化自信，坚守中华文化立场，要求我们必须重视语言文字在中国特色社会主义文化建设中的重要作用；坚持文化的创造性转化和创新性发展，要求我们必须立足当代中国现实，结合当今时代条件，推动中华优秀语言文化创新发展。

语言文字，是开启文化的钥匙，也是开启智慧之门和未来之门的钥匙。习近平总书记指出："要系统梳理传统文化资源，让收藏在禁宫里的文物、陈列在广阔大地上的遗产、书写在古籍里的文字都活起来。"近些年来，"中华经典诵写讲大赛"、《中国汉字听写大会》、《中国诗词大会》、"海峡两岸与港澳大学生汉字创意设计大会"等活动广泛开展，使中华优秀传统文化中蕴含的讲仁爱、重民本、守诚信、崇正义、尚和合、求大同等思想精华焕发出时代价值。此外，配合中国特色大国外交、"一带一路"倡议等召开的世界语言大会，有力提升了中国语言话语权，促进了国家文化软实力的建设。积极跟进科技发展前沿，推动发展语言信息技术、智能技术及其社会应用，这些立足世界科技前沿技术上的中华语言文化创新，必将有力促进中国特色社会主义先进文化的发展。

习近平总书记在党的十九大报告中指出，中国特色社会主义文化，源自中华优秀传统文化，熔铸于革命文化和社会主义先进文化，植根于中国特色社会主义伟大实践。发展中国特色社会主义文化必须以马克思主义为指导，以社会主义核心价值观为引领，以培养担当民族复兴大任的时代新人为着眼点，建设面向现代化、面向世界、面向未来，民族的、科学的、大众的文化。新时代语言文字工作，应从社会主要矛盾转变出发，为满足人民美好生活新期待，提供更加均衡更加充分的精神食粮。不仅更加关注民族地区、农村地区国家通用语言文字普及推广，更加关注社会特殊群体的特殊语言需求，为精准脱贫，为全面建成小康社会，为全体人民共享社会文化权益奠基铺路；还应输送更多经典，打造更多精品，以语言文化活动，带动群众文化活动，引领精神文明创建活动，构建精神文化空间里的"诗和远方"。此外，也应着眼信息化、数字化、智能化时代人的生存需求和社会文化变迁，不断抢占语言信息技术、语言数字传播技术、语言人工智能技术、声控技术的制高点，加强技术伦理和信息空间语言文化建设，研究新技术条件下的语言文字规范标准，满足社会信息化、生存数字化、服务智能化时代新的文化需求。

站在新的历史起点，发展语言文字事业，推动中华文化创新发展，需要树立清醒的语言文化观。中华优秀语言文化是一座宝库，积聚着中华民族五千年的民族智慧、文化认知和价值创造，是祖先馈赠给今人的一笔巨大而宝贵的财富。只有科学传承，才能更好发展。中华优秀语言文化蕴藏着中华文化的精神基因，无论时代如何发展，社会如何变迁，中华民族文化基因不能变，民族血脉不能断，民族精神不能丢。传承发展中华优秀语言文化不能刻舟求剑，要与中国特色社会主义相适应，结合时代发展，赋予并拓展新的时代内涵，创新现代表达形式。还要注意开眼看世界，海纳百川、兼收并蓄，立足中华文化立场，促进文化交流互鉴。只有不忘本来、吸收外来、面向未来，才能激发中华语言文化的创新活力，才能促进中国特色社会主义文化焕发强大生命力、蓬勃创造力、深远影响力。

谈阅读能力的构成*

习近平总书记多次强调,领导干部要加强读书学习,"真正把读书学习当成一种生活态度、一种工作责任、一种精神追求"。在对美好生活的追求中,人们更需要阅读。调查研究表明,人吸取的大部分系统化知识来源于阅读。建立阅读型的社会对增强全民族的素质和修养具有十分重要的意义。

那么,如何才能提高个人乃至全社会的阅读水平?读什么,怎么读?这关乎阅读能力。阅读能力是读者和文本之间的矛盾,而且在一定环境、一定条件下,读者的主观能动性及读者获得文本、把握文本、阅读文本的能力都在发生变化。随着科技的发展进步,社会对人们的阅读能力也提出了新的要求。具体来说,阅读能力至少由以下几方面构成。

文本的获取力

读者首先要从众多的阅读资源里,选择并获取合适的文本。现代社会有很多阅读方式,传统方式如素读,是选取纸质文本,纯粹读字。在信息化大潮中,对电脑、手机这些电子媒介的读屏能力也影响着人们对阅读文本的获取。例如,有些老年人如果想使用和读取手机微信或者电脑网络上的文本,就需要增强这方面的能力,以便能够快速获取信息。古今中外,文本一直在

---

* 本文原载于《光明日报》2018年3月25日第12版,收入本书时有改动。

发展、变化和演进。阅读文本的获取已经出现了重大变化，这体现了阅读的不同样态和形态。

符号的解码力

读者获取的文本中一定包括文字符号，因此首先要识别这是什么语言文字，并对其进行解码。这意味着，读者必须具备一定的语言文字能力，通过检验、解析，才能成功读取文本信息。而随着信息化时代的发展，读取文本的过程中，还需要增加对网络语言的了解，否则在读取网络文本的时候，会遇到一定的语言障碍。

信息的理解力

阅读文本传递给读者的信息能否被理解，这涉及方方面面。有时候，功夫在诗外。有些新词新语构成了新信息、新事件。读者只有不断提高阅读能力，不断丰富自己的知识，随时随地观察社会生活，才能对阅读文本具有全方位的理解。

文稿的驾驭力

读者选择了阅读文本后，先读什么、后读什么，能否驾驭全文，包括对材料进行分类、概括的系统性能力，我们称之为驾驭能力。读者要通过对文本的判断分析，对阅读内容进行分类，选择适合的阅读方式、阅读速度和阅读频率，如一次性阅读还是反复品读，精读还是泛读。

内容的评判力

读者对阅读的文本内容该如何吸收？古人云：不可无书，不可尽信于书。

文本内容是对是错、正面还是负面，读者要做到心中有数。这种对阅读文本的批判理解能力就是内容的评判力。读者要充分考虑文本形成时的历史文化条件，不断进行鉴别和判断，这是认识不断深化的过程。

情景的感受力

这是指读者在阅读文本的过程中，能依据文本描述的场景，有身临其境之感。例如，看到北国风光的描写，能想到万里长城白雪皑皑的景象；看到苏州园林的描写，能想到江南的小桥流水美如画。读到描写的精彩内容时，要有感受，这包括自己的理解、联想和想象，这样的阅读体验才丰富。这种情景的感受力，属于初步的美学范畴。

再现的表达力

阅读的高级层次体现在创造表现方面，包括有声语言的朗读和副语言（体态语言）的展现，这是文字形之于声的能力。近几年，《朗读者》《见字如面》等朗读类节目之所以广受欢迎，就是因为朗读是能够外化体现阅读文本的一种手段，属于阅读能力的一部分。读者在朗读时，发音是否标准、读得美不美、有没有情感的感染力，都是表达力的范畴。阅读从默读，到读出声来，到复述出来，这是逐渐提高表达能力的过程。此外，不同语码的转换能力都是再现能力的构成部分，如手语主持人可以通过肢体语言表达他阅读的文本信息。

审美的构建力

除为了生存和发展需要必须要进行的实用性阅读外，如阅读使用说明书等，人们常说的阅读通常指阅读经典、美文，这是不断感受、不断思考的过程，是提高素质、提高修养、净化心灵的重要渠道。通过文字，读者可以与古今中外作者进行情感的交流,产生思想的共鸣,激发联想,形成象外之象、景外之景。例如,读到古时的《春江花月夜》,读者会想到今日的中秋佳节,会进一步想到海峡两岸共赏一轮明月。总之,阅读中需要头脑进行深入加工,情感也在不断升华,这是一种审美的创造能力。

  以上几个方面是由浅入深的关系,我们对其进行历时的分析,但它们并不是一个线性过程,而是共时的过程,同时在阅读中起着作用。要想掌握阅读要领,需要将这几个方面研究清楚,通盘考虑,从而提高我们的阅读能力和水平。

新时代的推普方略*

"书同文、语同音"是中华民族几千年来的梦想。经过一代代中华儿女接力奋斗,我们离实现这一梦想越来越近。新中国成立以来,党中央高度重视国家通用语言文字推广工作,我国的文盲率从新中国成立之初的80%以上下降到4%,普通话普及率接近80%。根据《国家语言文字事业"十三五"发展规划》设定的目标,"到2020年,在全国范围内基本普及国家通用语言文字",这意味着千年的梦想将在我们党的第一个百年奋斗目标实现时变为现实。

党的十八大提出,要"推广和规范使用国家通用语言文字"。习近平总书记多次强调国家通用语言文字推广的重要性,指出要"帮助新疆各族群众特别是年轻人学好用好国家通用语言文字";指出西藏地区要"推广国家通用语言文字,努力培养爱党爱国的社会主义事业建设者和接班人"。新时代,如何切实贯彻落实习近平新时代中国特色社会主义思想,如何有效推广国家通用语言文字,要求我们能从新时代我国社会主要矛盾出发,正视推广普及中存在的不平衡不充分等问题。

不平衡问题主要表现在几个方面。一是普通话推广和规范汉字推广之间的不平衡。推广普通话、推行规范汉字是新中国成立以来我国语言文字工作的两项重要任务。经过70年努力,我国识字人口使用规范汉字的比例超过95%,而普通话普及率还不到80%,二者之间存在一定距离。

---

* 本文原载于《光明日报》2019年9月21日第12版,收入本书时有改动。

二是普通话推广"数量"与"质量"的不平衡。当前普通话平均普及率已接近 80%，但普及"质量"还有很长一段路要走。据统计，当前可以使用普通话交流的群体中，能够达到普通话水平测试三级乙等以上的不足 40%。

三是城市与农村、发达地区与老少边穷地区的不平衡。在我国大城市普通话普及率已超过 90%，而一些农村地区只有 40% 左右，有些民族地区则更低。东西部普通话普及率也有 20% 的差距。

四是现实空间与虚拟空间的不平衡。现实空间国家通用语言文字推广效果好，规范性程度高；而在网络虚拟空间，不规范用语大量使用，风清气正的网络空间的营造任务依然较重。

五是国内与国际的不平衡。国内国家通用语言文字推广体系、培训测试体系已相对完善，普通话水平测试总人数已超过 8000 万，而国家通用语言文字培训测试的国际推广仍处于起步阶段。

发展不充分主要体现在四大领域中国家通用语言文字推广普及的不充分，这就要求：在作为龙头的党政机关，推广国家通用语言文字应该由公务员向全体工作人员延伸；在作为基础的学校，应由注重教师向学生及其他教育工作者延伸；在作为榜样的新闻媒体，应由注重报刊、广播、电视等传统媒体向互联网延伸；在作为窗口的公共服务行业，应由注重推广数量向提升国家通用语言文字服务能力延伸。

进入新时代，推广普及国家通用语言文字要统筹国内国际两个大局，深刻认识我国社会主要矛盾发生新变化的这一基本国情，深刻认识我国所面临的世界百年未有之大变局这一基本世情，以服务国家发展需求为核心，向国家战略聚焦，向农村和民族地区攻坚，向社会应用推进，向现代治理转型，向国际领域拓展，大力推广普及国家通用语言文字，为建设与综合国力相适应的语言强国、实现"两个一百年"奋斗目标和中华民族伟大复兴的中国梦作出新的更大贡献。

语言文字是文化自信的源泉*

语言文字既有工具性，又有人文性。语言文字既是载体、是桥梁、是纽带、是钥匙，又是根脉、是基因、是符号、是印记；语言文字既是文化的载体，又是文化本身；语言文字既传承文化和文明，又是国家和民族的标志和象征。语言文字关系到国家的统一、民族的团结、经济的发展、社会的进步、历史的传承、文化的认同。习近平总书记指出，文化自信是更基础、更广泛、更深厚的自信。这为我国语言文字事业发展开辟了新境界，提出了新要求，具有重要指导意义。要增强文化自信，我们就要重视语言文字在中国特色社会主义文化建设中的作用。

文化自信是更基础的自信，语言文字是载体、是基石

语言文字作为文化传承、发展、繁荣的重要载体，关系到历史文化认同和传承、国家文化软实力的提升；同时，语言文字作为一种文化现象，是文化事业的重要内容和组成部分，二者互为依托、互相渗透。

语言文字工作是培养文化自觉和文化自信的基础。国家通用语言文字的推广力度、普及程度和应用规范水平，是中华民族具有高度的文化自觉和文化自信的重要体现。促进语言文字的国际传播和网络传播，有利于向全世界展示自尊自信、自强自立的中华民族精神。

---

* 本文原载于《光明日报》2020年8月22日第12版，收入本书时有改动。

语言文字事业是塑造社会主义核心价值观的前提。推动语言文字事业健康发展，尤其是大力推广和规范使用国家通用语言文字，消除交际障碍、促进各民族经济文化交流，是铸牢中华民族共同体意识、体现国家核心利益和文化安全的基石，有利于增进整个中华民族的国家认同，弘扬以爱国主义为核心的民族精神。

文化自信是更广泛的自信，语言文字是纽带、是钥匙

语言文字传播广泛，从国内到国际，从人际交流到人机交流，其应用穿越时间和空间、遍布各领域各行业各方面。语言文字的传播也是文化传播最直接、最便利、最有效的途径。曾经，面对计算机技术突飞猛进的发展，汉字的输入输出面临瓶颈而使有些人一度丧失自信。汉字激光照排系统及汉字输入等中文信息处理技术，不仅使汉字走上了数字化道路，也标志着世界上其他非表音语言也可以写入电脑，并且具有拼音文字不可比拟的优势。据联合国有关部门统计，在联合国常用 6 种文字的文件和书籍中，汉字版是最薄的版本。

改革开放后，随着国际交流的增多、外来文化的输入，许多场合中英文混杂，外语词、字母词乱用，有些地方语文教育与学生语言综合应用能力弱化，经贸、科技等名词术语被国际采用的微乎其微等，实际上是对民族语言的轻视和文化自信的缺失。而今，很多中国专有名词被录入英语词典，字母词有了规范中文译名，国际中文教育的影响日趋广泛，等等，彰显了语言文字工作在规范社会语言应用、构建健康和谐语言生活中所发挥的重要作用。

语言文字事业是保障国民文化权益的重要内容。培养、提高人的语言应用能力，提供并不断完善语言文字公共服务，是满足人民群众日益增长的精神文化需求的保障。不同文化间的交流传播，翻译作品的"信达雅"，中文信息处理技术的核心竞争，网络语言的规范，古籍善本的保护传承，各民族语言文字的科学保护，语言文字规范标准的制定与推行，以及相关文化产业的发展等都需要语言文字发挥纽带与钥匙的重要功用。

文化自信是更深厚的自信，语言文字是根脉、是标识

语言文字在中华民族连贯发展至今的文明进程中发挥着重要作用，是我们独特的精神标识和文化印记。在悠久的文化发展中孕育的诗经、楚辞、汉赋、唐诗、宋词、元曲、明清小说，以及汉学、成语、书法、篆刻等，是中华优秀传统语言文化的代表；以弘扬革命乐观主义精神、爱国主义精神为核心的毛泽东诗词及其他近现代经典诗文，是在党和人民伟大斗争中孕育的革命文化的代表；语言文字事业从"简化汉字，推广普通话，制定和推行汉语拼音方案"等语言文字三大任务，到语言文字规范化、标准化、信息化、法制化建设，再到语言文字工作治理体系和治理能力现代化建设，历经 70 多年的伟大实践，对社会主义文化事业的繁荣昌盛起到了巨大的助推作用，充分证明这是有着深厚群众基础的社会主义先进文化的代表。

面对"两个一百年、两个空间和两个大局"的发展形势，做好语言文字工作是体现文化自信的基础，是增强更基础、更广泛、更深厚的文化自信的有力源泉。

中国语文现代化是动态发展的过程*

19世纪末20世纪初,许多仁人志士认识到语言文字改革的重要性,拉开了中国语文现代化的大幕。

百余年来,中国语文先后完成了语言共同化、文体口语化、汉字简易化、表音字母化等现代化改革,实现了汉字激光照排、中文信息处理等信息社会的语文现代化。

回望中国语文现代化百余年历程,我们可以看到,中国语文现代化是一个动态发展的过程。语言文字事业是党和国家事业的重要组成部分,具有基础性、先导性、社会性、全局性和全民性特点。

在中国式现代化的进程中,为适应时代发展和社会进步,不断满足人民对语言文字应用的新需求,不断开发语言文字负载文化传承与传播的新方式,不断提升语言文字的应用能力、拓展应用领域,中国语文现代化推动一系列语言文字改革和技术创新,为实现中国式现代化提供基础性、战略性支撑。

中国式现代化进程离不开中国语言文字现代化的全程助力。

在中国式现代化进程中,中国社会的语文生活发生了或正在发生着深刻变化。随着互联网、大数据、人工智能等技术的发展,人机共生、人机交互成为现实,社会高度信息化、智能化,智能技术赋能语言生活,给语言文字各项工作增加了新的内涵,语言文字现代化的应用前景更加广阔。例如,中

---

* 本文原载于《光明日报》2023年7月30日第6版,收入本书时有改动。

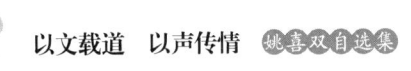

国语言文字数字博物馆助力中华优秀传统文化传承弘扬;"语言扶贫"信息软件助力脱贫攻坚;国家通用语言文字学习平台服务国家战略;国际中文智慧教育云平台帮助全球中文学习者提升学习兴趣和效率,助力中华文化的传承传播和中文国际影响力的提升。

与此同时,日益发达的互联网承载了层出不穷的网言网语、千变万化的网络语态、多样的话语表达方式等,这些都向中国语文现代化提出了更加丰富的研究课题。此外,机器自动生成的内容更是在知识的正确性、智能的伦理性等方面向中国语文现代化提出了新任务。

作为中国式现代化的本质要求之一,加快构建新发展格局,着力推动高质量发展是全面建设社会主义现代化国家的首要任务。语言文字事业高质量发展为构建新发展格局、实现中国式现代化奠定坚实基础。高质量地开展中国语文现代化建设是中国式现代化的重要内容。

站在先进技术的前沿,在国家需求的引领下,我们需要深入探讨在新的历史时期中国语文现代化面临的机遇和挑战。比如,如何进一步推进语言文字法治化、规范化、标准化、信息化建设?如何借力技术发展赋能国家语言文字能力,提高全民语言文字应用能力?如何促进中华优秀语言文化创造性转化、创新性发展?如何加强语言文字社会应用监督、检查和服务,并加强语言文字法治建设?如何加快构建中国话语和中国叙事体系,增强中华文明传播力影响力?……上述问题是新的历史阶段、新的语言生活给语言文字事业提出的新任务、新课题,值得每一位中国语文现代化学人深入思考、潜心研究。

坚持人民至上,以语文现代化助力教育提质,为中国式现代化铸魂育人。当前,我们要提升国家通用语言文字推广普及的深度和广度,特别关注民族地区、边疆地区、农村地区等"薄弱区"的精准推普实践路径;积极回应各族同胞特别是青壮年劳动力、学龄前儿童等人群学习普通话的愿望,避免老人、妇女等成为"信息弱者";更新推普理念,创新推普模式,集成推普资源,助力构建信息无障碍社会。此外,在语言经济学视角下,探索中国语文现代化在助力打好阻遏返贫持久战、构建贫困治理长效机制、实现脱贫攻坚与乡村振兴有效衔接、因地制宜发展特色语言产业,最终助力共同富裕实现的具体举措和方略。

坚持自信自立,以语文现代化助力科技腾飞,为中国式现代化赋能添翼。我们要积极探索在智能问答、智能导学等高精尖语言技术攻坚方面的可为和需为,发挥不同学科人才的智慧优势,助力集中强化国家战略科技力量的制度禀赋优势,推动语言智能关键核心技术攻关,重点探索基于大规模语言模型的生成式智能技术,创新研发中国本土的生成式智能产品,助力语言文字事业的信息化、数字化和智能化。

坚持守正创新,以语文现代化助力文化传承,为中国式现代化固本培元。传承和弘扬中华优秀传统文化,深入挖掘传统文化中的哲学思想、人文精神、价值理念、道德规范,才能更有效地推动中华优秀传统文化创造性转化、创新性发展。比如,我们可以通过中华经典诵读工程等系列活动,使社会大众尤其是青少年更加热爱中华经典,语文素养和语言文字应用能力显著提升,具有较强的国家通用语言文字规范意识和自觉传承弘扬中华优秀传统文化的意识,普遍具有高度的语言自信和文化自信。同时,适应新时代新形势需求,加强网络数字化智能化领域语言文字研究推广。

坚持问题导向,以语文现代化助力国家安全,为中国式现代化筑基护航。日益严峻的全球风险预示着总体国家安全能力建设的迫切性,而语言安全作为国家安全的重要组成部分,如何发挥语言数据、语言信息等在中国处理与世界各国的政治军事安全、网络信息安全、社会公共安全、文化教育安全等方面的作用,是当前急需解决的问题。与此同时,我们也要重点关注不同国家的意识形态对国家安全、语言安全方面的影响,研究国际语言冲突的性质、特征、类型、典型案例、产生机理及应对方略。

坚持系统观念,把语文现代化与教育、科技、文化、安全等领域的普遍联系转化为生动的辩证图景。党的十八大以来,系统观念已经成为我们党基础性的思想方法和工作方法。中国语文现代化是一个系统工程,关涉国家发展的方方面面,包括政治、经济、教育、科技、文化、生态,乃至安全。这就要求我们要具有并运用好战略思维、历史思维、辩证思维、创新思维、法治思维、底线思维，统筹兼顾、系统谋划、整体推进，正确处理好彼此之间的关系，理顺其中的机理逻辑。

坚持胸怀天下，以语文现代化助力铸牢中华民族共同体意识和构建人类命运共同体。语言文字关系到国家统一、民族团结和社会稳定。我们要加大国家通用语言文字推广力度，助力中国语文现代化事业高质量发展，为铸牢中华民族共同体意识贡献力量。从文化角度看，我们要重点分析中国语文现代化如何依托国际中文教育这一窗口，讲好中国故事，传播好中国声音，塑造可亲、可敬、可爱的中国形象。与此同时，我们要依托数字技术优势为"一带一路"共建国家输送教育资源，打造更加优质可及的国际中文教育格局，探索语言能力培养与职业技能发展相结合的"中文+"模式，关注重点区域、国别的中文教育问题。只有坚持胸怀天下，走和平发展道路，既立足中国，又胸怀世界，既各美其美，又美美与共，才能真正为构建人类命运共同体贡献新力量。

时代发展需要语文现代化革故鼎新，为国家发展和人类进步担当新使命，发挥新作用，作出新贡献。中国语言学人要紧紧跟随时代步伐，把握智能化大数据时代的特征，勇于创新，开拓进取，用新发展理念指导构建语言文字事业高质量发展的新格局。

方块字书写经典　普通话咏诵中华*

2017初，中共中央办公厅、国务院办公厅印发了《关于实施中华优秀传统文化传承发展工程的意见》，其中明确提出要"实施中华经典诵读工程。组织学校开展经典诵读、书写、讲解文化实践活动，挖掘与诠释中华经典文化的内涵及现实意义，使群众特别是广大青少年更好地熟悉诗词歌赋、亲近中华经典"。这是对我们语言文字工作十年来通过中华经典诵读系列活动推广国家通用语言文字、传承弘扬中华优秀文化的充分肯定，也为新时期语言文字工作提出了新要求、拓展了新道路、明确了新高度。

十年磨一剑。自2007年开始，尤其是党的十八大以来，教育部、国家语委联合中央文明办等相关部门，陆续推出以"亲近经典、承续传统"为主题的中华经典诵读系列活动。一是直接举办传统节日诵读晚会和红色经典诵读晚会40余场，引导群众性诵读活动开展，营造社会氛围；二是开展经典诵读、汉字书写、作文、诗词歌赋创作以及夏令营等系列活动，近7000万人次参与，打造社会参与平台，调动国民文化创造积极性；三是通过遴选典籍佳作进行诵写讲，建设中华经典资源库，已制作完成7000分钟的高清视频资源，为经典诵读活动提供示范和指南；四是在全国11所直属高校及20个省份的近2万所学校开展"中华经典诵写讲"试点工作，引导各地各学校在课程教材建设、学科建设、活动开展、人才培养等方面进行探索实践。尤其是自2013年以来，教育部、国家语委联合中央电视台相继举办了三届《中国汉

---

* 本文原载于《中国教育报》2017年3月16日第6版，收入本书时有改动。

字听写大会》、两届《中国成语大会》和两届《中国诗词大会》，从字到词到篇章，深入挖掘、体现语言文字的魅力，三档节目有超过30亿人次收看，激起了全社会学习汉语汉字和经典诗词的热潮。十年辛苦磨一剑，玉汝于成终使然。十年来，"中华经典诵写讲"行动在提高国民语言文字表达能力和综合素质，弘扬民族优秀传统文化和社会主义核心价值观等方面发挥了积极作用，成为新时期语言文字工作的重要载体，成为教育和语言文字工作推动文化大发展大繁荣的特色品牌。

语言承自信。语言文字是文化的基础要素和鲜明标志，是文化传承、发展、繁荣的重要载体，关系到历史文化认同和传承、国家文化软实力的提升。习近平总书记指出，"文化自信，是更基础、更广泛、更深厚的自信"。语言文字是培养更基础自信的载体和基石，是培养更广泛自信的纽带和钥匙，是培养更深厚自信的根脉和标识。"普通话诵中华，规范字书经典"，开展中华经典诵读、书写、讲解等文化实践活动，将有助于培养学生诵读、书写及讲解经典的能力，既是推广普及国家通用语言文字的重要途径，也是提高他们的文化素养、审美情趣及语言文字应用能力的有效抓手，更有助于引领国民尤其是青少年加深对中华优秀传统文化、革命文化和社会主义先进文化的了解和热爱，更加广泛深入地领悟中华思想理念，传承中华传统美德，弘扬中华人文精神，为人生打下鲜明的中国底色。

教育强根本。面向"十三五"，我们已经制定和发布了《国家语言文字事业"十三五"发展规划》，对"十三五"语言文字事业的目标和任务作了全面部署。2017年两会伊始，教育部部长陈宝生指出，优秀传统文化进校园要覆盖各个学段、融汇于教材体系、贯穿在人才培养的全过程，要做好"教材体系建设、拓展校园文化、加强研究阐释、讲好中国故事"四件事。我们认为，实施好中华经典诵读工程，更要充分发挥语言文字在传承弘扬中华优秀传统文化、革命文化和社会主义先进文化中的重要作用，从以下四个方面着重发力：一是以基础建设为保障。通过构建贯穿大中小幼的中华经典课程和教材体系、打造诵写讲精品示范资源、加强经典诵写讲师资及志愿者培训、实施国家通用语言文字普及攻坚工程、开展国民语言教育、构建终身语言教育学习测试体系等方式，使青少年更加热爱中华经典，语文素养和语言文字应用能力显著提升，普遍具有高度的语言自信和文化自信。二是以实践活动为引领。通过打造中华经典诵写讲品牌活动、开展"送经典下基层"活动实践、举办夏令营和冬令营活动、开展传统节日诵读活动等打造社会参与平台，推动学校和社会中华经典诵读活动广泛开展，并形成长效机制。三是以平台基地为依托。通过打造中华经典全媒体传播平台、开展中华经典诵读"互联网+"建设，培育中华经典教育示范基地、交流推广基地和传承发展研究基地等集中展示、宣传、传播中国语言文字和中华经典语言文化，加强中华经典研究阐释、教育传承及创新传播。四是以交流传播为展示。通过加强与港澳台地区的语言文化交流，构建海外普通话水平测试网络，开展中华经典诵读和汉字书写艺术巡演等活动，借助人文交流机制、语言年、孔子学院、大型国际会议等平台，传播中华经典和语言文化，宣传中华传统思想理念，展现最亮丽的智慧中国。

经典铸国魂。中华经典是语言文字浓缩的中华文化精华，孕育了无数先贤经世治国的哲思理念和修身齐家的人生智慧，积淀着中华民族最深层的精神追求，是中国人民不可磨灭的文化基因。语言文字事业的天地广阔且大有可为。实施中华经典诵读工程，要坚持中央统筹与地方落实并重、基础建设与创新发展并重、学校教育与社会参与并重、活动引领与机制建设并重、传承普及与传播交流并重，确保中华经典诵读教育实践活动长期开展，使之成为每一个中国人不可或缺的生活方式。要让经典育人、化人，以优秀文化固本、铸魂，让青少年在写好方块字、说好普通话中感悟博大精深的中华文化，增强作为一个中国人的底色，更好服务于中华民族的伟大复兴。

新时代语言文字事业发展的根本指针*

语言文字关系到国家统一、民族团结、经济发展、社会进步、历史传承和文化认同。马克思主义历来重视语言问题,其语言观是马克思主义理论体系的重要组成部分。在我国,语言文字工作具有基础性、先导性、社会性和全民性特点,语言文字事业是党和国家事业的重要组成部分。

党的十八大以来,习近平总书记统揽实现中华民族伟大复兴的战略全局和世界百年未有之大变局,高度重视语言文字事业,多次发表重要论述,作出重要指示批示,运用战略思维、辩证思维、历史思维、创新思维、精准思维和底线思维等,回答了语言文字事业发展的一系列重大问题,开辟了马克思主义语言观在中国的新境界,为新时代语言文字事业发展指明了方向,是新时代中国特色社会主义语言文字事业发展的根本指针。

从民族复兴伟业高度强调推广国家通用语言文字,体现战略思维

语言是思想上层建筑的重要部分,在国家和民族内部起着凝聚人心,形成国家认同、民族认同和文化认同的重要作用。我国国家通用语言文字指普通话和规范汉字,其使用有利于维护国家主权和民族尊严,有利于国家统一和民族团结,有利于社会主义物质文明建设和精神文明建设。

习近平总书记在中央第六次西藏工作座谈会上指出,推广国家通用语言

---

* 本文原载于《中国教育报》2020年10月14日第5版,收入本书时有改动。

文字，努力培养爱党爱国的社会主义事业建设者和接班人；他在中央第七次西藏工作座谈会上又强调，把爱我中华的种子埋入每个青少年的心灵深处；在第三次中央新疆工作座谈会上强调，让中华民族共同体意识根植心灵深处。这些重要论断，拨开了语言文字事业发展前进道路上的迷雾，是做好新时代语言文字工作的指路明灯，体现了总书记指引语言文字事业发展的战略思维。

民族团结是实现中华民族伟大复兴中国梦的基本保证。

习近平总书记指出，民族团结就是各族人民的生命线。要高举各民族大团结的旗帜，在各民族中牢固树立国家意识、公民意识、中华民族共同体意识，最大限度团结依靠各族群众，使每个民族、每个公民都为实现中华民族伟大复兴的中国梦贡献力量，共享祖国繁荣发展的成果。语言文字是文化和文明的标志，是人们的精神家园。要铸牢中华民族共同体意识，首先就要语言相通，消除交流融合的障碍，达到情相融、心相印，像石榴籽一样紧紧抱在一起。

要促进民族团结，必须坚定不移地推广国家通用语言文字。

《中华人民共和国宪法》规定，国家推广全国通用的普通话。推广国家通用语言文字，是做好民族地区工作的长久之举、固本之举，必须长期坚持。

习近平总书记指出，要加强民族交往交流交融，部署和开展多种形式的共建工作，推进"双语"教育。他在对新疆疏附县托克扎克镇中心小学校长和教师的讲话中指出："少数民族孩子双语教育要抓好，学好汉语将来找工作会方便些，更重要的是能为促进民族团结多作贡献。"

大力推广和普及国家通用语言文字，是新时代语言文字工作的重中之重。

相关语言调查显示，2000 年我国普通话普及率为 53.06%，2010 年为 70% 多，今年为 80.72%。尽管如此，我国还有近 20% 的人口不能用普通话交流，也就是说还有约 2.8 亿人不能用普通话交流沟通。而 80% 的人口中，真正能达到普通话测试三级乙等（最低等级）以上的人口只有 40%。有人说，如果 80% 以上的人口都说普通话，那说方言和民族语言的人口就剩百分之十几了，其实这是一个误解。据统计，我国能用普通话进行交流的人口中，能用方言和民族语言进行熟练交流的人口有 95% 以上。学习普通话，并不排斥人们使用方言和民族语言。我们强调具有"多言多语的能力"，既能用方言和民族语言交流，也会说普通话。推广国家通用语言文字，是习近平总书记从中华民族伟大复兴全局出发作出的重要论断。

深刻认识语言文字的工具性和人文性，体现辩证思维

马克思主义认为，语言根源于现实世界，与人类的思想和意识具有密切关系，是交往的产物。语言文字既有工具性又有人文性。

习近平总书记既指出语言文字是载体、是桥梁、是纽带、是钥匙，同时又指出语言文字是文化和文明的象征和标志，是文化和文明的基因和根脉，既重视工具性又重视人文性，充分体现了对语言文字性质思考的辩证思维。

在沟通心灵、文化交流、文明传承等方面强调语言文字的独有价值，凸显其工具性。习近平主席在给澳大利亚塔斯马尼亚州朗塞斯顿市斯科奇－欧克伯恩小学16名小学生的回信中指出，"语言是人类心灵沟通的桥梁"。他在与德国汉学家、孔子学院教师代表和学习汉语的学生代表座谈时指出，一个国家文化的魅力、一个民族的凝聚力主要通过语言表达和传递。

在文明标识、民族精神命脉、核心价值观涵养等方面强调语言文字的重要性，凸显其人文性。习近平总书记在文艺座谈会上指出，"中华优秀传统文化是中华民族的精神命脉，是涵养社会主义核心价值观的重要源泉"。他还曾于2010年3月23日在俄罗斯"汉语年"开幕式上的致辞中指出，"汉字是中华文明的重要标志"。

习近平总书记对语言文字的深刻认识，增强了我们的文化自信。他在庆祝中国共产党成立95周年大会上指出："文化自信，是更基础、更广泛、更深厚的自信。"对于"更基础"的文化自信来说，语言文字是载体、是基石；对于"更广泛"的文化自信来说，语言文字是纽带、是钥匙；对于"更深厚"的文化自信来说，语言文字是根脉、是标志。语言文字工作是培养文化自觉、文化自信的基础，国家通用语言文字的推广力度、普及程度和应用规范水平，是中华民族具有高度文化自觉和文化自信的重要体现。近年来，《中国汉字听写大会》《中国成语大会》《中国诗词大会》、中华经典诵读活动和"中华经典资源库"项

目建设等，充分体现了中华优秀传统文化的博大精深，体现出语言文字在传播、弘扬中华优秀传统文化、革命文化和社会主义先进文化中的重要作用。

习近平总书记既强调推广国家通用语言文字，又强调科学保护各民族语言文字，注重主体性与多样性的有机统一。

2014年3月4日，习近平总书记看望全国政协十二届二次会议少数民族界委员时，非常关心少数民族语言文字信息化建设。2014年4月25日，他在视察新疆疏附县托克扎克镇中心小学时，鼓励教师把维吾尔语学好，更好地教孩子们学好国家通用语言文字。在一些民族地区推行双语教育，既要求少数民族群众学习国家通用语言文字，也鼓励汉族群众学习少数民族语言。

习近平总书记既强调网络规范管理，同时又鼓励正能量的网络语言和文艺创作，强调规范与发展的统一。

马克思认为，"语言是思想的直接现实"。网络语言是随着社会发展和信息技术革新产生的新的语言现象，生动体现着网民的世界观、人生观、价值观，折射着网民的精神世界。面对社会思潮多样化、价值观念多元化的挑战，网络空间的语言文字工作需要特别着力。

习近平总书记非常关注网络空间的治理，强调网络语言规范。他在中央网络安全和信息化领导小组第一次会议上指出，要把握好网上舆论引导的时、度、效，使网络空间清朗起来。这体现了语言文字工作在网络空间中的重要性，是当前亟待加强和不断推进、完善的工作领域。他在文艺工作座谈会上指出："抓好网络文艺创作生产，加强正面引导力度。"我们要激发网络创作的正能量，为营造风清气正的网络舆论环境发挥重要作用。他强调网络规范，但又不一概否定网络语言，还多次在讲话中使用，如"点赞""蛮拼的"等，极具亲和力，起到了非常好的传播效果。

纵向把握语言文字事业传承和发展，体现历史思维

语言文字是时代发展和变迁的印记，随着社会发展和历史进步不断适应人类现实的交际需求，记录人类不同历史阶段的思想、意识和文明成果。

习近平总书记坚持历史唯物主义立场，纵观古往今来，总揽大势，论述语言文字事业发展规律，体现了历史思维。

语言文字在中华文明赓续中发挥着特殊作用。

文字的发明和发展对于人类文明进步举足轻重，是文明传承的重要载体。习近平总书记在视察北京市海淀区民族小学时指出："今天我们使用的汉字同甲骨文没有根本区别，老子、孔子、孟子、庄子等先哲归纳的一些观念也一直延续到现在。"用汉字写就的《道德经》《论语》《黄帝内经》《孙子兵法》等经典，至今仍在传递着中国传统文化的精髓，影响着现代社会的发展。

语言文字要在教育与研究中得到充分重视。

汉字具有独特的审美价值，其书写本身已形成了独立的艺术门类。习近平总书记重视书法课建设，指出："3000多年来，汉字结构没有变，这种传承是真正的中华基因。书法课必须坚持。"甲骨文凝结着中华优秀传统文化的古老"秘密"，他在致信祝贺甲骨文发现和研究120周年时强调，甲骨文"是汉字的源头和中华优秀传统文化的根脉，值得倍加珍视、更好传承发展"。

鉴于语言文字在传承和弘扬中华优秀传统文化、促进文明交流互鉴方面的特殊作用，习近平总书记在十八届中共中央政治局第十二次集体学习时强调，要系统梳理传统文化资源，让收藏在禁宫里的文物、陈列在广阔大地上的遗产、书写在古籍里的文字都活起来。这就要求我们加强对中华优秀传统文化的挖掘和阐发，并创造性地进行现代化转化，让传统文化在现代社会焕发新的生命活力。

"书同文，语同音，人同心"是新时代语言文字工作的重要使命。

在中华民族的历史上，秦代提出了"书同文"。中华人民共和国成立后，毛泽东、周恩来等老一辈无产阶级革命家提出并领导、推行简化汉字，真正实现了"书同文"。他们也同期提出推广普通话的任务，即"语同音"。

进入新时代，语言文字事业的发展必将使"语同音"的梦想成为现实，并在迈向中国梦的征途中做到"书同文，语同音，人同心"。

针对矛盾和问题提出一系列新论断新思路新举措，体现创新思维

习近平总书记针对语言文字的性质以及语言文字事业遇到的矛盾和问题，提出了一系列新论断、新思路、新举措，体现了创新思维。

在语言文字的性质上，习近平总书记提出语言是钥匙的新论断。

当地时间 2015 年 10 月 22 日，习近平总书记在全英孔子学院和孔子课堂年会开幕式致辞中指出，语言是了解一个国家最好的钥匙。说语言文字是载体、是桥梁、是纽带，说明其具有接触性、可交际性作用。将语言比作钥匙，则体现其具有关键性、先导性作用。比如，推进"一带一路"，语言首先要铺路；构建人类命运共同体，首先要通语；扶贫要扶智，扶智先通语。

习近平总书记关于语言是钥匙的论断启发我们，语言是打开一国文化之门的钥匙。掌握不同语言，可以使不同文化、种族、国家的人相互认知、理解，从而拉近人与人、国与国之间的距离，促进世界文明的彼此包容、和谐共生。语言是打开智慧之门的钥匙。随着信息技术的发展，家庭、城市和社会智能化程度越来越高，比如，说出对方姓名就能把电话拨出。在智能社会，语言的规范化建设与规范语言的推广普及尤显重要。语言是打开未来发展之门的钥匙。未来的国际竞争中，语言问题已经从一般问题上升到国家层面，语言已经成为维护国家利益与安全的战略资源。语言能力作为一种生产力，也已经在语言产业发展中体现出来，可以为经济发展提供新动力。

同时，语言也是打开知识之门、思想之门、感情之门、生活之门、资源之门等的钥匙。我们应该深刻认识语言作为钥匙的功能和作用，发挥语言在增强国家文化软实力上的重要作用。

除"钥匙论"外，习近平总书记的创新思维在语言文字工作方面体现在以下三个方面。

一是强调加大向传统开放的力度。语言文化要向外开放，促进文明互鉴，也要把老祖宗好的东西传承下来，对今日中国发挥独特作用。习近平总书记在布鲁日欧洲学院的演讲中指出："中国人独特而悠久的精神世界，让中国人

具有很强的民族自信心,也培育了以爱国主义为核心的民族精神。"二是关注网络信息化社会的语言文化问题。习近平总书记关注和重视网络空间,高度关注网络安全等问题,并多次使用具有正能量的网络语言,和人民群众打成一片,体现了对互联网思维的运用。三是勇于开辟新的工作局面。比如,习近平总书记在中央第七次西藏工作座谈会上强调,要重视加强学校思想政治教育,把爱国主义精神贯穿各级各类学校教育全过程,把爱我中华的种子埋入每个青少年的心灵深处。他切实为少数民族孩子的前途考虑,在民族地区、贫困地区继续加大推广普通话力度,这一举措有利于完成语言扶贫使命,有利于加快教育现代化。他要求搞好民族地区各级各类教育,全面加强国家通用语言文字教育,不断提高各民族科学文化素质。

要创新,就要重视发挥人才的作用。习近平总书记十分重视人才在语言文字工作中的作用。比如,他希望"广大研究人员坚定文化自信,发扬老一辈学人的家国情怀和优良学风,深入研究甲骨文的历史思想和文化价值,促进文明交流互鉴,为推动中华文明发展和人类社会进步作出新的更大的贡献"。

在解决问题、带动全面的关键处发力,体现精准思维

习近平总书记一向重视精准化的做事方法,多次强调要"抓细",并形象地说,"要对准焦距、找准穴位、抓住要害,不能'走神',不能'散光'"。

精准思维要求找到解决问题、带动全面的关键之处,从细节、从小处入手,精准发力,带动整体和全局。习近平总书记关于语言文字工作的重要论述和对语言文字事业发展的指示精神,体现了精准思维。

习近平总书记强调在民族地区加强国家通用语言文字推广工作,"重点"很精准,即民族地区,并特别强调在"三区三州"等深度贫困地区加强国家通用语言文字推广工作。

综观习近平总书记关于语言文字工作的重要论述,在推广普通话的四大领域(党政机关、媒体、学校、服务行业)中,他重点强调加强学校国家通

用语言文字教育,并特别强调在小学教育中加强国家通用语言文字教育。在小学教育中,他又特别强调了书法教育的重要性。这一具体举措,既解决了当前存在的许多人提笔忘字的普遍性问题,又带动了整个国家的语言文字工作,促进了传统文化教育。写好中国字,有助于孩子们热爱和传承中华优秀传统文化,树立社会主义核心价值观,打牢中国人的鲜明底色。

从国家长治久安等角度擘画语言文字事业,体现底线思维

坚持底线思维,增强忧患意识,是我们党战胜各种风险挑战,不断由胜利走向胜利的重要思想方法、工作方法和领导方法。党的十八大以来,习近平总书记多次强调要坚持底线思维。

古今中外的历史经验和教训都表明,语言的统一对国家的统一起着非常重要的作用,有的国家的分裂往往由语言矛盾激化所致。习近平总书记对语言文字工作的重要论述,是从实现中华民族伟大复兴、从国家统一和民族团结、从维护国家根本利益和保障国家长治久安的战略高度作出的,体现了预见性、前瞻性、战略性、全局性,也体现了底线思维。

习近平总书记在语言文字方面的底线思维,还体现在对互联网、对人工智能的战略把握上。他强调,要打造清朗的网络空间。他指出,"那些抓住科技革命机遇成为世界强国的国家,都是在重要科技领域处于领先行列的国家"。人工智能是引领新一轮科技革命和产业变革的战略性技术,自然语言处理是人工智能的关键核心技术,我们要统筹谋划,确保我国在人工智能自然语言处理核心技术上的主动权和安全。

语言是不断发展变化的,21世纪以来,随着对外开放的步伐加快,外来词不断涌现。为保障语言安全,保证中文依法规范健康使用,进入新时代,国务院建立了外语中文译写规范部际联席会议机制,以解决外来词中文译写规范问题,维护国家语言的安全和主权。这些都体现出落实底线思维的原则。

习近平总书记在为语言文字事业指明发展方向的同时,要求广大干部包括语言文字战线的干部,树立以人民为中心的理念,向人民群众学习语言。

他个人的语言风格，也正体现了他所倡导的语言理念。他的语言平实中蕴含大智慧，既生动形象，又深刻透彻，既朴实平易又引经据典，发人深思，耐人寻味。信手拈来的华章佳句，旁征博引的古典诗词，与朴素的大众语言一道，彰显了一位卓越领导人的执政智慧和人民情怀。

深入学习和领会习近平总书记关于语言文字的重要论述，树立起战略思维、辩证思维、历史思维、创新思维、精准思维和底线思维等，对于我们准确把握语言文字的性质和新时代语言文字工作的规律、推进新时代语言文字事业发展具有重要指导意义。我们要以习近平总书记的语言实践为榜样，以习近平总书记关于语言文字的重要论述为根本指针和根本遵循，服务国家战略，传承中华文明，谱写新时代语言文字事业发展新篇章。

全面开启语言文字事业发展新征程*

在举国上下认真学习贯彻党的十九届六中全会精神之际，国务院办公厅印发《关于全面加强新时代语言文字工作的意见》（以下简称《意见》）。这对于语言文字工作战线深入学习贯彻党的十九届六中全会精神，开启文字事业第二个百年语言发展新征程，具有重要意义。《意见》以习近平新时代中国特色社会主义思想为指导，具有战略性和前瞻性、系统性和针对性、时代性和创新性。

《意见》具有战略性和前瞻性。当前，语言文字事业的发展面临着建党100周年和新中国成立100周年"两个一百年"，现实空间和以网络、人工智能等信息技术构成的虚拟空间"两个空间"，国内工作大局与国际工作大局"两个大局"的形势。进入新时代，以习近平同志为核心的党中央高度重视语言文字工作，习近平总书记多次作出重要指示批示，深刻阐明了语言文字事业在铸牢中华民族共同体意识、坚定文化自信、服务国计民生、构建人类命运共同体中的基础地位和重要作用。进入第二个百年奋斗目标的新征程，国内外环境发生了广泛而深刻的变化，语言文字事业发展也面临着不平衡、不充分的矛盾。

《意见》站在党和国家发展大局来认识和定位语言文字事业的性质、地位、功能和作用，从战略和全局的角度论述了新中国成立以来，特别是党的十八大以来我国语言文字事业取得的历史性成就，分析了当前面临的形势和

---

* 本文原载于《中国教育报》2021年12月1日第6版，收入本书时有改动。

存在的问题。《意见》指出,到2025年普通话在全国的普及率达到85%。主要目标中,首先考虑推广普通话的指标,同时也从规范化等方面和维度进一步提出了要求:语言文字的科技水平和创新能力明显提升、中华优秀语言文化得到继承和弘扬、语言的服务体系更加完善等。在此基础上,《意见》提出了到2035年的中长期目标。

《意见》具有系统性和针对性。《意见》对语言文字事业的性质、地位、功能、作用、历史成就和面临的问题等进行了概括和阐述,同时提出了新时代语言文字工作的指导思想、基本原则和主要目标,对重点任务及保障措施等进行了全面系统的部署。

在主要任务方面,《意见》首先明确提出要坚定不移推广国家通用语言文字;重点聚焦农村地区、民族地区,聚焦重点人群,聚焦助力乡村振兴、服务国家发展的战略;坚持学校作为推广国家通用语言文字的基础阵地。《意见》针对性地提出了加强民族地区国家通用语言文字教育的任务要求,包括在民族地区中小学推行三科统编教材并达到全覆盖、深入推进国家通用语言文字授课等。

在语言文字基础建设任务方面,《意见》提出加强语言文字规范化、标准化、信息化建设,强化重点领域语言文字监督检查,强化对互联网等各类新媒体语言文字使用的规范和管理;重点提出大力推动语言文字与人工智能、大数据、云计算等信息技术的深度融合,加强人工智能环境下自然语言处理等关键问题的研究与原创技术的研发等。

在积极推进中华优秀语言文化传承发展任务方面,《意见》有针对性地提出了传承弘扬以语言文字为载体的中华优秀文化,实施中华经典诵读工程和经典润乡土计划,推动以甲骨文为代表的中华优秀传统文化传承与发展。提出深化与港澳台地区的语言文化交流合作,支持和服务港澳地区开展普通话教育和水平测试,加强台湾地区语言文字政策研究。

在保障措施方面,《意见》从加强党对语言文字工作的领导、完善语言文字工作体制机制、夯实语言文字工作法治基础和加强语言文字工作队伍建设四个方面重点提出了保障措施。

《意见》具有时代性和创新性。创新性体现在对语言文字事业的地位、作用和功能定位有了新论述。《意见》提出语言文字事业是国家综合实力的重要支撑，在党和国家工作大局中具有重要地位和作用，提出充分发挥语言文字在政治、社会、文化、育人和对外交流上的功能。

创新性体现在对语言文字工作指导思想的表述上。《意见》明确提出以习近平新时代中国特色社会主义思想为指导，坚持以人民为中心的发展思想；明确提出要铸牢中华民族共同体意识，服务人类命运共同体的建设。

创新性体现在基本原则的表述上。《意见》将服务大局与服务人民作为基本原则，体现了语言文字工作的大局意识和宗旨意识，在原则中提出"推广普及、提高质量"，论述了普及和提高质量之间的辩证关系。

创新性体现在目标的制定上。《意见》既有"十四五"规划起步阶段的目标要求，又有到2035年的中长期规划目标的确定；既有国家通用语言文字推广普及的指标体系，又有规范化、标准化、信息化建设的目标要求；既有国家语言文字的科技水平、创新能力提升的目标，又有对中华优秀语言文化的传承等方面多维度指标的表述；既有定量的指标，也有定性的表述。

创新性体现在新时代推广普通话方针的确定上。推普方针的表述，是在继承基础上的创新。从20世纪50年代的"大力提倡、重点推行、逐步普及"，到1992年的"大力推行、积极普及、逐步提高"；此次调整为"聚焦重点、全面普及、巩固提高"。

创新性还体现在采取措施，努力服务和满足国家、社会及广大人民群众对语言文字工作新需求上。《意见》服务国家战略，提出语言文字工作服务应加强粤港澳大湾区、自由贸易试验区、共建"一带一路"等方面的语言服务；服务国家安全，提出开展语言调查和语言生活监测，强调国家应急语言服务；支持语言产业发展，提出加强语言产业规划研究，发展语言智能、语言教育等语言产业；满足人民群众多样化的语言需求，强调建立语言服务机制，建立国家语言服务志愿队伍，提升城乡社区语言服务能力，满足特殊人群对语言文字服务的需求等。

创新性体现在重视中华优秀语言文化的传承和弘扬上。《意见》提出传

和弘扬中华优秀文化，创新实施中华经典诵读工程和经典润乡土计划，发挥古文字在中华文明传承发展中的作用，提高用外语传播中华文化的能力。

创新性还体现在机制保障和治理体系与治理能力现代化方面。《意见》明确提出，要把坚持和加强党的领导贯穿语言文字工作全过程，体现了新时代要全面加强党对语言文字工作领导的根本性要求。

高质量普及国家通用语言文字*

党的十九届六中全会通过的《中共中央关于党的百年奋斗重大成就和历史经验的决议》(以下简称《决议》)从13个方面分领域总结了新时代党和国家事业取得的伟大成就，其中的"社会建设"部分指出，"全面推行国家通用语言文字教育教学"。《决议》这一重大论断，充分表明以习近平同志为核心的党中央对语言文字教育工作的高度重视。党的十八大以来，习近平总书记就加强国家通用语言文字多次作出重要指示批示，为新时代高质量普及国家通用语言文字指明了方向，提供了根本遵循。

为什么要高质量普及国家通用语言文字

高质量普及国家通用语言文字，具有重要的历史意义、现实意义、战略意义。

高质量普及国家通用语言文字具有历史意义。2021年，是"两个一百年"奋斗目标的交汇点。第一个百年，中国共产党作为语言文字事业发展的倡导者、推动者、引领者和实践者，推进中国语言文字生活发生了深刻变革，引领中国语言文字事业百年沧桑巨变。新民主主义革命时期，我们党在革命根据地和解放区积极兴办教育、开展识字运动，同时提出要向人民群众学习语言。这些努力结束了我国两千多年来言文分离的历史，打破了语言文字的阶

---

* 本文原载于《中国教育报》2022年2月24日第6版，收入本书时有改动。

层壁垒，也为我们党宣传教育大众、团结大众发挥了巨大作用，为党在新中国成立后的语言文字政策与实践，作了广泛深入的探索和积累。社会主义革命和建设时期，党中央把握我国基本国情、语情和经济社会发展的需要，部署和推进简化汉字、推广普通话、制定和推行汉语拼音方案三大任务，提高亿万群众科学文化素质、消除语言交流障碍，为促进经济社会发展奠定了坚实基础。改革开放和社会主义现代化建设新时期，我们党围绕促进语言文字规范化、标准化、信息化和法治化建设的目标，推进语言文字事业与时俱进、开拓创新。国家推广全国通用的普通话载入宪法、《中华人民共和国国家通用语言文字法》颁布实施，大力推进语言文字信息化建设，等等，为改革开放和社会主义现代化建设发挥了助推和保障作用。这一时期，推广普及国家通用语言文字工作以数量为主，也是逐步提升质量的过程。中国特色社会主义进入新时代以来，以习近平同志为核心的党中央高度重视语言文字工作，坚定不移推广国家通用语言文字，实现了全国范围内国家通用语言文字基本普及的历史性目标。这一时期，推广普及国家通用语言文字工作的重点从以数量为主，转为数量与质量并重。进入第二个百年，为实现全面建成社会主义现代化强国的宏伟目标，必须在巩固普及数量的基础上，以高质量普及为当前的首要任务、核心任务。

高质量普及国家通用语言文字具有现实意义。当前，我们面临着"两个空间"，即现实空间和以网络、人工智能及网络数字化等信息技术构成的虚拟空间。现实空间里，第一个百年已经实现国家通用语言文字的基本普及。但虚拟（网络）空间里，国家通用语言文字推广普及仍不平衡不充分，尤其是语言文字信息技术创新还不能完全适应信息化发展的需求，直接影响人机交互的效率与效果。因此，只有高质量普及国家通用语言文字，才能适应智能时代的到来、智能社会的需求和发展。

高质量普及国家通用语言文字具有战略意义。语言文字工作要服务好国内国际两个大局。高质量普及国家通用语言文字才能更好铸牢中华民族共同体意识；高质量普及普通话和规范汉字，才能给青少年成长成才打好做中国人的底色，扣好人生第一粒扣子。同时，构建人类命运共同体，需要深化与各国的文化交流及合作，需要有较高的国家通用语言文字水平。

怎样做好高质量普及国家通用语言文字工作

做好高质量普及国家通用语言文字工作，必须坚持以习近平新时代中国特色社会主义思想为指导，以新发展理念为引领，始终贯穿高质量发展这一主题，开创高质量普及国家通用语言文字工作的新格局。

贯彻创新发展的理念。创新是高质量发展的不竭动力和源泉，国家通用语言文字工作也需要通过不断创新，实现高质量发展。在国务院办公厅印发的《关于全面加强新时代语言文字工作的意见》(以下简称《意见》)中，可以看出诸多创新之处。比如，《意见》牢固确立了国家通用语言文字的主体地位，为民族地区的国家通用语言推广普及提供了政策支撑；创新提出了新时代推普的方针，"聚焦重点、全面普及、巩固提高"；提出研究制定国家语言发展规划，将国家通用语言文字工作进行统一规划和部署；明确提出要推动语言文字信息技术创新发展，为高质量普及国家通用语言文字拓宽了领域。

此外，创新发展还开拓了国家通用语言文字工作的新局面。比如，通过高质量普及普通话和规范汉字，提高对乡村振兴战略、粤港澳大湾区、自由贸易试验区、"一带一路"倡议等方面的语言服务水平和质量。

贯彻协调发展的理念。高质量发展本身就是协调发展的结果。目前，国家通用语言文字推广普及仍不平衡不充分，迫切需要协调各民族、各地区、各领域、各行业的发展，高质量普及国家通用语言文字。协调各民族各地区发展，就要加大民族地区国家通用语言文字推广力度，全面加强民族地区各级各类学校国家通用语言文字教育教学。同时，要提升农村地区国家通用语言文字普及水平，巩固拓展脱贫攻坚成果，实施推普助力乡村振兴战略。还要加强对普通话普及率低、推普工作基础薄弱地区的帮扶和支持。

国家通用语言文字的协调发展也是高质量发展的表现。在各方协调过程中，彼此之间会互相汲取营养，促使普通话和规范汉字的推广普及与发展具有生机和活力，推动国家通用语言文字事业不断高质量发展。

贯彻绿色发展的理念。语言生态的文明与健康是高质量发展的追求。高质量普及国家通用语言文字，就要创造良好的语言生态环境，使其和谐文明、安全健康地发展。要加强国家通用语言文字法律制度和规范标准的宣传解读，加强语言文字使用监管治理，并坚决遏阻庸俗暴戾的网络语言传播，打造清朗的网络空间。

同时，绿色发展要夯实语言文字工作的法治基础。要指导地方根据《中华人民共和国国家通用语言文字法》的规定，完善相关地方性法规，将语言文字规范化要求纳入相关行业法规规章和规范标准。

贯彻开放发展的理念。服务国家战略、坚持开放发展，对国家通用语言文字的普及提出了高质量的要求。习近平总书记指出，语言是了解一个国家最好的钥匙。我们应该向历史开放，积极推进中华优秀语言文化传承发展，传承弘扬以语言文字为载体的中华优秀传统文化。向不同地区开放，深化与港澳台地区语言文化交流合作。向国际社会开放，加强与有关国家、国际组织语言文字工作机构的交流合作，加强国际中文教育，加强国际汉语水平考试、国际中文教师奖学金、汉语桥、新汉学等品牌建设等。

贯彻共享发展的理念。让人民共享发展成果是高质量发展的目的。国家通用语言文字是广大人民群众共享信息、共享国家改革发展成果的基础和条件，高质量普及国家通用语言文字，必须贯彻和体现以人民为中心的发展思想，满足人民群众多样化的语言需求。

共享发展要求我们加快手语和盲文规范化、标准化、信息化建设，使残障人士能够共享国家通用语言文字高质量发展的成果。共享发展要求我们传承弘扬以语言文字为载体的中华优秀文化，为人民群众提供高质量国家通用语言文字艺术作品。此外，共享发展还要求我们为来华国际友人提供更优质的语言服务。

如何保障高质量普及国家通用语言文字

高质量普及国家通用语言文字，必须坚持党的领导，坚持人民至上，加强法治化建设，坚持把学校作为教育基础阵地，坚持巩固提高、全面发展。

要坚持党的领导。通过完善"党委领导、政府主导、语委统筹、部门支持、社会参与"的管理体制，压实各级政府主体责任，强化各级语言文字工作部门统筹管理职责，发挥语委委员单位在本领域的职责作用，创新社会力量参与机制；同时，要加强语言文字工作队伍建设。

要坚持人民至上。坚持以人民为中心，普及成果要惠及人民，是高质量普及国家通用语言文字的根本目的。在贯彻新发展理念时，要充分考虑人民群众的实际需求。要聚焦民族地区、农村地区，高质量普及国家通用语言文字，满足人民群众的语言文化需求。

要加强法治化建设。法治化建设的目的，是为了让国家语言文字工作有法可依，是为了保障公民学习和使用国家通用语言文字的权利，推动国家通用语言文字的规范化、标准化及其健康发展，保证国家通用语言文字的主体地位。法治化建设还包括国家通用语言文字工作体制机制建设，实现语言文字工作治理体系和治理能力现代化等。夯实语言文字工作法治基础，就要贯彻落实《中华人民共和国国家通用语言文字法》。推动完善语言文字法律制度，制定相关配套规章，依法加强管理。

要坚持把学校作为教育基础阵地。要加强学校语言文字工作，把全面落实国家通用语言文字作为教育教学基本用语用字的法定要求。要全面加强民族地区各级各类学校国家通用语言文字教育教学，加强农村中小幼教师、劳动力转移就业人口的国家通用语言文字培训，加强国际中文教育教学工作。

要坚持巩固提高、全面发展。立足我国基本国情、语情和语言文字事业新发展阶段，既要抓主要行业，也要抓薄弱环节；既要保证数量，也要注重质量；既要突出重点，也要补齐短板。要坚持稳中求进、提质增效，保障高质量普及国家通用语言文字。

进入第二个百年奋斗目标新征程，国家语言文字工作的发展进入新阶段。我们要坚持以习近平新时代中国特色社会主义思想为指导，坚定不移贯彻新发展理念，以推动国家通用语言文字事业高质量发展为主题，以高质量推广普及国家通用语言文字、铸牢中华民族共同体意识为核心任务，全面提升国家通用语言文字普及水平和质量，为全面建成社会主义现代化强国提供有力支撑。

新时代新征程谱写新的雷锋之歌*

1963年,毛泽东主席题词"向雷锋同志学习",全国涌起学雷锋的热潮。学校组织学生开展学雷锋做好事活动,唱关于雷锋的歌,看雷锋的电影,等等,让雷锋精神永驻人们心间。雷锋精神成为伴随中华儿女成长的伟大精神力量。

近日,习近平总书记对深入开展学雷锋活动作出重要指示,强调深刻把握雷锋精神的时代内涵,让雷锋精神在新时代绽放更加璀璨的光芒,特别强调让学雷锋在人民群众特别是青少年中蔚然成风。积极采取多种形式帮助学生深刻领会雷锋精神的时代内涵,督促广大师生践行雷锋精神,是教育面临的重要任务。

深刻把握雷锋精神所蕴藏的理论意蕴

2013年3月6日,习近平总书记在参加十二届全国人大一次会议辽宁代表团审议时指出,要大力加强思想道德建设。雷锋、郭明义、罗阳身上所具有的信念的能量、大爱的胸怀、忘我的精神、进取的锐气,正是我们民族精神的最好写照,他们都是我们"民族的脊梁"。

雷锋精神是民族精神的最好写照,是社会主义核心价值观的生动体现,蕴含着伟大信念的力量。雷锋经历了旧社会的苦难,沐浴了共和国的阳光雨

---

* 本文原载于《中国教育报》2023年3月3日第8版,收入本书时有改动。

露，树立了对共产主义事业的坚定信念，忠诚于党、忠诚于祖国，全心全意为人民服务，誓做一颗永不生锈的螺丝钉。雷锋在日记中写道："我一心向着党，向着社会主义，向着共产主义。"支撑雷锋为国为家、忠诚奉献的，正是坚定的信念和忠诚的信仰。雷锋在日记中写明心迹，"为人类最美好幸福的生活而斗争"。中华人民共和国成立后，雷锋立下为人民服务的志向，心里永远装着别人，体现了大爱的胸怀。在日常工作中，雷锋干一行爱一行、专一行精一行，"对待工作要像夏天一样的火热"，忠于职守、精益求精，体现出忘我的精神。雷锋高小毕业后就选择到社会中历练，不论是在农村工作，还是治河、建农场和工厂，他始终保持着进取的锐气，时刻准备迎难而上，自觉地向白求恩、方志敏、黄继光等人学习。

雷锋精神蕴含着深厚的理论内涵，体现着高尚的精神境界，回答了"人应该怎样生，路应该怎样行"的人生观和价值观层面的重大问题。新时代开展培根铸魂工程，大力弘扬与传承雷锋精神，对培育德性人格、坚定理想信念，培养担当民族复兴大任的时代新人具有重要意义。

热切感受雷锋精神所饱含的深厚情感

深入理解雷锋精神的理论内涵，有助于青少年形成认知上的认同，这为弘扬、践行雷锋精神打下了良好的基础。在此基础上，帮助青少年热切感受雷锋精神所饱含的深厚情感，激发他们形成强烈的情感认同，是由知到行的关键。

帮助青少年加深对雷锋精神的认同，有多种形式，比如阅读雷锋日记、雷锋故事和雷锋传记，观赏有关雷锋的电影、话剧，朗诵歌咏雷锋的诗歌，等等。无论是真实的心灵记录还是对雷锋的歌咏和赞美，无论是纪实作品还是艺术作品，都因其对心灵所带来的强大震撼，在青少年心中引发强烈的情感共鸣。比如，朗诵诗人贺敬之的《雷锋之歌》，就可以起到这样的作用。雷锋的事迹在全国传开以后，贺敬之深受雷锋事迹的感染，1963年发表了长诗《雷锋之歌》，把雷锋置于深远的历史背景和现实生活，热情洋溢地歌颂了社

 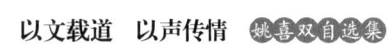

会主义新人雷锋短暂而又伟大的一生,突出表现雷锋的精神境界和重大的社会意义。《雷锋之歌》借鉴了苏联诗人马雅可夫斯基的"楼梯诗",吸取中华传统骈文写作风格,还融入了陕北信天游的风味,创造了一种庄严雄壮的审美境界和情感空间,影响了一代又一代的热血青年,激励他们思考:"什么是/无愧无悔的/新人的一生?……"《雷锋之歌》所体现的理想远大、信念坚定,不忘初心、牢记使命,居安思危、爱憎分明,爱党爱国、人民至上等精神特质,正是雷锋精神的真实写照。

中共中央办公厅、国务院办公厅《关于全面加强和改进新时代学校美育工作的意见》指出:"美是纯洁道德、丰富精神的重要源泉。"借助《雷锋之歌》的艺术美,雷锋精神所蕴含的纯洁道德和精神蕴藉真切流露出来。凭借雷锋和雷锋精神,《雷锋之歌》获得了丰盈的精神之美和灿烂的生命之光。因此,在思政教育、学校党团建设中,不妨引入各种体裁和形态高雅的艺术作品,师生共读共赏,借助美的力量,陶冶情操、温润心灵,能起到意想不到的教育效果。

在日常工作、学习和生活中践行雷锋精神

雷锋精神永放光芒,在新时代新征程践行雷锋精神具有重大意义。帮助学生形成认知和情感认同,是为了促发行动,让学生学习践行雷锋精神,让雷锋精神在新时代绽放更加璀璨的光芒,为全面建设社会主义现代化国家、全面推进中华民族伟大复兴凝聚强大力量。雷锋精神始终是激励中华儿女前行的不竭精神动力。2023年是毛泽东等老一辈革命家为雷锋同志题词60周年。习近平总书记指出,60年来,学雷锋活动在全国持续深入开展,雷锋的名字家喻户晓,雷锋的事迹深入人心,雷锋精神滋养着一代代中华儿女的心灵。实践证明,无论时代如何变迁,雷锋精神永不过时。

在新征程上深刻把握雷锋精神的时代内涵。60年来,雷锋精神激励着千万个"雷锋"在成长,这些活跃在全国各条战线的英模人物和先进集体,在生活与工作中时时处处践行和弘扬雷锋精神,爱岗敬业、无私奉献,推动

社会主义事业不断向前发展，把中华民族共有精神家园建设得更加美好。新时代学雷锋，要更好发挥党员、干部模范带头作用，带动更多的人乐于助人、献身事业。新时代学雷锋，要积极参与志愿活动。习近平总书记强调，更好发挥党员、干部模范带头作用，加强志愿服务保障和支持，不断发展壮大学雷锋志愿服务队伍。新时代践行雷锋精神，要使学雷锋活动日常化、经常化，把崇高的理想信念和道德品质追求融入日常。习近平总书记指出，让学雷锋在人民群众特别是青少年中蔚然成风，让学雷锋活动融入日常、化作经常。

坚持以雷锋精神深化爱国主义、集体主义、社会主义教育。广大学生要在学雷锋树新风活动中磨砺坚韧性格，锤炼钢铁意志，明大德、守公德、严私德，成长为担当民族复兴大任的时代新人，成长为德智体美劳全面发展的社会主义建设者和接班人，为中华民族复兴大业奋斗终身。

以文载道 以声传情

高质量推广使用汉语拼音[*]

《汉语拼音方案》从1958年颁布推行至今已有65年,在国家建设和发展中发挥了重要作用。进入新时代,在习近平新时代中国特色社会主义思想的指引下,我们对汉语拼音的地位、价值、功能与作用应有更深入的认识:汉语拼音集中体现了中华文明的五个突出特征。我们应该运用"六个必须坚持",高质量做好汉语拼音的使用推行工作,使其在建设教育强国、文化强国、语言强国和数字中国中发挥更大作用。

汉语拼音集中体现了中华文明的五个突出特征

习近平总书记在文化传承发展座谈会上强调,中华文明具有突出的连续性、突出的创新性、突出的统一性、突出的包容性、突出的和平性。汉语拼音形成和发展的过程正是体现了中华文明这五个突出特征。

汉语拼音集中体现了中华文明具有的突出的连续性。汉语拼音从人民群众的生产和生活中产生,经过一代又一代的传承发展,形成了目前的《汉语拼音方案》。汉语拼音经过漫长的发展,从未中断,一直延续到今天,成为中华文明延续传承和传播的重要载体与工具。汉语拼音集中体现了中华文明突出的创新性。从古代的直音到切音、反切,再到近现代引入拉丁字母作为现代汉语拼音的符号,其中每一步演进、每一次发展,都是创新驱动的结果,

---

[*] 本文原载于《中国教育报》2023年8月31日第7版,收入本书时有改动。

都体现着创造性转化和创新性发展的成果。汉语拼音集中体现了中华文明具有的突出的统一性。它统一了各种各样的符号字母、拼音方案，最终使得上下五千年文明的中国不仅有了"书同文"，更逐步实现"语同音"，为中华文明的统一性作出了重要贡献。汉语拼音集中体现了中华文明具有的突出的包容性。它在形成和发展过程中以开放、包容的姿态，科学吸收外来文化成果，最终选用更为合适的拉丁字母作为现代汉语拼音符号。正是这种包容性使得汉语拼音具有更为广泛的适用性。汉语拼音集中体现了中华文明具有的突出的和平性。作为国际标准之一的《汉语拼音方案》已得到全世界的采纳和认可，成为外国友人学习中国语言文字、了解中国文化、认识中华文明的一把钥匙，是中外文明互鉴的桥梁和纽带，也是促进世界和平、构建人类命运共同体的重要工具。

运用"六个必须坚持"，高质量做好汉语拼音使用推行工作

习近平总书记在中共中央政治局第五次集体学习时指出，教育强国以支撑引领中国式现代化为核心功能。国家通用语言文字、汉语拼音作为建设教育强国的重要工具和载体，同样具有支撑引领中国式现代化的核心功能。中国式现代化的本质要求之一就是高质量发展，只有高质量做好汉语拼音使用推行工作，才能发挥好汉语拼音对中国式现代化的支撑引领的核心功能。要高质量做好汉语拼音使用推行工作，就要运用党的二十大报告中提出的"六个必须坚持"作为指导。

第一，必须坚持人民至上。汉语拼音由人民创造，高质量推行汉语拼音更要始终坚持为人民服务。习近平总书记强调，我们要建设的教育强国，是中国特色社会主义教育强国，最终是办好人民满意的教育。汉语拼音正是打开教育之门的钥匙，是人民群众接受教育的重要工具。我们要始终坚持，汉语拼音的使用推行应该满足人民日益增长的对美好生活的需要，包括人民对文化教育、经济发展、生态文明、身心健康、民主法治、社会公平正义等方面汉语拼音和语言文字服务的需求。

第二，必须坚持自信自立。汉语拼音具有鲜明的语言和发音的优势，如元音、乐音成分多，发音响亮有乐感，发音时抑扬顿挫，具有音韵美。汉语拼音经过多年实践，已经由国家标准发展成为中国人名、地名罗马字母拼写法的国际标准，得到国际社会广泛认可。

第三，必须坚持守正创新。汉语拼音使用推行的一些传统的好的做法，应该继续坚持推广和发扬。要充分发挥汉语拼音对传播文化、传承文明的重要作用。同时，汉语拼音的使用推行还要加强在信息化、数字化、智能化领域的创新与应用，促进汉语拼音在人工智能等行业推行规范、标准的建立和完善。

第四，必须坚持问题导向。在汉语拼音的使用推行中，要正视当前在传播与传承中存在的问题。例如，一些人认为汉语拼音是"小儿科"，忽视学习、使用、推行汉语拼音。还有一些人用英语取代汉语拼音，如高铁车次"G15"，应该读作"高15"而不是英语的"G15"；北京的读音就应该是beijing而不能是peking；我国东风导弹的外壳上写着"DF"，不能读作英文字母"DF"，而要读作"东风"。当然，更要全面检视汉语拼音在维护国家主权安全方面存在的问题和不足，认真系统地加以解决。

第五，必须坚持系统观念。要运用战略思维思考和看待汉语拼音的推行，充分发挥其对维护国家统一、民族团结、经济发展、社会进步、历史传承和文化认同的重要功能与作用。要运用历史思维认识和了解汉语拼音的发展历程，把握其"不忘本来，吸收外来，面向未来"的发展过程，认识其对中华文明、中华文化延续和发展的贡献与作用。要运用辩证思维科学地把握汉语拼音使用推行的规律和特征。比如，要辩证地看待汉语拼音学习与汉字学习的关系，汉语拼音是"打开"汉字的一把钥匙，学习汉字时，也要同步学习汉语拼音。要运用系统思维全面、整体地把握汉语拼音的使用推行。汉语拼音方案本身就是一个系统，既要看到汉语拼音具有注音识读的功能，也要看到它具有拼写表意的功能。要运用创新思维不断拓宽汉语拼音推行使用的领域。在数字化、智能化的背景下，不断创新汉语拼音使用推行的方式和方法，建立和完善符合信息化需求的规范和标准。要运用法治思维切实维护《汉语拼音方案》的法定地位和作用。要运用底线思维主动发现汉语拼音推行中的问题，对一些涉及国家通用语言文字和汉语拼音使用安全的问题要引起重视，切实加以解决。

第六，必须坚持胸怀天下。《汉语拼音方案》列入国际标准，是中国为世界贡献的中国智慧和中国方案，得到了国际社会的认可，成为打开中外文明交流之门的一把金钥匙，是实现文明互鉴的重要工具，为构建人类命运共同体提供重要支撑。

毛泽东诗词蕴藏伟大力量[*]

毛泽东诗词不仅具有壮怀激烈的宏大气魄,同时记载了半个多世纪中国革命和建设的历史。毛泽东诗词体现着浓厚的人民情怀,蕴藏着伟大的革命力量,饱含着高超的政治智慧和崇高的审美理想。

毛泽东诗词以丰富的内涵和深沉的力道,谱写了20世纪中华大地上中国共产党领导革命和建设事业的壮丽篇章,记载了半个多世纪中国革命和建设的历史,是中国共产党光辉历史的生动写照。毛泽东诗词体现着浓厚的人民情怀,蕴藏着伟大的革命力量,饱含着高超的政治智慧和崇高的审美理想。习近平总书记曾多次引用毛泽东诗词,阐释治国理政的新思想。

毛泽东诗词具有鲜明的人民性

为人民谋幸福、为民族谋复兴、为世界谋大同是党的初心使命。毛泽东诗词始终为人民抒写,集中体现了人民的主体地位,鲜明地反映了人民的意志与立场。

毛泽东在青年时期就立下拯救民族于危难的远大志向。1919年,毛泽东在《〈湘江评论〉创刊宣言》中写道:"浩浩荡荡的新思潮业已奔腾澎湃于湘江两岸了!"《沁园春·长沙》中的"问苍茫大地,谁主沉浮"等句,便写出了对国家命运的忧虑和心系天下的豪情;词中还写下了畅游盛景,"携来百侣曾

---

[*] 本文原载于《中国教育报》2023年12月30日第3版,收入本书时有改动。

游。忆往昔峥嵘岁月稠""恰同学少年，风华正茂；书生意气，挥斥方遒"等诗句，抒写了革命进步青年以天下为己任、昂扬奋进的精神风貌。

工农红军、解放军是党在不同时期领导的人民武装，是毛泽东诗词中人民形象的重要组成部分。《减字木兰花·广昌路上》"命令昨颁，十万工农下吉安"，《蝶恋花·从汀州向长沙》"百万工农齐踊跃，席卷江西直捣湘和鄂"等句，都赞扬了工农红军风雪无阻、战无不胜的斗争精神。《渔家傲·反第一次"大围剿"》和《渔家傲·反第二次"大围剿"》生动地写出了中央苏区军民英勇善战和所向披靡的气势，展现了红军勇于反抗、敢于斗争的英雄气概。《七律·人民解放军占领南京》中的"钟山风雨起苍黄，百万雄师过大江"，写出了解放军人数之众、气势之高，揭示了人民革命胜利带来的改天换地，是符合历史发展规律的。

在中国共产党领导下，我国各族人民意气风发投身社会主义建设。毛泽东诗词充分展现了我国各族人民共同建设社会主义的景象。《七律二首·送瘟神》第一首中的"千村薜荔人遗矢，万户萧疏鬼唱歌"、第二首中的"春风杨柳万千条，六亿神州尽舜尧"两句，都是以人民作为描写对象，第一句具体写出了血吸虫病给人民造成的苦难，而第二句则巧妙借用自然界春天到来，大地焕然一新的情景，写出了人间的沧桑巨变，体现了中国人民在新中国成立后精神面貌焕然一新。

《七律·吊罗荣桓同志》中的"君今不幸离人世，国有疑难可问谁"，表达了毛泽东对罗荣桓元帅的深切哀悼和失去亲密战友之后的痛惜之情，情真意切，感人肺腑。《七律·和柳亚子先生》《浣溪沙·和柳亚子先生》展现了毛泽东与民主人士的深情厚谊。《七绝·为女民兵题照》中的"中华儿女多奇志，不爱红装爱武装"，展现了新中国青年妇女的精神面貌，并号召全体中华儿女参加民兵组织，保家卫国。

毛泽东胸怀天下，时刻关注世界人民的命运。《满江红·和郭沫若同志》中的"四海翻腾云水怒，五洲震荡风雷激"，气势磅礴地写出了当时世界人民掀起的革命怒潮的波澜壮阔，展现了革命者的豪情和必胜信念。

毛泽东诗词里还以梅花、红旗等意象歌颂人民的伟大斗争精神。《卜算子·咏梅》通过赞颂梅花不畏严寒、坚强不屈、谦逊低调的品质，展现了甘于奉献的宽广胸怀，呈现了中国人民一定会战胜一切困难、迎来春天的美好愿景。《清平乐·六盘山》中的"六盘山上高峰，红旗漫卷西风"、《如梦令·元旦》中的"山下山下，风展红旗如画"等，都借用红旗这一意象代表革命者和革命队伍，表达了作者革命火种必将遍布全国的信念。

毛泽东诗词深刻全面地呈现了人民这一形象的典型特征，通过对人民的描写，生动形象地呈现出了人民是改天换地、创造历史的主体。由此，也帮助我们进一步深刻领会习近平总书记以人民为中心的深刻思想。

毛泽东诗词具有革命性战斗性

习近平总书记指出："毛泽东同志带领我们党创造性地提出和实施了一系列正确的战略策略，及时解决了中国革命进程中一道道极为复杂的难题，引导中国革命航船不断乘风破浪前进。"

毛泽东诗词集中生动形象地概括和描写了中国共产党带领中国人民在20世纪进行社会主义革命和建设的奋斗史。

《沁园春·长沙》中的"到中流击水，浪遏飞舟"，表现了毛泽东拯救天下的使命感和舍我其谁的豪情壮志，面对时代之艰，不退缩、不畏缩，有朝气、有勇气的革命战斗精神。

《菩萨蛮·黄鹤楼》作于1927年春。大革命失败前夕，一些人心境苍凉。词中的"把酒酹滔滔，心潮逐浪高"一句，体现了毛泽东作为一位无产阶级革命家的大无畏精神和乐观心态，表明了将革命进行到底的决心和信心。

《西江月·井冈山》中的"敌军围困万千重，我自岿然不动"，为我们描述了井冈山军民临危不惧、英勇应敌的革命斗志。

《采桑子·重阳》中的"战地黄花分外香"，突出了黄花在经历硝烟炮火后依然在秋风寒霜中绽黄吐香且其芳香远胜于以往，进一步反映了毛泽东能在逆境之中欣赏菊花的芬芳，有淡然处之的从容，更有革命定然成功的自信。

《如梦令·元旦》整首词虽短，但意味无穷，体现了果敢而自信的精神气质,全词音韵铿锵、节奏明快,表达了作者的乐观情绪和畅快心情,讴歌了人民军队一往无前的革命英雄主义气概和乐观主义精神。《减字木兰花·广昌路上》首句"漫天皆白,雪里行军情更迫",开篇就以漫天飞雪勾勒出辽阔的自然背景,精练宏大,引人遐想。"迫"字交代了军情紧急,红军战士迫不及待地想要去完成任务的斗争决心。《菩萨蛮·大柏地》中通过"当年鏖战急,弹洞前村壁""装点此关山,今朝更好看"等句,体现出了毛泽东的战斗美学思想和革命乐观主义精神,虽然前村的墙壁仍旧弹痕累累,但就是被这弹痕装饰的大好河山,如今看来别有一番风采。《忆秦娥·娄山关》中一句"而今迈步从头越",充分体现了红军面临险关时的奋发超越之情。

《十六字令三首》作于1934—1935年,此时中国共产党领导的革命事业正面临严峻挑战。这三首小令虽无明确的词题,但每首起头都是一个"山"字,表明了写作对象,以长征路上所遇之山的巍峨险峻衬托出了革命者的大无畏精神和宏大志向。《七律·长征》这首诗通过歌咏长征,展现了崇高的境界、奔放的感情、磅礴的气势和奇妙的构思。

习近平总书记在纪念毛泽东同志诞辰130周年座谈会上指出,"毛泽东同志展现出一个伟大革命领袖高瞻远瞩的政治远见、坚定不移的革命信念、勇于开拓的非凡魄力、炉火纯青的斗争艺术、杰出高超的领导才能、心系人民的赤子情怀、坦荡宽广的胸怀境界、艰苦奋斗的优良作风"。毛泽东诗词充溢着革命豪情和奋斗品格,从一个侧面体现了他作为伟大革命领袖所拥有的旷古豪情和洒脱豪放的战斗品格。

毛泽东诗词体现宏阔的历史观

毛泽东诗词充满着革命乐观主义精神,是革命浪漫主义和革命现实主义的有机统一,蕴含着宏阔的历史观。

从时间跨度看,毛泽东诗词中的时间跨度大,气势恢宏、场景辽阔。《水调歌头·重上井冈山》中"三十八年过去,弹指一挥间",《浪淘沙·北戴河》中的"往事越千年",《满江红·和郭沫若同志》中的"一万年太久,只争朝夕",其中的"千年""万年",在毛泽东笔下只不过弹指一挥间。当然,毛泽

东诗词中还有更广阔的时间跨度,在《贺新郎·读史》中从"人猿相揖别"一直写到了"歌未竟,东方白"。除此之外,毛泽东诗词不只是写人类社会的时间,还写自然历史的时间,都是跨度极大、意象奇伟。例如,《念奴娇·昆仑》中写道:"横空出世,莽昆仑,阅尽人间春色。"昆仑山从造山运动就开始了,时间以亿年计算。历史的长河、人类的长河、自然的长河、宇宙的长河都在他的笔下从容流淌、跃然纸上。

从空间跨度看,毛泽东诗词中的空间广阔宏远,天旷地远,甚至无边无际。例如,《沁园春·雪》中的"望长城内外,惟余莽莽",长城内可视作祖国的南方,长城外可视作祖国的北方;"大河上下,顿失滔滔",写大河从西部发源,东流到海。应该说,祖国的东南西北,都在作者的观照之内。《菩萨蛮·黄鹤楼》中的"茫茫九派流中国,沉沉一线穿南北",《蝶恋花·从汀州向长沙》中的"国际悲歌歌一曲,狂飙为我从天落",都可以看到作者对天地之间广阔空间的自由把握。《十六字令三首》中的"离天三尺三""刺破青天锷未残"等句中,仿佛可以看到作者豪情万丈地驰骋于宇宙空间。《念奴娇·昆仑》中的"安得倚天抽宝剑",可以感受到作者顶天立地的形象和气魄。《七律二首·送瘟神》中的"坐地日行八万里,巡天遥看一千河",《满江红·和郭沫若同志》开头"小小寰球,有几个苍蝇碰壁",在这些诗句中,作者仿佛置身宇宙,进行天地之间的对话。《水调歌头·重上井冈山》中的"可上九天揽月,可下五洋捉鳖",从对上九天、下五洋的广阔空间的把握中,可以看到作者奋勇登攀的革命英雄主义气概。

毛泽东诗词还有跨越时空隧道的体现,如《七律·登庐山》中的"陶令不知何处去,桃花源里可耕田",使我们穿越时空,随着陶渊明进入桃花源的意境。

毛泽东诗词中对时空的描述,体现着丰富奇伟的想象,连接着浩渺的历史,纵横捭阖、俯仰自在,体现了纵贯古今、横亘中外的豪情与伟力。

毛泽东诗词站在民族、国家乃至人类高度,关心人民疾苦、历史进步、世界和平发展,体现着气势磅礴的大我情怀,增强了我们的历史自信、文化自信,拓展了我们的视野,开阔了我们的胸襟,增强了我们做中国人的志气、底气和骨气。

后 记

首先，我要感谢中国传媒大学在建校 70 周年之际，遴选我作为作者，收集和整理自己的论文并出版成册。根据要求，我选择了从 20 世纪 80 年代到 2024 年年初的 40 多年间，自己在学习、工作和业务研究中撰写和发表的一些论文和文章。由于时间跨度比较大，一些内容观点有的有些老化，不过这也是对我自己多年学习和研究工作的真实记录。其中的内容涉及语言文字、播音主持、媒体语言、广播电视等领域，因此我将这本书命名为《以文载道以声传情》，整理出来以供大家了解参考指正。在选编过程中，主要由岳军和梁景然同学进行相关文章的整理和校对工作，在此表示感谢。